Manfred Gebhardt · Sophie von Hatzfeldt

Manfred Gebhardt

Sophie von Hatzfeldt

Ein Leben mit Lassalle
Biografie

Verlag Neues Leben Berlin

 · Lichtsatz: Nationales Druckhaus GmbH
Druck und buchbinderische Weiterverarbeitung:
Chemnitzer Verlag und Druck GmbH, Werk Zwickau

Eine Kindheit in Preußen

Als Sophie von Hatzfeldt am 10. August 1805 in Berlin geboren wird, ist für den hohen preußischen Adel die Welt noch in Ordnung. Die Armee lebt vom Ruhme der Schlesischen Kriege, von den Siegen bei Roßbach und Leuthen, der Staat dämmert dahin im Schatten Friedrichs des Großen, die Oberschicht hält sich fest am Gottesgnadentum des Königs und sonnt sich im Glorienschein der preußischen Geschichte. Und die Hatzfeldts sind ein Teil dieser Geschichte. Sophie hätte sich ihr Elternhaus nicht besser aussuchen können.

Ihr Vater, Fürst Franz Ludwig von Hatzfeldt-Schönstein zu Trachenberg, ist einer der reichsten schlesisch-rheinischen Magnaten seiner Zeit und gehört als Generalleutnant in der Armee des Königs zu den angesehensten Männern in Preußen. Ihre Mutter, eine geborene Gräfin von der Schulenburg-Kehnert, kommt aus einer der ältesten preußischen Adelsfamilien. Sie ist die Tochter des Kavalleriegenerals, Kabinettsministers und persönlichen Freundes Friedrichs des Großen, Friedrich Wilhelm von der Schulenburg-Kehnert, der durch seinen Ausspruch »Ruhe ist die erste Bürgerpflicht!« den Geist Preußens sprichwörtlich machte. Im Elternhaus Sophie von Hatzfeldts lebt Preußen noch in seinen reinsten Farben.

In ihrem Geburtsjahr 1805 aber stehen – unbemerkt von den politischen Akteuren – dunkle Wolken am Himmel Europas. In der Nähe der mährischen Kleinstadt Austerlitz besiegt Napoleon Bonaparte, der Emporkömmling aus der Französischen Revolution, die vereinigten Heere von Österreich und Rußland. Das Schicksal des deutschen Kaiserreichs ist damit

Der Vater, Fürst Franz Ludwig von Hatzfeldt

Die Mutter, Fürstin Caroline von Hatzfeldt

besiegelt. In der europäischen Politik endet eine Ära, eine Wende kündigt sich an.

Doch in Preußen, besonders in seinen höchsten Kreisen, zu denen die Hatzfeldts gehören, scheint niemand das nahe Ende des alten Regimes zu ahnen. Man zeigt sich – wie Seine Majestät Friedrich Wilhelm III. – von den Ereignissen unbeeindruckt und glaubt, daß die Armee Friedrichs des Großen für alle Zeiten unbesiegbar sei. Unmittelbar vor der Katastrophe ist diese den Beteiligten offenbar immer am wenigsten vorstellbar.

Sophies Vater trat im unheilvollen Jahr 1806 die Stelle des Gouverneurs von Berlin an, der sich gut preußisch »Guvernör« schrieb. Er übernahm diesen Posten, der ihm Macht und Einfluß sicherte, von seinem Schwiegervater in einer für Preußen schwierigen Zeit. Unter der französischen Besetzung brachte ihn sein Amt oft in arge Bedrängnis. Als guter Preuße war er natürlich gegen den Franzosenkaiser; seine Stellung aber verpflichtete ihn zu Loyalität. Einerseits hatte er die Anweisungen der Besatzungsmacht zu befolgen, andererseits konspirierte er mit den Gegnern Napoleons. Er stand, wie es in den Quellen heißt, in einem »heimlichen Einverständnis« mit dem Fürsten von Hohenlohe, der die preußischen Truppen in der Schlacht bei Jena kommandiert hatte und seine vernichtende Niederlage nicht verwinden konnte. Einer ihrer geheimen Briefe wurde von den Franzosen abgefangen und Napoleon übergeben. Der fühlte sich zu Recht hintergangen und ließ den »Guvernör« vor ein Kriegsgericht stellen, das ihn kurzerhand zum Tode verurteilte.

Doch zum Äußersten kam es nicht. Denn nun beginnt eine der rührendsten Geschichten aus der Geschichte Preußens und zugleich eine der wenigen, in der eine Frau die Hauptrolle spielt. Sophies siebenundzwanzigjährige Mutter, die schöne dunkelhaarige, vollbusige und obendrein noch hochschwangere Fürstin Caroline, bat um eine Audienz beim Kaiser. Als Franzose konnte der offenbar einer schönen Frau nichts abschlagen und empfing die Gattin des zum Tode verurteilten Hochverräters im Schloß des Prinzen Ferdinand von Preußen.

Wie bald darauf die schöne Königin Luise warf sich die Fürstin Caroline dem französischen Kaiser zu Füßen und beteuerte die Unschuld ihres Gatten. Napoleon aber hielt ihr den inkriminierenden Brief ihres Mannes vor Augen. Geistesgegenwärtig und mit dem Mute der Verzweiflung – so wird berichtet – riß die Fürstin ihm den Brief aus der Hand und warf ihn blitzschnell ins Feuer. Danach fragte sie den Kaiser »in aller Unschuld« nach dem Beweis für die Schuld ihres Mannes. Napoleon, und nun zitiere ich die preußische Anekdote, »von dem Mut und der Kühnheit der Frau beeindruckt, gab den Fürsten daraufhin frei«.

Das ist der Stoff, aus dem Legenden gemacht werden. Der »Fußfall« der Fürstin Hatzfeldt wird denn auch in Anekdotensammlungen und Geschichtskalendern auf immer neue Weise und niemals ohne Rührung beschrieben. Man darf sich den Hergang der Audienz aber auch anders und weniger »in aller Unschuld« vorstellen.

Fest steht jedenfalls, daß der fünfzigjährige Fürst Hatzfeldt freigelassen wurde. Festhalten kann man auch, daß in Preußen, wenn die Lage der Männer aussichtslos erschien, die Frauen in die Bresche sprangen und mit ihren Waffen kämpften. Erwähnen aber sollte man wenigstens noch, daß sich mehrere preußische Prinzen bei Napoleon für den Fürsten verwandten und daß der Korse, der ein Menschenkenner war, sich von der Begnadigung des alternden Fürsten einen Vorteil versprach – und wie sich bald zeigen wird, nicht vergeblich.

Sophie von Hatzfeldt hat natürlich von alledem nichts gehört und gesehen. Ob sie von ihrer Mutter die Zivilcourage geerbt hat, die sie später oft Gelegenheit hatte zu beweisen, und ob die erzählte Anekdote für eine solche Behauptung taugt, soll hier offengelassen werden. Sicher ist wohl, daß Sophie in ihren besten Jahren ebenfalls im Stande gewesen wäre, das Herz eines Kaisers zu bewegen.

Fraglich scheint indessen, ob sie die Kühnheit im Denken und Handeln vom Vater, wie in manchen Büchern angenommen wird, geerbt hat. Der entpuppte sich nämlich schon bald nach seiner Rettung vor dem sicheren Tod als erklärter Freund des Franzosenkaisers und zugleich als entschiedener Gegner der deutschen »Jakobiner«. Napoleon hatte sich nicht in ihm getäuscht. Früher als andere hatte der Korse erkannt, daß die konservativsten Vertreter des alten Regimes seine besten Verbündeten waren. Sie verfolgten aus ganz unterschiedlichen Erwägungen und mit gegensätzlichen Absichten ein gemeinsames Interesse: die Erhaltung des alten Regimes, das aus der Sicht Napoleons zu morsch war, um für ihn gefährlich zu werden, und das Männer wie Fürst Hatzfeldt an das Goldene Zeitalter erinnerte, von dem sie noch immer träumten. Und sie hatten einen gemeinsamen Gegner: die Reformer.

Der inzwischen in den diplomatischen Dienst übergewechselte Hatzfeldt sah – sicher nicht zu Unrecht – in den preußischen Reformern eine weit größere Gefahr für die alte Ordnung als in dem fremden Kaiser, der, während er im Rheinland und im Königreich Westfalen mit dem Code Napoleon ein aus der Französischen Revolution hervorgegangenes Gesetz erließ und einer bürgerlichen Entwicklung Vorschub leistete, das ostelbische Preußen relativ unangefochten ließ. Männer wie der Fürst Hatzfeldt erkannten, daß von außen die alten Strukturen Preußens nicht aufzubrechen waren. Im Inneren aber regten sich die Kräfte, die darangingen, den Staat Friedrichs des Großen zu verändern, den Bauern mehr Freiheiten zu geben und den Soldaten den Zopf abzuschneiden, den Friedrich Wilhelm III. noch 1806 für den Garanten militärischer Siege ansah.

Es waren die Kreise um Stein, Hardenberg und Scharnhorst, die erkannt hatten, daß Preußen nur durch tiefgreifende Reformen im Staat, im Heer und in der Landwirtschaft eine Chance hatte, sich vom äußeren Feind zu befreien und als Staat zu überleben. In ihnen sah Fürst Hatzfeldt die eigentliche Gefahr.

Auch als Gesandter Preußens in Den Haag und Wien stand er später immer auf seiten der äußersten Reaktion, weshalb ihn der Historiker Heinrich von Treitschke den »greisen Heißsporn der reaktionären Partei« nannte.

Für Sophie, die von alldem unberührt blieb, war er ein »vortrefflicher Vater«, dem die Familie über alles ging. Von ihrer Kindheit und Jugend wissen wir wenig. Es ist anzunehmen, daß sie vorwiegend in Berlin aufwuchs, das mit 200 000 Einwohnern für damalige Verhältnisse eine große und aufregende Stadt war. Und ohnehin war ihre Jugend nur kurz.

Wie bei so vielen Mädchen aus gutem Hause wurde die Jugend und das Glück Sophies aus Besitz- und Machtstreben der Familienräson geopfert. Nach langen Erbstreitigkeiten war das Fürstentum Trachenberg 1794 unter der fürstlichen Linie Hatzfeldt-Schönstein und der gräflichen Linie Hatzfeldt-Kinzweiler aufgeteilt worden. Nun sollte der Streit zum Ruhme des Hatzfeldtschen Namens und zur Rettung der Vermögensverhältnisse beider Familien beendet werden. Dazu mußte der junge Graf Edmund von Hatzfeldt aus der Linie Kinzweiler nur eine Tochter aus der Schönsteinschen Linie heiraten. Töchter waren dort reichlich vorhanden. Die Wahl des Grafen fiel nicht auf eine der heiratsfähigen Mädchen, die zweiundzwanzigjährige Louise oder die einundzwanzigjährige Helene, sondern zur allgemeinen Verwunderung auf die drittälteste, damals kaum siebzehnjährige Sophie, die als noch kindlich, geistig wie körperlich unreif und im allgemeinen ein bißchen »beschränkt« geschildert wird.

Am 9. August 1822, dem Vorabend ihres 17. Geburtstages, heiratete Sophie ihren Cousin, den vierundzwanzig Jahre alten königlich-preußischen Kammerherrn Edmund von Hatzfeldt. Die standesamtliche Trauung fand in der heute zu Hennef an der Sieg gehörenden Gemeinde Lauthausen statt, die kirchliche Feier in der Kapelle von Schloß Allner am Niederrhein. Tags zuvor war der notarielle Heiratsvertrag abgeschlossen worden, in dem der Vater der Braut die sonst unübliche Floskel aufnehmen ließ, daß der zukünftige Schwiegersohn »seiner Gattin mit der reinsten zärtlichen Liebe beizuwohnen« versprach. Wie wenig sich der Graf an diese Abmachung hielt, offenbart die vierundzwanzig Jahre später an den Präsidenten des Königlichen Landgerichts zu Düsseldorf gerichtete Scheidungsklage der Sophie von Hatzfeldt, die in die Sittengeschichte des Adels aufgenommen zu werden verdient.

Die Geschichte einer Ehe

Die Tragödie dieser Ehe ist ihre Geschichte, und sie beginnt, bevor sie geschlossen wurde.

Es ist für Außenstehende immer schwer, über eine Ehe zu urteilen, besonders wenn es darum geht, Schuld und Unschuld voneinander zu trennen. Die Urteile über intime Vorgänge in einer fremden Ehe haben stets etwas Voyeuristisches an sich. Um wieviel schwieriger ist das in dieser Hatzfeldtschen Ehe, über die wir vor allem aus zwei Klageschriften wissen, in denen sich die Ehepartner gegenseitig beschuldigen, die Gemeinschaft zerstört zu haben, und in denen jeder den anderen als wahren Teufel beschreibt.

Dennoch können wir die fünfundzwanzig Jahre im Leben der Sophie von Hatzfeldt nicht mit ein paar Hinweisen auf das Martyrium ihrer Ehe übergehen, einmal, weil die Zeit zwischen Hochzeit und Scheidung ein Drittel ihres Lebens umfaßt, und zum anderen, weil sie das weitere Leben Sophies prägten, ihren Charakter formten und aus dem unwissenden Kinde, als das sie 1822 in diese Ehe ging, eine kämpferische, selbstbewußte und furchtlose, aber auch eine sensible, kranke und vom Leben gezeichnete Frau machten. Es ist die Zeit, in der für Sophie von Hatzfeldt eine Welt zerbrach, ohne daß schon eine neue Welt für sie in Sicht war. Wir können deshalb auch an den wenig schönen, oft obszönen Seiten dieser Ehe nicht vorbeigehen, ohne das Bild dieser Frau zu verzeichnen.

Sophie war mit ihren siebzehn Jahren noch ein unentwickeltes, verwöhntes Kind ohne die geringsten Vorstellungen von

Sexualität und ohne die mindesten Erfahrungen, über die heute jedes Mädchen verfügt.

Edmund von Hatzfeldt war mit seinen vierundzwanzig Jahren auch noch ein schwärmerischer Jüngling, dabei, sich »die Hörner abzustoßen«. Und er tat es im Bewußtsein seiner Freiheit, die er sich als Mann und Schloßherr herausnehmen durfte. Das Verhältnis zu Frauen war von den Vorstellungen seiner Zeit geprägt, die dem Mann bestimmte Rechte einräumte, welche einer Frau nicht zukamen. Er mag zunächst nichts Unrechtes dabei empfunden haben, daß er mit anderen Frauen schlief und seine Kindfrau nicht berührte. Schließlich hatte er nicht um sie geworben. Es ging in dieser Ehe nicht um Liebe und Zärtlichkeit, sondern um Erbrechte und Besitzverhältnisse. Es war eine geschäftliche Abmachung zwischen den beiden zerstrittenen Hatzfeldtschen Linien, keine Romanze zweier junger Menschen.

Und der Graf, der darunter litt, daß er stark hinkte, war außerdem in eine andere verliebt. Er lag seit längerer Zeit in den Banden der Gräfin Nesselrode-Ehrenshoven, heißt es in den zeitgenössischen Quellen, was bedeutet, er hatte ein Liebesverhältnis mit ihr. Die Gräfin Nesselrode war offenbar eine attraktive und mit weiblichen Attributen reichlich versehene Dame der Gesellschaft, die ihm zu geben bereit und auch imstande war, was er von der siebzehnjährigen Sophie weder erwartete noch ersehnte. So war im Grunde auch er bei dieser Ehe betrogen. Er sollte die geliebte Frau aufgeben zugunsten einer ungeliebten, die Liebesspiele aus Freude und Lust gegen die eheliche Pflichterfüllung eintauschen.

Ein Mann mit stärkerem Charakter und edlerer Gesinnung hätte das wohl auf sich genommen. Edmund von Hatzfeldt aber ließ seinen Gefühlen freien Lauf, er dachte nicht daran, sich Zwang aufzuerlegen, und lebte seine Wünsche voll aus. Dabei verboten ihm sein Stand und seine Erziehung, mit So-

Sophie von Hatzfeldt, Jugendbildnis

Schloß Allner

phie ein Arrangement zu treffen, das ihr die gleichen Freiheiten einräumte. Obwohl er sich im Ehevertrag ausdrücklich zu lebenslanger Treue verpflichtet hatte, ein Schwur, den wohl kein Mensch, ob Mann oder Frau, guten Gewissens leisten kann, und obwohl er ehrenwörtlich seinem Verhältnis zur Gräfin Nesselrode abgeschworen hatte, dachte er nicht daran, sich von seiner Geliebten zu trennen, zumindest brachte er nicht die Kraft dazu auf.

Die Stubenmädchen der Gräfin Nesselrode wurden mehrmals Zeugen intimer Beziehungen zwischen ihrer Herrin und dem Grafen, denn vor den Zofen mußte man sich keinerlei Zurückhaltung auferlegen. Auch die Bauern, die auf den Feldern arbeiteten, beobachteten, wie der Graf bei seinen Spazierritten mit der Gräfin Nesselrode »sich die unanständigsten Handgriffe gegen sie erlaubte«. Sie werden davon in der Schenke erzählt und ihre Zoten gerissen haben.

Daß Graf Hatzfeldt seine Geliebte auch mitnahm, wenn er seine Braut auf dem wenige Kilometer entfernten Schloß Allner besuchte, mutet schon etwas seltsam an. Es geschah nicht ohne Hintersinn. Die Gräfin Nesselrode wollte das Geschöpf persönlich kennenlernen, das ihr Liebhaber beabsichtigte zu ehelichen, und sie soll ihren Einfluß auch dahingehend geltend gemacht haben, daß seine Wahl unter den Töchtern des Fürsten Hatzfeldt auf die kindliche und kindische Sophie fiel. Eine Gemahlin, die noch ein ausgesprochenes Kind war und auch so aussah, konnte ihrem Verhältnis am wenigsten gefährlich werden.

Daß der Graf seine Liebesspiele mit der Nesselrode dann – wenn auch heimlich – selbst bei seinen Besuchen im Hause der Braut fortsetzte, zeigt, daß er die bevorstehende Ehe überhaupt nicht mit seiner Sexualität in Verbindung brachte.

Sophie, ganz unvorbereitet in diese Ehe gedrängt und noch von Jungmädchenträumen über das Zusammenleben mit einem Mann erfüllt, wurde schon am Tag nach der Hochzeit aus allen Himmeln in die Hölle gestürzt. Von Hatzfeldt teilte seiner erschütterten Angetrauten mit, daß er die Gräfin Nesselrode liebe und ihre Hochzeit daran nichts ändern werde.

Da saß Sophie nun auf dem Schloß Kalkum bei Düsseldorf, dem Herrensitz ihres Gatten, wie ein aus dem Nest gefallener Vogel, fern von den Eltern und Geschwistern, ohne Freunde, fremd im eigenen Haus, in Tränen aufgelöst, was sie nicht gerade anziehender machte, allein am Tisch und allein im Bett. Graf Edmund aber vergnügte sich indessen in Düsseldorf mit seiner Geliebten. Manchmal brachte er die Gräfin Nesselrode auch mit nach Kalkum, wo sie ein Zimmer neben dem Ankleideraum des Grafen bewohnte.

Jedes bürgerliche Mädchen hätte sicher das Haus verlassen und wäre weinend zu den Eltern zurückgekehrt. Sophie aber war mit den Banden des Ehevertrages gefesselt, sie war der Preis für die Größe des Hatzfeldtschen Besitzes. Damit konnte die Siebzehnjährige nicht fertig werden. Das blieb nicht ohne ernste Folgen auf ihre psychische und physische Entwicklung. Nicht zu Unrecht werden hier die Ursachen für ihre späteren Krankheiten gesehen, die sie zum Dauergast in Bädern und Sanatorien machten. Ihre Gesundheit wurde in diesen für ihre körperliche und geistige Entwicklung entscheidenden Jahren ruiniert.

So mußte sie den Grafen begleiten, wenn er seine Geliebte in Düsseldorf besuchte. Es bereitete den beiden offenbar Vergnügen, die junge Gräfin im Nebenzimmer zu wissen, wenn sie miteinander schliefen. Zu diesem Zeitpunkt waren bereits alle Brücken der Zuneigung und selbst des Anstands zwischen den Ehegatten abgebrochen. War für Edmund von Hatzfeldt die Ehe eine Fessel, so wurde sie für Sophie nun zum Martyrium. Er sah in seiner Frau den personifizierten Eingriff in sein gewohntes Liebesleben, und schon ihr Anblick konnte ihn in Rage bringen. Die anfängliche Gleichgültigkeit wich mehr und mehr kalter Feindschaft. Es war mehr als die Zähmung eines verwöhnten Mädchens, zwischen den beiden herrschte Krieg. Nicht nur zwei unterschiedliche Temperamente prallten hier aufeinander, die – wie sich später zeigen wird – so verschieden gar nicht waren. Hier stießen die Erziehung in der fürstlichen Familie und die Kultur der Großstadt mit dem Besitzstreben und dem Geschäftssinn des Unternehmers zusammen, die Etikette der Hofgesellschaft traf auf die bäuerliche Lebensweise des keinerlei Rücksichtnahme gewohnten rheinischen Grafen, die romantische Verträumtheit der zarten Prinzessin kollidierte mit der robusten Roheit eines Landedelmannes.

Edmund von Hatzfeldt mißachtete seine Frau nicht nur, er verachtete sie, sie ging ihm auf die Nerven. Was für sie Erziehung und Etikette war, empfand er als Eitelkeit, in ihrem Wunsch nach einem die Gemeinschaft zweier Menschen ausfüllenden Gespräch sah er »Disputier- und Zanksucht«, das aus dem Elternhaus gewohnte Leben Sophies nannte er Herrsch- und Genußsucht, die für sie selbstverständliche Anstellung von Dienstpersonal, Diener und Zofe für die Gräfin, war in seinen Augen die reine Verschwendung. Ihren anfänglichen Wunsch nach ehelicher Gemeinschaft im gleichen Schlafzimmer empfand er als Aufdringlichkeit. Nur dem Eingreifen seiner Großmutter, die offenbar das Regime auf Schloß Kalkum führte und der der immer noch sehr junge Graf einigen Respekt erwies, war es zu danken – oder zu schulden, je nachdem, wie man es sieht –, daß im Schlafzimmer der Gräfin ein zweites Bett für den Herrn Gemahl aufgestellt wurde, das er aber sehr selten und dann lediglich, um einer Pflicht zu genügen, benutzte.

Wenn er seiner Frau in Ermangelung einer anderen Partnerin wirklich einmal beiwohnte, wie man das damals zurückhaltend nannte, dann geschah das, was man heute mit dem Begriff »Vergewaltigung in der Ehe« bezeichnet. In der Scheidungsklage von 1847 liest sich das so: »Noch schlimmer, wenn ihn plötzlich einmal eine sinnliche Laune befiel und er sich in augenblicklicher Ermangelung anderer Personen an seine Gemahlin wandte. Nicht nur, daß er auf die roheste Weise und ohne das barsche und grobe Wesen, das ihn seiner Gemahlin gegenüber nie verließ, auch nur für einen Augenblick zu mildern, sein Recht wie über ein Ding exerzierte – von den raffinierten Dienstleistungen seiner Lustdirnen verwöhnt, verlangte er auch noch so depravirte Gefälligkeiten, Genüsse so überschwenglicher, Bordellhaus entsprungener Unnatur, daß das arme entwürdigte Opfer von Tränen, Ekel und Scham überwältigt wurde.«

Da sich solche Vorgänge der Natur der Sache nach jeglicher

Zeugenschaft Dritter entziehen, bleibt offen, um welche »Gefälligkeiten« es sich handelte und was dem einen als normal, dem anderen als unnatürlich erschien. Da Ehen bekanntlich nicht nur im Bett geschlossen, sondern häufig dort auch geschieden werden, ist die offensichtliche Disharmonie der beiden in der Sexualität sicher ein weiterer Grund ihres Scheiterns. Sophie, zumindest diese junge Sophie, war für den rheinischen Edelmann in ihrem Gefühlsleben auf jeden Fall zu kühl. Als Graf Hatzfeldt in den ersten Jahren seiner Ehe einmal gefragt wurde, warum ihm seine Frau, die langsam erblühte und die von aller Welt zunehmend als schön empfunden wurde, so gar nicht gefalle, antwortete er, selbst ein häßliches Frauenzimmer »von Fleisch und Bein« sei ihm lieber als eine solche »todte Statue, wenn sie noch so schön ist«.

Daß diese »todte« Statue dennoch in ihrem ersten Ehejahr schwanger wurde und dem Grafen in den folgenden acht Jahren drei Kinder gebar, hing wohl in erster Linie mit seiner Auffassung von preußischer Pflichterfüllung in der Ehe zusammen sowie mit der Notwendigkeit, für Erben zu sorgen.

1823 wurde Sophie von einer Tochter entbunden, die unmittelbar nach der Geburt starb. Es war eine schwere Geburt »unter Zuhilfenahme von Instrumenten«, eine Zangengeburt also, die Sophie infolge ihrer schwachen körperlichen Konstitution selbst in Lebensgefahr brachte. Wochenlang, so wird berichtet, schwebte sie zwischen Leben und Tod. Doch ihren Ehemann schien das wenig zu rühren. Selbst in der Nacht nach der gefährlichen Entbindung soll er bei halbgeöffneter Tür im Nebenzimmer mit der Gräfin Nesselrode »den Beischlaf vollzogen« haben, wie es in der Klageschrift heißt. Für ihn war das tote Kind nichts weiter als ein zusätzlicher Beweis dafür, daß diese verwöhnte Jungfer aus Berlin wenn schon keinen Sohn, so noch nicht einmal ein Mädchen zustande brachte.

Aber auch nach der Geburt des Sohnes Alfred 1825, der Tochter Melanie 1828 und schließlich des jüngsten Sohnes Paul 1831 änderte sich die Einstellung des Grafen zu seiner

Frau nicht. Im Gegenteil, es wurde schlimmer und ärger. Nach dem Ende der Affäre mit der Gräfin Nesselrode 1831, aus der zwei uneheliche Kinder hervorgegangen sein sollen, nahm eine andere ihre Stelle ein und danach wieder eine andere und wieder eine andere. Sophie wurde in Kalkum wie in einem Gefängnis gehalten, in ihrer Freiheit von allen Seiten beschnitten, gedemütigt, erniedrigt, vor den Dienstboten beschimpft und auf der Jagd einmal sogar mit der Peitsche gezüchtigt.

Doch die tief christliche fürstliche Familie fürchtete nichts so sehr wie den öffentlichen Skandal. Sophies Eltern und Geschwister sahen wohl, wie die Gräfin litt, die Mutter machte als einzige mehrmals Anstrengungen, die Tochter wieder nach Hause zu holen. Dabei blieb es. Und die Jugendjahre der unglücklichen Frau gingen unwiederbringlich dahin. Sophie aber wollte, je älter sie wurde, nicht die Rolle ihrer Schwestern spielen, die mit Dulden und Sichducken, Dienen und Sichfügen Reichtum und Ruhm erwarben, sich höchstens einmal einen heimlichen Seitensprung mit dem Förster oder dem Reitburschen erlaubten und ansonsten nach der biblischen Devise lebten: »Dienen lerne beizeiten das Weib . . .« Sophie ist geradeheraus und pocht darauf, die gleichen Rechte zu haben wie ihr Mann, sie lehnt es ab, falsch zu spielen, und denkt auch an sich selbst. Das wird ihr von der Umwelt als Eigensinn, Leidenschaftlichkeit, »unweibliche Heftigkeit« böse angekreidet.

Nach dem Tod des Vaters 1827 und der Mutter 1832 lebte Sophie vollends ohne jegliche moralische Unterstützung, und sie war nicht mehr gewillt, alles zu ertragen, auch wenn sie noch nicht daran dachte, sich gegen ihr Schicksal aufzubäumen. Mit fünfundzwanzig war sie auch äußerlich zu einer Frau geworden und, wie manche Spätentwickler, zu einer schönen, lustvollen Erscheinung, die auf Männer wirkte. Als sie das einmal erkannt hatte, als sie die Blicke der Männer zu lesen verstand, war sie nicht mehr bereit, ihre spät, aber um so stärker aufflammenden Gefühle weiterhin zu unterdrücken.

Ihr eigener Mann hatte sie so viele Jahre hindurch gedemütigt und einsam im Schlafzimmer frieren lassen, während er sich in anderen Betten vergnügte. Sie fand, daß auch sie ein Recht auf Liebe, auf Sexualität und Glück beanspruchen könne, und begann zu reisen und sich in amouröse Abenteuer zu stürzen. Zunächst traf sie sich in den frühen Morgenstunden heimlich mit einem Mann im Forstbusch in der Nähe des Schlosses von Kalkum. Offenbar eine romantische Liebelei, die niemand so ernst nahm, daß der Graf auch nur den Namen des vorgeblichen Liebhabers seiner Frau ermitteln ließ.

Es entbehrt nicht einer gewissen Pikanterie, daß das erste in der Klageschrift des Grafen angegebene Verhältnis seiner Frau die Beziehung zu einem Grafen Nesselrode in Düsseldorf war, wo doch Sophie jahrelang mit ansehen mußte, wie ihr angetrauter Gatte ganz ungeniert mit einer Gräfin Nesselrode poussierte und seine Nächte in ihrem Haus verbrachte. Nun, nachdem der Graf Hatzfeldt 1825 auf dem Düsseldorfer Karlsplatz ein Haus für sich gekauft hatte, verbrachte die Gräfin ihre Nächte beim Grafen Nesselrode.

War Sophie bei ihrer Hochzeit noch ein Kind gewesen, so war sie zehn Jahre später eine begehrenswerte und Liebe begehrende Frau. Auch wenn man der Klageschrift des Grafen getrost böswillige Übertreibung unterstellen darf, durchlebte Sophie von Hatzfeldt nun ein Jahrzehnt aufregender Abenteuer, immer wieder unterbrochen von Versuchen, doch noch zu einer Gemeinschaft mit Hatzfeldt zu kommen, schon der Kinder wegen. Die Sorge um die Kinder, die ihr nacheinander entrissen werden – bis auf den jüngsten Sohn Paul –, überschattet diese Jahre, die Sophie von Hatzfeldt wie in einem Taumel verbringt.

Edmund von Hatzfeldt trieb es immer ärger. Die Dienstmägde wurden nun seine Bettgefährtinnen. Als die Affäre mit der Gräfin Nesselrode sich abzukühlen begann, trat die Gräfin Hompsch an ihre Stelle, welche Sophie eines Tages, von der Messe zurückkehrend, im Bett des Ehemannes vorfand.

Die Favoritinnen des Grafen wechselten, und er gab sich wenig Mühe, das vor seiner Frau zu verbergen. Als er sich aber dann mit der Regelmäßigkeit, mit der ein Baum einen Ring ansetzt, fast jedes Jahr eine venerische Krankheit holte und der Hausarzt Sophie vor jedem Verkehr mit ihm warnte, erkannte sie die Gefahr, die über ihr schwebte. Der ausschweifende Lebenswandel des Grafen, gepaart mit seinem Haß auf Sophie, ließ eines Tages das Gerücht aufkommen, er habe eine Kupplerin beauftragt, ihm ein syphilitisches Frauenzimmer zu bringen, daß er sich anstecke, dann seine Frau infiziere und sich kurieren lasse, ohne sie zu informieren. Ob Sophie sich ihre galanten Krankheiten, wie man das nannte, auf diese oder auf lustvollere Weise holte, muß offenbleiben. Sicher ist, daß sie sie von mehreren Ärzten behandeln ließ. Aber es gab damals wohl kaum jemanden außerhalb der armen Schichten, der oder die nicht von einer solchen Krankheit befallen wurde. Und Sophie hätte reichlich Gelegenheit gehabt, sich anzustecken.

Als Graf Edmund begann, seine Frau selbst anderen Männern anzubieten, und die Freunde des Grafen ihr mit seinem Wissen frank und frei Angebote zum Beischlaf machten, fand sie, daß sie sich ihre Bettgenossen selbst aussuchen könnte.

Auf der Flucht vor dem gefängnisähnlichen Aufenthalt in Kalkum stürzte sie sich nun wie zur Betäubung in ständig neue Affären. Ihr bisher unerfüllter Wunsch nach Liebe und Geborgenheit schlug um in eine Gier nach Leben und Erleben, in eine nymphomanische Hingabe an jeden, der ihr das momentane Gefühl gab, geliebt zu werden und begehrt zu sein.

Wenn wir im folgenden einige dieser Affären aus der Klageschrift des Grafen nachzeichnen, so übernehmen wir damit weder die Bürgschaft für ihren Wahrheitsgehalt noch viel weniger die damit verbundene Anklage gegen eine Frau, die auch in der Sexualität darauf beharrt, die gleichen Rechte für sich zu beanspruchen wie ihr Mann.

Der erste Mann, der die Gräfin heimlich besuchte und im Schrank versteckt wurde, wenn der Graf nach Hause kam, war ein Engländer. Eines Tages ging die Gräfin mit ihm aus dem

Zimmer in den Saal, legte sich dort auf das Sofa, entblößte sich, und die Dienerschaft beobachtete durchs Schlüsselloch in der Art einer Peep-Show die Liebesspiele der beiden. Danach besuchte sie ein Holländer namens Westreenen, der in verschiedenen Gestalten, als gräflicher Verwalter, als Schneider und in anderer Verkleidung, ins Schloß kam, wo er mit der Gräfin trank und bei ihr schlief.

Den Sommer 1832 verbrachte Sophie in Aachen, um ihre angegriffene Gesundheit wiederherzustellen. Hier in der Kleinstadt, in der die vornehmen Kurgäste einander täglich begegneten, war die siebenundzwanzigjährige Gräfin, die durch Geschmack, Eleganz und Bildung auffiel, das Objekt mancher Männerwünsche. Wer wollte es ihr verübeln, daß sie dem einen oder anderen seinen Wunsch erfüllte, zumal sie zu ebener Erde logierte, wo es ein leichtes war, nachts durchs Fenster ins Zimmer zu kommen.

Nach dem Tod ihrer Mutter 1832 siedelte die Gräfin nach Berlin über. Graf Edmund hatte ihr angedroht, alle drei Kinder außerhalb des Hauses zu erziehen und ihr den Zutritt zu ihnen zu verwehren, wenn sie das Haus nicht verlasse. In diesem Falle aber sollte sie den einjährigen Paul mitnehmen dürfen.

Von nun an lebt das Paar getrennt. Eine Art freiwilliger Scheidung, obwohl von offizieller Scheidung zu diesem Zeitpunkt noch keine Rede war. Sophie fühlte sich jetzt auch moralisch frei und aller Treueversprechen gegenüber dem treulosen Mann entbunden.

So wird von einer Liaison mit einem Attaché der französischen Botschaft berichtet, der sie nachts häufig besuchte. Er folgte ihr auch im nächsten Jahr nach Dresden, unternahm mit ihr Ausflüge nach Bad Schandau und in die Sächsische Schweiz. Nach Dresden zurückgekehrt, macht die Gräfin die Bekanntschaft eines Engländers namens Herbert. Der Familienname ist in der Klageschrift nicht enthalten, und Sophie hat ihn nirgends erwähnt. Die Affäre mit diesem Herbert muß über eine längere Zeit gegangen sein, denn 1838 spielt sein Name eine Rolle in einer Geschichte, die sich auf Schloß Trachenberg bei Breslau zutrug, wo sich Sophie mit ihrem Sohn Paul bei ihrem Bruder, dem Fürsten Hermann, aufhielt.

Paul befand sich mit der Tante und ihrer kleinen Tochter im Zimmer, wo sie mit einer großen Puppe spielten. Auf einmal hebt Paul der Puppe das Kleid hoch, fühlt ihr zwischen die Beine und küßt sie auf die Stelle der Schamteile. Heute würden Erwachsene diesen Vorfall übersehen oder mit einer Bemerkung abtun. Aber die Akteure lebten in der Biedermeierzeit an einem deutschen Fürstenhof. Die Fürstin war entsetzt und verbot dem Jungen mit strengen Worten, jemals wieder so etwas zu tun. Dieser soll erwidert haben: »Wenn dir das nicht gefällt, so thue ich es dir selbst.« Auf die Frage, wo er so etwas gelernt habe, erwiderte er: »Von Herbert, der macht es Mama ebenso.«

Später sagte der Junge, die Mama habe oft geglaubt, daß er schlafe, wenn er sie heimlich belauschte. So jedenfalls wird es in der Klageschrift berichtet. Und dazu vermerkt, daß das sittenlose Verhalten der Frau den Vater des Kindes tief verwundete. Das ist nun sicher der Gipfel der Heuchelei von einem Mann, der innerhalb eines Jahrzehnts mindestens sechsmal eine Geschlechtskrankheit auskurieren mußte.

Nach einem Theaterabend in Wien soll die Gräfin zuerst einen jungen Fürsten empfangen haben, der eine Stunde blieb. Danach wechselte sie das Nachthemd, und nun kam ein zweiter junger Fürst, ein Freund des ersten. Auch er blieb etwa eine Stunde. Inzwischen war es ein Uhr nachts geworden. Die Gräfin wechselte erneut die Wäsche und ließ nach dem Chevalier Lizoni, einem mit ihr seit einiger Zeit befreundeten Gesandtschaftsträger von Toskana, rufen. Der kam und blieb bis zum Morgen, wenn die Diener oder Detektive richtig recherchiert haben.

Sicher sind manche dieser Behauptungen üble Nachrede und die Schilderungen aufgebauscht bis zur Unglaublichkeit.

Aber es bleibt festzustellen, daß sich die Anklage der Gegenseite allein auf ihr sexuelles Leben bezog und ihr sonst fast keine Verfehlungen vorgeworfen wurden. Zumindest begleitete sie der Ruf einer Femme fatale, so daß ihr 1840 aus Paris 100000 Franc dafür geboten wurden, wenn sie als Konkubine nach Italien ginge.

Noch einmal versucht Sophie Ende der dreißiger Jahre, sich mit Hatzfeldt zu vergleichen und um ihrer Kinder willen nach Kalkum zurückzukehren. Nachdem die beiden Ehegatten sich 1839 in Straßburg getroffen hatten, vereinbarten sie, es nochmals miteinander zu versuchen, hauptsächlich um den beiden Söhnen und der Tochter eine angemessene Erziehung zu geben. Unmittelbar nach ihrem Eintreffen in Kalkum wurde der Gräfin verboten, Haus und Garten zu verlassen, irgend jemanden bei sich zu sehen und selbst schriftlich mit jemandem zu verkehren. Das kam einer Gefangenschaft, zumindest einem verschärften Hausarrest, gleich. Die Gräfin verbrachte die Jahre 1840 und 1841 in völliger Abgeschiedenheit auf Kalkum, während ihr Mann mit den Kindern auf Schloß Schönstein residierte. Die Gräfin erhielt nur zwei Zimmer, die Dienerschaft hatte Befehl, ihr nicht zu gehorchen. Der Stallmeister untersagte den Kutschern, für die Gräfin einzuspannen, niemand durfte sie besuchen, die Dienstboten konnten über sie befehlen.

Die unerträgliche Lage der Gräfin führte schließlich zu Verhandlungen zwischen den Männern der beiden Familien, an denen sie selbst, um deren Schicksal es ging, nicht teilnehmen durfte. Im sogenannten Altenkirchner Vertrag von 1841 erhielt sie eine Rente, über die sie jedoch nur in Einverständnis mit ihrem Bruder Hermann verfügen konnte. Die sechsunddreißigjährige Frau wurde faktisch entmündigt.

Als dann noch ihr jüngstes Kind Paul mit zehn Jahren nach Potsdam in die Kadettenanstalt gegeben wurde, wo er mit preußischem Drill zu einem gehorsamen Untertanen erzogen werden sollte, entschloß sich die Gräfin, Kalkum endgültig zu

Unter den Linden in Berlin: Hier wohnte die Gräfin 1841/42.

verlassen und nach Berlin überzusiedeln, um ihrem Sohn nahe zu sein.

Hier wohnte sie nacheinander in mehreren Hotels und Privatwohnungen. Im Hôtel de Russie machte sie schließlich die Bekanntschaft des Grafen Bassenheim, in den sie sich verliebte und bei dem sie endlich das Verständnis fand, das ihr allein Grundlage eines Lebensbundes sein konnte. Zu dieser Beziehung bekannte sich die Gräfin auch später im Scheidungsprozeß und in einem Brief an den König, in dem sie um Unterstützung dafür bat, Bassenheim heiraten zu können. Bei allem, was sie in den Jahren ihrer Ehe erduldete und was sie teilweise auch versuchte durch Liebesaffären zu verdrängen, scheint sie wenigstens in der Beziehung zu Bassenheim eine glückliche Zeit erlebt zu haben. Dem Sohn Paul bekam das, was man in Potsdam unter Erziehung zu Manneszucht und Lebenstüchtigkeit verstand, nicht gut. Er erkrankte und wurde bald zur Auskurierung freigestellt. Sophie fuhr mit ihm in Begleitung ihres Geliebten, des Grafen Bassenheim, nach Italien, wo sie den Winter 1842/43 gemeinsam verbrachten. Da weder Paul ein Verlangen nach der preußischen Kaserne verspürte, noch die Mutter ihn wieder in die Kadettenanstalt bringen wollte, fuhren sie weiter zum Bruder der Gräfin nach Trachenberg, der sie für einige Monate aufnahm. Hier fühlten sich die beiden geborgen und zufrieden. Graf Hatzfeldt, der ihr das Glück nicht gönnte, versuchte, ihr Paul wegzunehmen. Er wandte sich sogar an den König Friedrich Wilhelm IV., um den Sohn unverzüglich wieder ins Kadettenhaus nach Potsdam holen zu lassen.

Am Morgen des 27. Oktober 1843 um 6 Uhr dringen plötzlich Polizei und Militär in das Haus des Fürsten Hatzfeldt zu Trachenberg ein und fordern mit allerhöchster Kabinettsorder den Kadetten zurück. Sophie weigert sich den ganzen Tag über, den zwölfjährigen Paul ziehen zu lassen. Doch dem Willen des Königs konnte man sich nicht widersetzen. Der Bruder fürchtete um den Ruf der Familie als einer der ersten des Landes. In einem Brief an den »Allerdurchlauchtigsten, Großmächtigsten, Allergnädigsten König und Herrn« bestätigt Fürst Hatzfeldt, daß »Ew. Königl. Maj. die hohe Gnade gehabt (haben), mir huldreichst eröffnen zu lassen, wie es Allerhöchst denselben nicht bekannt gewesen sei«, daß seine Schwester, die Gräfin Hatzfeldt, sich mit ihrem Sohn Paul in seinem Haus aufgehalten habe. »Diese huldreiche Aeußerung meines Königl. Herrn lindert den schmerzlichen Eindruck, den ein so unerwartetes Ereigniß auf mich gemacht hat . . . und gibt mir den Muth, im Vertrauen auf Allerhöchst dero Gerechtigkeit, das ernste Verhältniß, in welches ich durch dieses Ereigniß versetzt worden bin, Ew. Königl. Majestät ebenso ehrfurchtsvoll als aufrichtig vorzutragen.«

Nun schildert er in diesem Ton die Ereignisse, die ihn, der an der Spitze der schlesischen Ritterschaft steht, tief verletzt und seinen Ruf gefährdet haben. Trotz alledem, Paul muß zurück nach Potsdam, Sophie folgt ihm.

Die Gräfin hätte gewarnt sein müssen. Schon einmal hatte Graf Edmund versucht, ihr die Kinder Melanie und Paul zu entführen. Ende Dezember 1837 lud er die Tochter, die sich wegen der Krankheit der Mutter bei deren jüngster Schwester Hermine von Landsberg aufhielt, zum Weihnachtsfest auf sein Schloß Schönstein ein, um sie danach nicht mehr zurückkehren zu lassen. Melanie wurde nach Wien in die katholische Vereinigung der Salesianerinnen gebracht, wo ihr in der Abgeschiedenheit des Klosters jeder Kontakt mit der Mutter verboten war, die sie für die nächsten sechzehn Jahre nicht wiedersehen sollte.

Ähnliches plante der Graf mit dem jüngsten Sohn Paul. Als sich Sophie 1838 zur Kur in Baden-Baden aufhielt, wurde der Siebenjährige durch einige Banditen von der Promenade geraubt. Zwei Angestellte des Grafen hatten die Kinderfrau Pauls, die sich während Sophies Krankheit um den Jungen kümmerte, bestochen, mit Paul einen Spaziergang zu unternehmen, bei dem er entführt wurde. Sophie, die auf die Rückkehr des Kindes wartete, wurde von Stunde zu Stunde unruhiger. Mit steigender Angst durchlebte sie die Zeit von 9 Uhr morgens bis 3 Uhr nachmittags, die sie ohne Nachricht von ihrem verschwundenen Kinde blieb. Endlich hörte sie, man habe den Jungen in Begleitung der Kinderfrau und eines Mannes die Stadt verlassen sehen. Nach der Beschreibung erkannte Sophie den Verwalter des Grafen und ahnte die Zusammenhänge.

Obwohl sie noch krank ist, beweist sie Geistesgegenwart,

fährt mit den schnellsten Gäulen den Entführern nach und sendet reitende Boten voraus, um die Poststationen zu benachrichtigen, den Räubern ihres Kindes keine Pferde zu geben. In Hattersheim holt sie die Entführer ein und ruft die Bevölkerung zur Unterstützung auf, vor deren drohender Haltung die Banditen das Kind herausgeben.

Nun, fünf Jahre später, hat sie keine Chance, den Sohn Paul vor der durch Kabinettsbefehl legitimierten Entführung zu bewahren. Noch einmal versucht sie ein Versöhnungsgespräch mit dem Grafen herbeizuführen, das in Köln nur zwischen den beiden stattfinden sollte, doch es kam nicht zustande. Von Versöhnung konnte keine Rede mehr sein. Auch nicht mehr von der Nachgiebigkeit und der Unterordnung der Gräfin als ruhig und geduldig leidendes sanftes Weib. Die Sache Hatzfeldt gegen Hatzfeldt beschäftigte nun die Gerichte.

Begegnung mit Lassalle

Im Januar 1846 tritt ein Mensch in das Leben der Sophie von Hatzfeldt, der ihr zum Schicksal werden sollte. Im Haus des Militärschriftstellers Graf Archibald von Keyserling wird ihr ein junger Mann vorgestellt, der Sprachwissenschaft und Philosophie studierte und dabei war, sich in der Berliner Gesellschaft einen Namen zu machen: Ferdinand Lassalle, der später, viel später, das unsterbliche Verdienst erwerben sollte, mit der Gründung des Allgemeinen Deutschen Arbeitervereins die deutsche Arbeiterbewegung nach fünfzehnjährigem Schlummer wieder wachgerufen zu haben.

Der einundzwanzigjährige Lassalle ist fasziniert von der Frau, die dem Alter nach seine Mutter hätte sein können, ein Gedanke, der ihm weder hier noch später jemals in den Sinn kam. In Sophie von Hatzfeldt begegnet ihm eine imposante, von Männern umschwärmte Erscheinung. Die Trauer über ihre durchlebten Leiden liest man in ihrem Gesicht, in dessen beherrschten, fast strengen Zügen nichts Verspieltes ist. Aber gerade das erhöht ihren eigentümlichen, fesselnden Reiz. Die lockigen Haare sind nach hinten gekämmt, so daß die hohe Stirn zur Geltung kommt, eine Nase wie die einer griechischen Statue betont das Profil, und aus den Augen blitzt »die ungestillte Glut der Leidenschaften«, spricht »der Zorn und der Groll über ihr verfehltes Leben«. So beschreibt ein Zeitgenosse die Gräfin zur Zeit ihrer schicksalhaften Begegnung mit Lassalle.

Sophie von Hatzfeldt befindet sich in einer verzweifelten Situation. Nachdem alle ihre Versuche einer gütlichen Einigung

Ferdinand Lassalle, Jugendbildnis nach einem Pastell

mit ihrem Mann gescheitert sind, hat sie sich entschlossen, den ungleichen Kampf um ihre Rechte aufzunehmen. Auf der Seite des Grafen, der mit seiner Abneigung und seinem Haß ihr Leben zerstörte, stehen die alten Rechte des Mannes gegenüber der Frau, die vor der Gesellschaft begründet erscheinen. Seinem Geld, einem Vermögen von fünf Millionen Goldmark, und seinen weitreichenden Verbindungen bis zum Hofe des preußischen Königs hat sie nichts entgegenzusetzen als das ihr widerfahrene Unrecht und ihren Mut der Verzweiflung.

Verlassen von der Familie, die jeden Skandal vermeiden will, empfindet sie sich als »von Feld zu Feld erbarmungslos verscheuchte Gazelle«, die sich »auf den Jäger stürzte und sollte sie mit ihm im Abgrund zerschellen«.

Wohin sie sich auch wendet, niemand steht ihr bei. Selbst von den Gerichten kann sie keine Gerechtigkeit erwarten, ganz zu schweigen davon, daß eine Frau, die sich weigert, ihr Unglück still und ergeben zu ertragen, von der Gesellschaft verurteilt wird.

In dieser Situation lernt sie Lassalle kennen, der gemeinsam mit seinen Freunden, dem Assessor Alexander Oppenheim und dem Arzt Dr. Arnold Mendelssohn, einem Enkel von Moses Mendelssohn, bereit ist, für die Rechte der unglücklichen Frau, die zugleich Menschenrechte sind, zu kämpfen.

Die erste Begegnung der Gräfin mit Lassalle fällt in eine politisch bewegte Zeit. Es ist die Zeit gesellschaftlicher Gärung, in der sich die heraufziehende Revolution für jeden, der sehen und hören will, sichtbar und hörbar ankündigt.

Der Aufstand der schlesischen Weber in der Heimat Lassalles hat auf das Los und die Forderungen der untersten Schicht der Gesellschaft aufmerksam gemacht, die mit der Entwicklung des Kapitalismus zwangsläufig entstand und notwendig ihre Stimme erhob. Wilhelm Wolff, ein Jugendfreund Lassalles und einer der schärfsten Beobachter der politischen Zustände, schildert in seinen Reportagen das grauenhafte Elend in den Kasematten von Breslau. Heinrich Heines Lied über die schlesischen Weber, die ihren dreifachen Fluch in Deutschlands Leichentuch einweben, nimmt ihren Zorn in die Poesie auf. Ludwig Feuerbach greift mit seinem Buch »Das Wesen des Christentums« auf breiter Front die Religion an. Die Schüler Hegels ziehen immer radikalere Konsequenzen aus seinem Werk. Marx schreibt schon 1843: »Die Philosophie kann sich nicht verwirklichen ohne die Aufhebung des Proletariats, das Proletariat kann sich nicht aufheben ohne die Verwirklichung der Philosophie.«

Vor dem Hintergrund allgemeiner revolutionärer Erwartung und Hoffnung spielt sich die persönliche Tragödie der Gräfin Hatzfeldt ab. Der junge Revolutionär Lassalle sieht hier ein politisches Kampffeld, auf das er sich mit allem Eifer stürzt. Er nennt es eine Insurrektion auf eigene Faust, als er mit dem Kampf für die Rechte der Gräfin zugleich den Kampf mit den alten Gewalten aufnimmt. Dabei beruft er sich auf das Wort Robespierres, wonach die soziale Unterdrückung bereits dort herrsche, wo ein einziges Individuum unterdrückt werde.

Ferdinand Lassalle wurde 1825 als Sohn eines jüdischen Seidenhändlers in Breslau geboren. Die Tatsache, daß er aus einem jüdischen Elternhaus kam, seine Familie zu jenem osteuropäischen Judentum gehörte, das sich, wie Franz Mehring sagte, »von seinen feudalen Halseisen erst durch den Rost parasitischen Schachers zu befreien wußte«, hat ihn lebenslang beschäftigt. Viele Jahre später schreibt er einer jungen Frau, die er liebt und die er heiraten will: »Ich bin ein Jude. Mein Vater und meine Mutter sind Juden.« Er findet, daß ihm die Abstammung ein Recht zum Stolze gäbe, daß er stolzer sein könnte als alle, weil er »von einem Volk abstammt, das älter ist als alle Fürsten und Edelleute, die nur etliche Jahrhunderte existieren; vom ersten zivilisatorischen Volke, welches in der Geschichte auftritt, und von den alten Königen Syriens«.

Doch Lassalle liebte die Juden nicht. Den einzig schönen Zug sah er in der den Juden angeborenen Gutmütigkeit, die er in hohem Grade besaß.

Ferdinand Lassalle als Handelsschüler in Leipzig

Indem sich Lassalle nach dem Besuch der Handelsschule in Leipzig »vom Schacher abkehrte, wandte er sich vom Judentum weg«. Der jüdische Erlöser, der er werden wollte, um sein Volk zum Siege zu führen, verwandelt sich in den Revolutionär, »der in dem unterdrückten Juden nur den unterdrückten Menschen, in der Befreiung des Juden nur die Befreiung des Menschen . . . sieht«, wie Mehring schrieb. Lassalle hat es ungleich schwerer als Marx, seinem sozialen Umfeld zu entwachsen. Im Gegensatz zum industrialisierten Rheinland lebten die Juden im Osten, an der polnischen Grenze, wo seine Familie herkam, noch aufgrund mittelalterlicher Privilegien und nicht aufgrund bürgerlicher Gleichberechtigung. Die Tiefe, aus der er emporsteigen mußte, spornte ihn an, die Höhe klassischer Bildung zu erreichen. So wurde Lassalle aus persönlicher Bedrängnis zum Revolutionär.

Als er 1846, in der Zeit des Vormärz, zum Beschützer einer wehrlosen Frau wird, scheint ihm das Schicksal der Gräfin symptomatisch zu sein für die Niedertracht der in Preußen herrschenden Adelskaste. Er will die alten Gewalten schlagen, wo er sie treffen kann. Die Aufopferungsfähigkeit, die Begeisterung und die Uneigennützigkeit der Jugend verbindet Lassalle mit seiner revolutionären Kampfeslust und wohl auch mit etwas romantischer Ritterlichkeit.

Der Einundzwanzigjährige lebt in dem Gefühl, wesentlich älter zu sein als seine Jahre. An Erfahrungen, meint er, sei er mindestens neunzig. Sein maßloses Selbstbewußtsein, seine fast naive Eitelkeit verführen ihn immer wieder, Dinge zu wagen, vor denen andere zurückgeschreckt wären. Schon als junger Mann hält er sich für einen der Besten seiner Zeit. In der Tat wird dieses Selbstbewußtsein von manchen bedeutenden Zeitgenossen genährt. Schon als Handelsschüler in Leipzig hat er 1841 mit gerade sechzehn Jahren in seinem Tagebuch kritisch über Börne und Heine reflektiert. Er las Voltaire und Homer, stand in seiner geistigen Reife weit über seinen Mitschülern, was ihm nicht nur Freunde einbrachte. Sein Lehrer schrieb ihm ins Zeugnis: »Vorlaut, naseweis, liederlich und anmaßend.«

Alexander von Humboldt aber nannte ihn ein Wunderkind. Und schließlich hatte er mit zwanzig Jahren von Deutschlands bedeutendstem Dichter seiner Zeit, von Heinrich Heine, die Weihen empfangen. Lassalle hatte Heine auf seiner ersten Parisreise durch seinen Schwager Ferdinand Friedland kennengelernt. Dem alternden Dichter muß der junge Mann wie eine Erinnerung an seine eigene Jugend erschienen sein, denn er schrieb unter dem 3. Januar 1846 an seinen alten Freund Karl August Varnhagen von Ense: »Mein Freund, Herr Lassalle, der Ihnen diesen Brief bringt, ist ein junger Mann von den ausgezeichnetsten Geistesgaben, mit der gründlichsten Gelehrsamkeit, mit dem weitesten Wissen, mit dem größten Scharfsinn, der mir je vorgekommen, mit der reichsten Begabnis der Darstellung verbindet er eine Energie des Willens, ein Habilité im Handeln, die mich in Erstaunen setzen, und wenn seine Sympathie für mich nicht erlischt, so erwarte ich von ihm den tätigsten Vorschub. Jedenfalls war diese Vereinigung von Wissen und Können, von Talent und Charakter für mich eine freudige Erscheinung und Sie bei Ihrer Vielseitigkeit im Anerkennen werden ganz gewiß ihm volle Gerechtigkeit widerfahren lassen. Herr Lassalle ist nun einmal ein so ausgeprägter Sohn der neuen Zeit, die nichts von jener Entsagung und Bescheidenheit wissen will, womit wir uns mehr oder minder heuchlerisch in unserer Zeit hindurch gelungert und hindurch gefaselt. Dieses neue Geschlecht will genießen und sich geltend machen im Sichtbaren; wir, die Alten, beugten uns demütig vor dem Unsichtbaren, ... entsagten und flennten und waren doch vielleicht glücklicher als jene harten Gladiatoren, die so stolz dem Kampftode entgegengehen.«

Mit den Augen des Sehers und mit den Worten des Dichters charakterisiert Heine den ganzen Lassalle mit all seinen Fähigkeiten, Kenntnissen und auch den Schwierigkeiten, denen er entgegengeht, den frühreifen und doch ewig« unreifen Lassalle. Franz Mehring sagt, daß Lassalle »viel von einem Kinde (hatte), von der Großherzigkeit und auch wohl von der Selbstsucht eines Kindes«.

Lassalle läßt seine Studien fahren, stellt seine wissenschaftliche Arbeit über Heraklit zurück und widmet nun seine ganze Kraft dem Recht der Gräfin Hatzfeldt. Aus ihrem juristischen Kampf, der für Lassalle immer auch ein politischer Kampf ist, wird eine Lebensgemeinschaft, eine außergewöhnliche Verbindung zweier außergewöhnlicher Menschen, in der einer dem anderen immer der nächste bleibt. Trotz ihrer gegensätzlichen Herkunft, ihrer unterschiedlichen Erziehung und Erfahrung entsteht in den folgenden Jahren eine Freundschaft und Vertrautheit, die sich für beide als fester und dauerhafter erweist als Liebesverhältnisse, die jeder von ihnen im Laufe der Zeit mit anderen haben wird. Vom Januar 1846 an bis zum allzu frühen Tode des einen verlaufen ihre Lebenswege, wenn auch nicht parallel, so doch analog, in überschaubaren Verbindungen.

Die Gegensätzlichkeit der beiden und ihr mit den Jahren immer stärker werdender Gleichklang der Gedanken und Gefühle hat nicht nur die Zeitgenossen, sondern immer wieder auch die Nachwelt beschäftigt. Historiker und Schriftsteller forschten und forschen nach den Motiven dieser Bindung. War es Liebe, die Verliebtheit eines Jünglings in eine lebens- und liebeserfahrene reife Frau? War es Freundschaft, ein Maß an Vertrautheit, das mit den Jahren gemeinsam durchlebter und durchlittener Höhen und Tiefen entstand? Und wo liegen die Wurzeln für diese alle Stürme überdauernde Freundschaft, in der einer an dem anderen wächst, eine Größe gewinnt, die er allein nie erreicht hätte?

Die Beziehung zwischen Sophie von Hatzfeldt und Ferdinand Lassalle wirft Fragen auf nach dem Verhältnis von Freundschaft und Liebe, nach dem Stellenwert der Freundschaft im Leben zweier Menschen unterschiedlichen Geschlechts, nach Berührungspunkten von Freundschaft und

Liebe und nach den Trennlinien zwischen beiden, nach den Übergängen, wo Freundschaft Liebe, Liebe zur Freundschaft wird. Das macht die für Außenstehende stets rätselhaft gebliebene Verbindung dieses ungleichen Paares über ihre historische Bedeutung hinaus bis heute interessant.

Das Leben der Gräfin Hatzfeldt ist von hieran immer mit dem Ferdinand Lassalles verbunden. Ihre Biographie wird nun nicht mehr verständlich, ihre Handlungen werden nicht mehr logisch erklärbar, ohne die Lassalles einzubeziehen. Ihre Wege sind nicht seine Wege, ihre Schritte sind nicht seine Schritte, doch bei jedem Weg und bei jedem Schritt, den sie geht, ist er in ihre Überlegungen einbezogen, ist er in Gedanken dabei. Ihre Taten erklären sich aus seinen Wünschen, ihre Wünsche aus seinen Taten, so wie sich umgekehrt seine Handlungen – oft unbewußt – aus ihren Ideen ableiten, an ihrem Verhalten gemessen werden. Der eine wird dem anderen zum Spiegel, in dem er sich selbst erkennt. Beide steigen und sinken in dieser Beziehung, herrschen und dienen, gewinnen und verlieren zugleich. Sie sind einander Sündenfall und Beichtvater in einem. Er wird in seiner letzten Stunde nach ihr rufen, nur nach ihr. Und sie wird noch nach seinem Tode für ihn leben, nur für ihn. Doch davon ahnen beide noch nichts an diesem Januartag 1846, an dem sie den gemeinsamen Kampf aufnehmen, von dem sie wissen, daß das Schlachtfeld weit, der Feind stark und der Ausgang höchst ungewiß ist.

Hatzfeldt gegen Hatzfeldt

Sophie von Hatzfeldt konnte sich ihre Verbündeten in dem unvermeidlichen Kampf für ihre Rechte nicht aussuchen. So wäre ihr jeder recht gewesen, der ihr beistand und an ihrer Seite focht. Für jeden, der es auf sich nahm, für die Rechte der Gräfin einzutreten, war das aber zugleich eine Kampfansage an die herrschende Macht der feudalen Oberschicht, an die Herrschaft des Mannes über die Frau und an die Gesetze, Gewohnheiten und Moralkriterien, die die absegneten und stützten.

Wer gegen diesen dreifachen Feind das Schwert ziehen wollte, der mußte wissen, daß er seinen Ruf, seine Existenz und vielleicht sein Leben aufs Spiel setzte. Einen solchen Lanzelot und Drachentöter hatte Sophie bisher noch nicht gefunden unter all den Männern, die sie kannte, die sie verehrten und sie begehrten. Er begegnete ihr in Gestalt dieses einundzwanzigjährigen Lassalle und seiner Freunde, die bereit waren, den Kampf aufzunehmen und das Schicksal der unglücklichen Frau zu ihrem eigenen zu machen. Die drei jungen Männer, die als die »drei Musketiere« in die Hatzfeldt-Geschichte eingingen, kamen allesamt aus einer Gesellschaftsschicht, auf die jene Erlauchten aus dem Hatzfeldt-Clan mit Verachtung herabblickten, junge Intellektuelle und Juden dazu. Die sich hier im Kampf um die Rechte der Gräfin gegenüberstehenden Kräfte machten den Ehestreit Hatzfeldt gegen Hatzfeldt von Anbeginn aus einer Privatangelegenheit zu einer politischen Auseinandersetzung.

Im Frühjahr 1846 wurde Lassalle Zeuge eines neuen Un-

Graf Edmund von Hatzfeldt auf der Jagd

rechts, das Edmund von Hatzfeldt seiner Frau zufügte. Der Graf schrieb an den jüngsten Sohn Paul, das einzige Kind, das Sophie geblieben war, daß er ihn enterben würde, wenn er sich nicht augenblicklich von der Mutter trenne. Lassalle traf die Gräfin in Tränen aufgelöst, den Drohbrief in der Hand, und erfuhr die ganze Geschichte ihrer Ehe. Es war das auslösende Moment für den unerfahrenen Lassalle, der Gräfin in ihrem juristischen Kampf beizustehen.

Fünfzehn Jahre später erinnert er sich in einem Brief an eine junge Russin: »Können Sie ... sich wohl einen richtigen Begriff von dem Eindruck machen, den diese Geschichte in mir, einem eifrigen Revolutionär, hervorrief? ... Ich sah vor mir, in der Person eines einzelnen individuellen Lebens, die Verkörperung aller empörenden Ungerechtigkeiten der veralteten Welt, die Verkörperung aller Mißbräuche der Macht, der Gewalt und des Reichtums, gerichtet gegen den Schwachen, allen Druck unserer sozialen Ordnung ... Ich sah den vollen Egoismus, die ganze Feigheit der aristokratischen Welt, welche dieses edele Wesen ihren herzlosen und angefaulten Vorurteilen opferte ... Ich schämte mich für die Menschheit! ... Ich schämte mich meiner Nation! ... ich spreche nicht von dem niederen Volke, dieses hat Edelmut –, es mangelt der deutschen Aristokratie und Bourgeoisie jede Spur von Ritterlichkeit.«

Lassalle mangelt es nicht an Mut. Er, ein junger, machtloser Jude, erhob sich gegen die furchtbarsten Mächte, die Macht der Aristokratie, die Preußen beherrschte, und die Macht fast unbegrenzten Reichtums. Er erhob sich gegen die Regierung und die Beamten, gegen die Gerichte und die moralischen Gesetze, gegen alle Vorstellungen und Vorurteile der Gesellschaft.

Sophie von Hatzfeldt hatte all die Jahre mit Rücksicht auf den Ruf der Familie den gerichtlichen Streit vermieden. Sie hatte alles auf sich genommen, um ihrer Familie, deren Namen auch Graf Edmund trug, die öffentliche Verhandlung seiner Infamien zu ersparen und zu verhindern, daß die schmutzige gräfliche Wäsche vor Gericht gewaschen würde; sie war davor zurückgeschreckt, alle die in dieser Ehe begangenen Gemeinheiten, Ausschweifungen und sexuellen Abwege in die Öffentlichkeit gelangen zu lassen. Sie tat es auch, um zu verhindern, daß das Bekanntwerden von Einzelheiten aus der feinen adligen Gesellschaft dem Haß des Volkes auf die Aristokratie, der in diesen Jahren spürbar wurde, neue Nahrung gab.

Nun aber waren ihr mit Lassalle und seinen Freunden Männer erschienen, die ihr halfen, »den Sturm der Gefühle zur Ruhe zu bringen und mit kalter, unwiderleglicher Logik zu verfahren«. Lassalle sagte ihr: »Wenn Sie also fest entschlossen sind, entweder zu siegen oder zu sterben, so will ich Ihre Angelegenheit in diese junge aber starke Hand nehmen, und ich schwöre Ihnen, für Sie zu kämpfen, bis zum Tode.«

Sophie hatte Vertrauen in ihn und in ihr Recht und nahm den Vorschlag an, der einen achtjährigen, gefährlichen und zermürbenden Kampf eröffnete, in dem die Waage der Justitia heftig hin und her schwankte, sich bald zu dieser, bald zu jener Seite neigte und der die Jugendjahre von Lassalle und die Blütezeit der Gräfin verschlang. Als Sophie ihrem Bruder Hermann, dem Oberhaupt der Familie, mitteilt, daß sie aus ihrer »Denkungs- und Handlungsweise das Schwankende verbannt (hat), das immer der Charakter einer Frau ist . . . (und) das Gesetz zur Herstellung des Rechtszustandes anrufen« will, erschrecken die Verwandten, aber sie spüren auch, daß Sophie nicht mehr allein, nicht mehr schutzlos ist. »Christentum und Vernunft«, schreibt sie, »predigen gleich stark die Selbsterhaltung. Ich aber, die Verlassene, Ungeschützte, habe sie in noch höherem Grade als andere . . . Um jeden Preis darf auch der Friede nicht erkauft werden. Ich möchte Frieden haben, doch kann ich nicht des Friedens Opfer sein . . .«

Die Familie erkannte gleich, wer Sophie hier die Feder geführt hatte, und sie nahm es ihr besonders übel, daß es ein Bürgerlicher war und ein Jude dazu. Verrat an ihrem Standesethos war es in den Augen der Familie, was die Gräfin da betrieb. Aber das war es auch, was der Auseinandersetzung der Gräfin mit ihrer Familie von Anfang an einen politischen, einen für Lassalle revolutionären Inhalt gab. In dem Unrecht, das der Gräfin Hatzfeldt geschehen war, sah er ein Symptom für das allgemeine Unrecht, das täglich im Lande passierte. Der Kampf für ihre Rechte war deshalb für ihn der Kampf für das Recht aller. Er nahm sich der bedrängten Frau an, weil er auf der Seite der Schwachen stand. Es war ihm klar, daß er als Revolutionär und Kommunist, wie er sich bezeichnete, so oder so in Konflikt mit der herrschenden Ordnung geraten würde.

Und wenn es nicht Sophie von Hatzfeldt gewesen wäre, schrieb er später, »hätte ich mir einen anderen Anlaß gesucht, meine Gegensätzlichkeit gegen die heutige Welt an den Tag zu legen«.

Seine erste Aufgabe bestand darin, seiner Mandantin den politischen Inhalt ihres Falles zu erklären, sie davon zu überzeugen, daß ihre Bedrängnis, ihr Unrecht ihre Ursachen in der Herrschaft der feudalen Gesellschaft hatten und so mit dem Unrecht zusammenhingen, das dem ganzen Volk geschah.

Eine Revolution im Liebesleben

Schon in jungen Jahren hatte Lassalle die Erfahrung gemacht, daß unter den Schwachen dieser Welt die Frauen besonders betroffen sind. Er hatte miterlebt, wie der Frau seines Pensionsvaters in Leipzig während seiner Handelsschulzeit von ihrem Mann dauerndes Unrecht zugefügt wurde. Nun, fünf Jahre später, sieht er seine damaligen Empfindungen im Schicksal der Gräfin Hatzfeldt bestätigt. Wie nicht ungewöhnlich in solchen Fällen, begründet der Graf, der selbst als rechter Hurenbock bekannt war, die Schikanen gegenüber seiner Frau mit dem Zweifel an ihrer ehelichen Treue, damit, daß die allein gelassene und mißhandelte junge Frau zwischen ihrem siebzehnten und einundvierzigsten Lebensjahr Beziehungen zu Männern hatte, auch intensive, betäubende, betörende und ernsthafte. Lassalle entwickelte in einem langen, undatierten Brief aus den fünfziger Jahren an Sophie von Hatzfeldt, der als Ehebrief in die Literatur einging, seine Ansichten über Liebe, Ehe und Sexualität. Die Gleichberechtigung der Frau in der Liebe nimmt danach einen zentralen Platz im Emanzipationsprozeß des weiblichen Geschlechts ein.

Lassalle schreibt: »Es ist schon lange her, daß ein anderer Begriff von Liebe, Scham, Weiblichkeit und weiblicher Freiheit in der Welt zu dämmern begann. So gewiß wir eine soziale Revolution zu machen haben in bezug auf die ökonomischen Verhältnisse, ebenso gewiß und notwendig haben wir eine soziale Revolution zu machen in bezug auf Liebe, Geschlechterleben und Sitte.« Und er fordert das Recht für die Frau wie für den Mann, der es allerdings immer schon hatte, »seinen Leib und seine Gefühle zu einer Stätte seiner Freiheit umzuschaffen«. Es ging im Fall Hatzfeldt nicht – zumindest nicht in erster Linie – darum, daß eine Frau von ihrem Ehemann drangsaliert, unterdrückt, erniedrigt und beleidigt wurde. Das wurden Tausende tagtäglich, ohne daß jemand darüber auch nur ein Wort verloren hätte. Es ging nicht einmal darum, daß sich hier eine Frau dagegen zur Wehr setzte und daß sie schließlich – in dieser Zeit und in diesen Kreisen höchst ungewöhnlich – selbst ihre Scheidung forderte. Auch das hatten andere, wenn gleich vereinzelt, schon vor ihr getan, Mathilde Anneke zum Beispiel, die streitbare Journalistin und Herausgeberin der ersten »Frauenzeitung«, und Louise Aston, die Schriftstellerin und Pfarrerstochter aus dem Harz. Im Fall Hatzfeldt ging es um etwas anderes, das Lassalle in seinem Ehebrief an die Gräfin darlegte: Es ging um ein für die Frauen im Kampf um ihre volle Emanzipation unverzichtbares Prinzip: darum nämlich, daß die Frau – wie der Mann – frei über ihren Körper verfügen kann und daß diese Forderung auf die Tagesordnung gesetzt und durchgefochten werden mußte.

Alle Frauen vor ihr hatten, wenn sie den Mut zu einer Scheidungsklage fanden, einen privaten Kampf für ihr ganz persönliches Recht geführt. Sophie von Hatzfeldt aber kämpfte in Gemeinschaft mit Lassalle nun um ein gesellschaftliches Ziel, um die Notwendigkeit einer sozialen Revolution in bezug auf Liebe, Geschlechtsleben und Sitte, um einen neuen Begriff von Liebe und Sexualität, der mit den neuen, revolutionären Ideen entstanden war.

Den Zug der neuen Zeit sieht Lassalle darin, daß sich die Persönlichkeit zur unbedingtesten freien Verwirklichung bringen will. »Wie kann aber«, fragt er Sophie, »die Persönlichkeit wahrhaft frei sein, ... wenn nicht einmal ihr Eigenstes und Unmittelbarstes – ihre Gefühle und ihr Leib – Gegenstände ihrer Freiheit, sondern ihrer freien Bestimmung entzogen, Eigentum eines Mannes, eines Versprechens, von einer unvernünftigen Sitte sklavisch beherrschte Gebiete sind?«

Solange Sophie von Hatzfeldt, die von ihrem Mann mit Liebesentzug und Demütigungen bestrafte Frau, ihr Schicksal in Demut ertrug, solange sie im Forstbusch in einer heimlichen Liebschaft Befriedigung suchte, war ihr Fall eine private Angelegenheit, an der in ihren Kreisen niemand Anstoß nahm. Erst als sie sich gegen das Liebesverbot wehrte und das Recht der Liebe und der freien Verfügung über ihren Körper für sich in Anspruch nahm, mußte sie notwendig in Gegensatz zur herrschenden Gesellschaft kommen, deren geltendes Prinzip sie für sich aufgehoben hatte. Mit ihrem Anspruch auf das Recht des freien Liebesgenusses forderte die Gräfin die alten Gewalten heraus. Nun sägte sie – wissentlich oder unwissentlich – an zwei Grundpfeilern der Gesellschaft, am Vorrecht des Mannes und am Sakrament der Ehe. Sie machte sich also sowohl die weltliche als auch die geistliche Herrschaft zum Feind.

Ihr Hauptvergehen war, daß sie ihrem Mann und ihrer Familie gegenüber ihre Freiheit, zu empfinden und zu lieben, als ihr gutes Recht behauptete. Der Vorwurf, der die Gräfin traf, lag darin, daß sie sich nicht dazu verstehen wollte, ihre Freiheit, einen Menschen zu lieben und mit ihm zu genießen, als Vergehen, als Unrecht anzuerkennen. Sie fand sich partout nicht bereit, ein solches Geständnis abzulegen. Nicht einmal, wie es ihr von ihrer Schwester und von anderer Seite nahegelegt wurde, zum Schein, das heißt heuchlerisch. Unter der Vorspiegelung eines Sinneswandels, einer frommen Umkehr hätte sie im verborgenen jede Art von Liebesabenteuer haben können. Das hatten schließlich die meisten. Aber man sprach nicht darüber. Das Vergehen der Gräfin Hatzfeldt vor der Gesellschaft bestand darin, daß sie nicht etwa im stillen und geheimen ihren Vergnügungen nachging, sondern sich weigerte, dem Manne, der ihr Ehemann war, der sie quälte, ein Treueversprechen zu geben und auf die volle Anerkennung ihrer Persönlichkeitsrechte zu verzichten. Sophie ging noch einen Schritt weiter: Sie war von dem Gedanken durchdrungen, daß es ihr Menschenrecht sei, über ihren Körper frei zu verfügen, fleischlich zu lieben. Der durch Gesetz und Sitte bestimmten Verbindung von Ehe und Sexualität setzte Sophie von Hatzfeldt die allgemein menschliche Forderung nach einer Verbindung von Sexualität und Liebe entgegen.

Was die Familie ihr tadelnd vorhielt, war, daß sie ihre körperlichen Reize, die Kraft ihrer Sinnlichkeit nicht auf den Ehemann, den sie eben nicht liebte, nicht lieben konnte, wirken ließ und daß sie ihm nicht ein Recht auf ihren Körper einräumte, nur weil er durch eine im Grunde nicht existierende Ehe mit ihr verbunden war.

Das Prinzip der freien Verwirklichung der Persönlichkeit in der Liebe und die Vollendung durch die freie Hingabe des Körpers schließen für Sophie von Hatzfeldt ein, daß sie sich für keinen anderen Zweck öffnet, für keinen anderen Gebrauch ihren Körper hingibt als zum wahren Liebesgenuß. Das heißt, daß in ihrer Vorstellung der der Liebe vorbehaltene Leib durch jeden anderen Gebrauch, der nicht aus Liebe geschieht, entweiht wird, auch wenn es im Ehebett ist.

Deshalb erhob sie die für ihre Umwelt unverständliche Forderung, die Ehe mit Hatzfeldt selbst aufrechtzuerhalten und zugleich die Freiheit zu haben, diese Ehe zu brechen. So schockierend dieser Anspruch auch manchen heute noch klingen mag, so konnte sie unter ihren Bedingungen auf die Freiheit, die Ehe zu verletzen, nicht verzichten, weil sie damit ihr Prinzip, ihre freie Persönlichkeit, aufgegeben hätte. Die Ehe selbst wollte sie nicht aufgeben, weil es einem Eingeständnis gleichgekommen wäre, gefehlt zu haben. Und da ihr die Ehe mit Hatzfeldt nichts, ihre freie Persönlichkeit aber alles bedeutete, schien ihr in der Forderung der Ehe und der Ehelosigkeit zugleich kein Widerspruch zu liegen.

Damit aber war der Konflikt Hatzfeldt gegen Hatzfeldt unlösbar geworden. Die Fortsetzung der Ehe schien unmöglich wie ihre Auflösung. Und die Männergesellschaft, die ihre Sitten in Gesetze gegossen, die Gesetze zu moralischen Kriterien erhoben hatte, konnte das Prinzip der Entfaltung der freien Persönlichkeit für eine Frau nicht anerkennen, ohne zugleich das Todesurteil über ihre Vorrechte zu sprechen. Damit war Sophie von Hatzfeldt zur Trägerin einer neuen Idee geworden, der Idee, daß es das Recht der Frau sei, ihre Persönlichkeit auch auf dem Gebiet der Liebe und der Sexualität frei zu entwickeln. Diese Idee mußte von Anbeginn mit der Wirklichkeit in Konflikt geraten, und das um so mehr, als sich das alles in ihren Kreisen ereignete, das heißt in katholischen, die die Ehe als Sakrament ansahen, und im höchsten Adel, der von Natur aus Vertreter der alten Unfreiheit war. So standen sich in diesem Fall nicht Hatzfeldt gegen Hatzfeldt gegenüber, sondern auf der einen Seite standen, wie Lassalle schrieb, »Ehe, Adel, Besitz an Gütern und Einfluß, männliche und Familienautorität und auf der andern Seite nur die freie Persönlichkeit mit ihrer unendlichen Armut nach außen und ihrem unendlichen Reichtum nach innen«.

Daß bei dieser Konstellation überhaupt ein Kampf zustande kam, daß die Frau mit ihrer rein ideellen Forderung die alten Gewalten überhaupt herausfordern konnte und es eine Auseinandersetzung gleicher Kräfte wurde, schon das war ein Sieg für Sophie von Hatzfeldt. Daß die machtlose, im Sinne der bestehenden Gesetze rechtlose und in den Augen der Gesellschaft, in der sie lebte, ehrlose Frau diesen Kampf aufnehmen und mit wenn auch geringer Hoffnung auf den Sieg führen konnte, das allein war der Beweis, daß sie ein neues, ein unüberwindliches Zeitprinzip vertrat. In keiner anderen als der Zeit am Vorabend einer Revolution wäre dieser Kampf möglich gewesen.

Um zu verstehen, worauf sich Sophie von Hatzfeldt da einließ, muß man sich die gesellschaftliche Stellung der Frau im Liebes- und Geschlechtslebens des 19. Jahrhunderts vor Augen führen. Und zugleich die Anmaßung, die mit Sophies Anspruch verbunden war. Die von Schiller beschriebene »züchtige Hausfrau«, für die mit dem Schleier (der Hochzeit) der schöne Wahn (die Liebe) endet und die danach drinnen waltet, im häuslichen Kreise weise herrscht, zum Guten den Glanz und den Schimmer fügt und nimmer ruht, geisterte als Idealfigur durch die Köpfe und durch die Schulbücher. An die Stelle der Liebenden und Geliebten ist die deutsche Hausfrau getreten, die, wie Lassalle schreibt, wohl schon als solche auf die Welt kam, geboren und erzogen zu der Bestimmung, weder Liebe zu finden, noch Liebe zu erleben. Und die dafür gepriesen wird, daß sie ihre Fähigkeiten ausschließlich für den Haushalt entwickelt. Dichter wie Schiller haben sie zur Poesie erhoben. Seine Frauengestalten sind in der Liebe durchweg unfreie Menschen, und die Sexualität scheint dem späteren Idol der Jugend ziemlich fremd gewesen zu sein. Liebe galt vielen in dieser Zeit als etwas Überspanntes, das nur in Büchern vorkommt und in den meisten sehr platonisch.

Lassalle bemühte sich, der Gräfin ihre Situation mit Beispielen aus der Literaturgeschichte zu verdeutlichen: das Streben nach Selbstverwirklichung und Liebesgenuß, nach Beseitigung aller gesellschaftlichen und moralischen Schranken, die dem im Wege stehen. Goethe ruft er als Zeugen auf für den literarischen Kampf um die Befreiung der Liebe. »Die Braut von Korinth« gibt ein Beispiel für den Sieg der Liebe über die allem Geschlechtsleben feindlichen Gebote des Christentums. Der Dichter wendet sich gegen die christliche Askese, er berührt jedoch nicht den Gegensatz von Liebe und Ehe, von freier und unfreier Hingabe. In Werthers Leiden, dem Briefroman, der mehr junge Leute in den Tod trieb als in die Betten, kämpft die Liebe gegen Standesunterschiede, gegen die Schranken der bürgerlichen Unterscheidungen, nicht aber gegen die Schranken, die Ehe, Liebe und Geschlechtsleben trennen, Empfindung von Verwirklichung, Liebe von Genuß.

Das Gretchen im Faust und das Klärchen im Egmont sind naive, kindliche Gestalten, keine selbstbewußten Frauen, die von sich aus Liebe fordern. Es sind arme, unschuldige Mädchen, die ihren Willen ganz dem des Geliebten unterordnen, und nicht Frauen, die als eigenständige Persönlichkeiten ihre Geschicke selbst bestimmen und darüber entscheiden, wen und wann sie lieben.

Den Schritt von der passiven Hingabe zur aktiven Forderung nach Liebesgenuß geht die Bajadere in Goethes Gedicht »Der Gott und die Bajadere«, wenn sie sagt:

Soll zu Asche mir zerfallen
Dieser Glieder Götterpracht?
Mein! er war es, mein vor allen!
Ach, nur eine süße Nacht!

Die von praller Sexualität erfüllten und das Liebeserlebnis preisenden Römischen Elegien Goethes, jene Verbindungen von Geist und Sinnlichkeit, die sicher zu den Höhepunkten der erotischen Dichtungen ihrer Zeit gehören, sagen fast nichts über die Empfindungen und Gefühle der am Liebesakt beteiligten Frauen aus. Goethe bricht Tabus in der Poesie und in der Sprache – aber nur für den Mann, der alle Arten des Liebesgenusses erlebt. Das frei genießende Weib, das die alte Scheu ablegt und sich öffentlich zu seiner Sexualität bekennt, tritt auch hier nicht auf. Dieses Bekenntnis einer Frau zu ihrer Liebe finden wir in dem kleinen Goethegedicht »Vor Gericht«, in dem eine ledige Mutter, man sagte damals ein gefallenes Mädchen, dem Richter trotzig und selbstbewußt erklärt:

Von wem ich es habe, das sag' ich euch nicht,
Das Kind in meinem Leib. –
Pfui! speit ihr aus: die Hure da! –
Bin doch ein ehrlich Weib.

Als Dichter sinnlichen Genusses, für den die Liebe nicht nur im Schutz der ehelichen Sakramente erlaubt war, trat Heinrich Heine auf den Plan. Mit seinem Buch der Lieder schuf er die schönste Liebeslyrik, frei von Schwulst und Schwüle. Und seine erfrischende Frivolität, mit der er ironisch und sarkastisch gegen die heuchlerischen Gefühle, den Seelenschmerz und das dicke Blut in den Adern deutscher Eheleute vorging, wirkt befreiend und erfreuend bis heute.

Bevor Lassalle die preußischen Richter von der Unschuld

oder besser der Schuldlosigkeit seiner Mandantin überzeugen konnte, mußte sie selbst davon überzeugt sein und innerlich verarbeitet haben, daß ihr Liebesleben außerhalb der Hatzfeldtschen Ehebetten (die in Wahrheit nicht einmal existierten) weder Sünde war noch Schuld auf sie lud. Sie mußte als Recht erkennen, was bisher als Unrecht galt, und als Unrecht begreifen, was sich als Recht präsentierte. Sie mußte für sich in Anspruch nehmen, was das Christentum als Sünde bezeichnete, das Aufbegehren gegenüber dem Dogma der einzigen, ewig dauernden und unauflösbaren Liebe, der untrennbaren Ehe, in die man (frau) durch Zufall oder (wie in ihrem Fall) durch feudale Besitzverhältnisse geraten war.

Und sie mußte verstehen lernen, daß die von Napoleon eingeführten und im Rheinland, wo sie lebte, geltenden Gesetze des Code civil an die Stelle des christlichen Dogmas nur die für die Rechte der Frau eher noch schlimmere Besitzehe gestellt hatten, die die Frau einschließlich ihres Körpers zum Eigentum des Mannes machte. War der Ehebruch nunmehr kein Scheidungsgrund mehr, so galt das nicht für die Frau. Ein Unrecht wurde durch das andere ersetzt.

Lassalle setzte dem seine Theorie entgegen: »Nur als freies Sichhingeben, als freier Leiber- und Seelenaustausch zweier sich selbst genügender Individuen, ist der Geschlechtsgenuß Liebe.« Er bezieht sich dabei auf George Sand und auf Friedrich Schlegel, der in seinem Buch Lucinde »ein Weib (darstellt), welches mit der reinsten und weiblichsten Schamhaftigkeit die höchste Wollust verbindet und den Beruf des Weiblichen darin zu erfüllen weiß, indem sie den Liebesgenuß zum Studium erhebt«. Die Liebe wurde zu einer Kunst, die wie jedes künstlerische Streben erst allmählich, nach Versuchen und Irrtümern zur Vollendung gelangt. Das Lieben, Treuloswerden und Wiederlieben war damit zur Voraussetzung für die höchste Liebesfähigkeit und den höchsten Liebesgenuß geworden. Die romantische Vorstellung von der ersten und einzigen Liebe verwandelte sich in Anlehnung an den Philosophen

Schleiermacher zur ersten Liebe als erstem Versuch, den anderen zu lieben, einen noch ungeschickten und deshalb meist bedeutungslosen Versuch, der gewöhnlich unvollkommen, flüchtig und vorübergehend ist.

Als Schüler und lebenslanger Anhänger der Philosophie Hegels sieht Lassalle diesen auch in der Liebespraxis als höchste Autorität an. Und so berichtet er Sophie, daß Hegel die bisher über die Liebe verbreiteten Begriffe geradezu auf den Kopf gestellt hat. »Die Sittlichkeit der Liebenden bestand jetzt in der Glut, ihre innerliche Einheit mit rücksichtsloser Hingebung ihres Körper-Egoismus auch wahrhaft verwirklichen zu wollen; sie bestand in der rücksichtslosen Glut, es unter allen Umständen zum körperlichen Eins und Ineinander so oft, so dauernd und so intensiv als möglich zu bringen. Die Körperumarmung als den Zenithpunkt wirklicher Einheit und als höchste Ablegung der selbständigen Persönlichkeit wurde zum Zenithpunkt liebender Sittlichkeit. Die Schamhaftigkeit der Liebenden bestand jetzt darin, noch nicht ineinander gegangen zu sein und also noch getrennte fremde Körperlichkeiten, noch egoistische Körperselbständigkeit zu haben.«

Lassalle weiß sehr wohl, daß Menschen, die so handeln, notwendig in einen Gegensatz zu ihrer Umwelt kommen, deren geltende Moralvorstellungen sie für sich aufgehoben haben. Und da ist er bei den Problemen der Gräfin, die sie in die Konflikte mit der Familie stürzten und die sie selbst so noch nicht gesehen hatte. Das Entscheidende an ihrem Fall besteht für Lassalle darin, daß Sophie von Hatzfeldt ihre Freiheit, zu lieben, wen sie will, als ihr gutes Recht behauptet. Was sie jedoch bisher als Antwort auf die Schikanen und die ehebrecherischen Beziehungen ihres Mannes ansah, das soll sie nun als elementares Recht der Frau begreifen: die Berechtigung des freien Liebesgenusses. Sie soll erkennen, »daß der Leib allerdings zum frei sich darbietenden Gefäß der Liebe aber eben nur zu der Realisation der Liebe bestimmt sei«, und daß es die Liebe entweiht, die Schönheit ihres Leibes einem ungeliebten

Mann hinzugeben. Und Lassalle kommt zu der umstrittenen Feststellung, daß es das Recht der Liebe ist, die Ehe zu verletzen.

Mit solchen Gedanken waren selbst die revolutionären Demokraten, die sich darauf vorbereiteten, die alten Verhältnisse zu ändern und überlebte Rechte abzuschaffen, überfordert. Die Verwegenheit solcher Überlegungen machte die Gräfin und ihren Freund auch in den eigenen Reihen zu Außenseitern, die den Gebildeten suspekt und dem einfachen Volk unbegreiflich blieben.

Die Idee der freien Liebe, die Lassalle hier vertritt und die immer wieder in revolutionären Zeiten – von der Französischen Revolution bis ins nachrevolutionäre Rußland in den ersten Jahren der Sowjetmacht – hitzig diskutiert wurde, konnte sich im Alltagsleben der Völker nicht durchsetzen. Aber als Anstoß für ein Nachdenken über Liebe, Ehe und Sexualität, für das Recht auf Liebe innerhalb und außerhalb der Ehe ist sie immer in der Welt geblieben. Auch in unserer Zeit gibt es zwischen Liebe, Ehe und Sexualität ein Spannungsfeld, das Diskussionsstoff für neue Überlegungen bildet – wenngleich es in ganz anderen Bahnen verläuft als die Auseinandersetzungen im Ehestreit der Gräfin Hatzfeldt.

Der Kassettenraub – ein Krimi

Im Januar 1846 war der Gräfin der junge Lassalle vorgestellt worden, und im Juni fanden sich beide bereits in Aktionen verstrickt, die zumindest in der Nähe krimineller Handlungen lagen.

Lassalle ging davon aus, daß der Prozeß der Gräfin Hatzfeldt ein Kampf gegen das verhaßte feudalistische System sei, ein politischer Kampf also, dem er sich stellen mußte, da er nach eigenem Zeugnis (in einem Brief an Marx) seit 1843 Revolutionär war. Sophie von Hatzfeldt und ihr Kampf gegen den Grafen waren für ihn zur Verkörperung einer neuen Idee, zur Personifizierung des Zeitgeistes geworden. Das Aufsehen, das der Fall machte, zeigte, daß er weit über die privaten Händel einer feudalen Familie hinausging. Die Person der Gräfin erhielt in den Augen der Öffentlichkeit etwas Geheimnisvolles, Unerklärliches, aber sicher Bedeutsames. »Es ist die Ahnung«, schreibt Lassalle, »daß etwas Neues in die Welt gekommen, das Macht haben müsse; es ist, so wenig sich die Leute darüber klar werden, die Ahnung von dem Auftreten eines neuen Prinzips in der weiblichen Welt und der Gewalt, die es ausübt.«

Sosehr man Lassalle glauben darf, wenn er den Prozeß Hatzfeldt gegen Hatzfeldt für eine politische Tat am Vorabend einer bedeutenden Revolution hielt, für die er sich in die Schanze warf, und seine politischen Motive anerkennt, so sicher ist es aber auch, daß es nicht die einzigen Motive waren, die ihn in für ihn und seine Freunde auf Leben und Tod geführte Auseinandersetzungen trieben.

Über die Frage, ob auch erotische oder sexuelle Beziehungen zwischen der Gräfin und Lassalle eine Rolle spielten, ist viel gemunkelt und gemutmaßt worden. Ob sie wirklich ein intimes Liebesverhältnis hatten, kann niemand beweisen, ebensowenig wie das Gegenteil. Lassalle hat es immer bestritten. Aber er war natürlich viel zuviel Kavalier, als daß er die Ehre der Gräfin mit einem Eingeständnis ihrer Liebesbeziehungen verletzt hätte. Die Möglichkeit, daß die Liebe zu den Motiven zählte, die Lassalle zu seinem Bündnis mit der Gräfin veranlaßten, ist nicht auszuschließen. Lassalle, der Epikureer, war ein Mann des Genusses aller schönen Dinge, der nicht viel nach überlieferten Moralschranken und üblichen Sittenvorstellungen fragte. Und die Gräfin war eine schöne Frau, ein üppiges, leidenschaftliches Weib, doch würde es die Leistung der beiden in ihrem Kampf um das Recht mindern, wenn sie es aus Liebe taten?

Und im übrigen möchte ich Franz Mehring zustimmen, wenn er schreibt: »... ebensowenig hat die für alte Weiber beiderlei Geschlechts anscheinend sehr interessante Frage, ob jemals intime Beziehungen geschlechtlicher Art zwischen Lassalle und der um zwanzig Jahre älteren Gräfin bestanden haben, das Mindeste zu tun mit dem moralischen oder politischen Urteil über die Sache.« Wir dürfen Lassalle glauben, wenn er später selbst einmal sagt, daß er bei seinem Eintreten für die Gräfin von nichts weiter entfernt gewesen sei als von Frivolität.

Auch wenn das Erotische dieser lebenslangen Freundschaft den letzten Sinn gegeben hat, so war und blieb es Episode. Beide wurden sich offenbar bald darüber klar, daß sie diese Phase ihrer Beziehung überwinden mußten, um eine dauerhafte Freundschaft zu begründen, um einander auf andere Art nahe zu bleiben. Wie es ihnen gelang, die Liebesbeziehungen in andere, dauerhafte Bahnen zu lenken, haben sie uns leider nicht übermittelt. Es geht im Grunde auch keinen Außenstehenden etwas an, aber helfen könnte es vielleicht manchem, der eine für beide Seiten kurzfristig aufregende Liebe nicht

Lassalle in den Jahren des Hatzfeldt-Prozesses

anders zu beenden weiß als mit dem abgegriffenen Satz: »Wir können ja Freunde bleiben«, was meistens nichts anderes besagt, als daß die Beziehung zu Ende ist. Wie aus einer Liebschaft eine Freundschaft wird, die schicksalhaft das Leben zweier Menschen aneinanderbindet und die im Vertrauen und im Anvertrauen in beider Leben einmalig bleibt, das wäre schon eine Lebenshilfe in vieler Beziehung.

Doch Lassalle hat den Kampf um die Rechte der Gräfin nicht als Verliebter geführt und ebensowenig aus eigennützigen Motiven, auch wenn von beidem etwas bei seinem Engagement dabei war. Bei seiner Intelligenz wird er sicher im Verlauf der Auseinandersetzung erkannt haben, daß es hier – ob in erster oder zweiter Linie, sei dahingestellt – auch um einen banalen Vermögensstreit ging, einen Erbschaftskrieg und um Geld – viel Geld. Auch für ihn, denn von Anfang an hatte er mit der Gräfin den geschäftlichen Teil ihrer Beziehungen vertraglich geregelt und die finanzielle Sicherung seiner Zukunft geklärt. Doch blieb für ihn der politische Charakter der Prozesse immer im Vordergrund. Was Marx abschätzig »eine Bagatelle« nannte, der »ein wirklich bedeutender Mensch nicht 10 Jahre opfern würde«, war für ihn zumindest subjektiv eine Sache der politischen Ehre und eine revolutionäre Tat.

Da unter den feinen Leuten nicht immer oder nur selten mit feinen Mitteln gekämpft wird, führten die von der Gräfin um ihr Recht, von Lassalle um politische Rechte geführten Prozesse weit in die Niederungen gehässiger Anfeindungen und schmutziger Methoden. Die Gräfin Hatzfeldt, die für ihr Recht auf dem Rechtswege zu kämpfen entschlossen war, mußte erkennen, daß die Normen der alten Gesellschaft ihren neuen Wahrheiten entgegenstanden. Das Vorhaben, die alte Welt bei der alten Welt selbst zu verklagen, machte ihre Feinde zu ihren Richtern, was notwendig dazu führen mußte, das Recht mit Gewalt zu erlangen, wie es Lassalle und seine Freunde versuchten und was sie und die von ihnen vertretene Sache in die anrüchige Nachbarschaft krimineller Aktivitäten brachte.

Im März 1846 gibt es bereits eine Notiz darüber, daß Lassalle sich damit befaßte, im Dienste der Gräfin Briefe abzufangen, Personen auszuforschen und allerlei konspirativen Tätigkeiten nachzugehen. Die preußische Polizei wurde auf ihn aufmerksam und die Universität, wo er noch studierte. Bereits am 1. April 1846 stand er vor dem Universitätsrichter wegen eines Bestechungsversuchs an einem Diener des Grafen, von dem er Briefe zu bekommen glaubte. Noch ging er straffrei aus, aber er war bereits in eine schwer durchschaubare Grauzone am Rande der Legalität abgeglitten. Und auch die Gräfin, die ihrem Generalbevollmächtigten, zu welchem sie Lassalle ernannt hatte, oft gegen ihre innere Stimme folgte, geriet so ins Zwielicht. Auf beiden Seiten wurde mit erlaubten und unerlaubten Mitteln gekämpft, und beide waren nicht zimperlich. Dabei konnte es nicht ausbleiben, daß die schmutzige Art, in der hier gefochten wurde, auch bei der Gräfin und Lassalle Spuren hinterließ. Man kann eben nicht mit Schmutz umgehen, ohne selbst schmutzig zu werden. Der Sommer 1846 bietet dafür ein Beispiel.

Die politische Auseinandersetzung im Fall Hatzfeldt wird nun zum Kriminalstück. Die Tragödie verwandelt sich in eine Farce. Drei junge Männer, Beschützer und Verehrer der Gräfin, verlassen Berlin und reisen als Amateurdetektive nach Düsseldorf, wo sie den Grafen Hatzfeldt vermuten. Sie haben herausgefunden, daß er Ende Juli oder Anfang August in der wilden und schönen Gegend um Schönstein zur Jagd sein werde. Edmund befürchtet ein Attentat auf seine Person und verzichtet auf die Jagdfreuden. Statt dessen fährt er nach Aachen ins Bad, wo er eine einsame Villa des Grafen Goldstein hinter dem Louisberg bezieht.

Hier nun naht als Detektiv Lassalle, von dem behauptet wird, daß er stets »ein geladenes Pistol« bei sich führt, das ihm beim Herausziehen des Taschentuchs eines Tages in Gestalt eines Terzerols aus der Tasche fällt. Vor der Polizei gibt Lassalle an, es seiner Sicherheit wegen bei sich zu tragen. Der

Schloß Kalkum

Stallmeister rapportiert dem Grafen, daß auf dem Wege zu seiner Villa verdächtige Leute im Gebüsch entdeckt wurden, offenbar unsere Berliner Detektive.

Dr. Mendelssohn erscheint zur gleichen Zeit in Schönstein, untersucht unter dem Vorwand einer Schloßbesichtigung das Haus des Grafen und versucht, einen Diener als Informanten anzuwerben. Dann wohnt er eine Zeit in Kaiserswerth, um das Schloß Kalkum aufzuklären, zu »recognisciren«, wie es damals hieß. Er tritt, wie es sich für einen geheimen Kundschafter geziemt, unter verschiedenen Namen auf. Beim Gastwirt Polmann, dem »ehrlichen Polmann«, der für beide Seiten arbeitete, nennt er sich Benda, beim Amtmann in Aachen heißt er Ferdinand Hoppe, und bei anderen wird Arnold wieder Arnold Mendelssohn.

Graf Hatzfeldt, dem das Wirken der Detektive natürlich nicht verborgen bleibt, sieht darin nichts Geringeres als ein Komplott für ein Attentat auf seine Person. Er fürchtet um sein Leben, wenigstens behauptet er dies. Dabei geht es den drei Männern und der Gräfin um etwas ganz anderes. Sie haben nämlich erfahren, daß der Graf beabsichtigt, einen beträchtlichen Teil seines Vermögens, das letztlich auch das Erbe des Sohnes Paul ist, einer seiner Geliebten zu übertragen und somit faktisch den Sohn zu enterben, der sich seinen Drohungen nicht gebeugt hat und bei der Mutter geblieben ist. Das aber will erst einmal bewiesen sein. Deshalb fahren die drei Musketiere an den Rhein, gefolgt von Sophie in Begleitung des sechzigjährigen Grafen Keyserling, bei dem sie Lassalle zum ersten Mal begegnet war.

Wie Amateurdetektive sammeln sie nun in der Provinz Beweismaterial, das die verschwenderische und ausschweifende Lebensweise des Grafen bestätigen soll. Die Gräfin will ihn für unzurechnungsfähig erklären lassen wegen seiner Verschwendungssucht. Das Attentat, das der Graf vermutete, war ein Attentat auf das Vermögen, der gefürchtete Anschlag mit »den Pistols« ein Anschlag auf sein Geld.

Lassalle begibt sich nach Aachen, um die Schritte des Grafen auszukundschaften. Hier findet er Graf Edmund mit einer neuen Mätresse, der als Intrigantin bekannten holländischen Baronin von Meyendorff, der Frau des früheren russischen Gesandten in Berlin. Sie hatte als russische Spionin in Paris gearbeitet, hauptsächlich beim Herzog von Orleans, nun wandte sie sich dem Grafen Hatzfeldt zu, oder er sich ihr, wer will das wissen.

Lassalle sucht Beweise für ihren unerlaubten Verkehr mit dem Grafen und dafür, daß er ihr unter dem Vorwand einer Anleihe eine große Summe Geld – man sprach von 250 000 Franc – durch Schenkung übertragen hat.

Solche Beweise liegen nicht auf der Straße, und die Musketiere der Gräfin greifen zu Bestechung, Erpressung, Drohung, List und Verschlagenheit. Sie wenden die Mittel an, deren sich der Graf ohne Skrupel bediente, und sie zögern nicht, dies zu tun, auch wenn sie und ihre Sache dadurch weiter ins Zwielicht geraten.

Als die Gräfin erfährt, was hier gespielt wird, daß die Zukunft ihres Kindes gefährdet, sein Vermögen verschleudert werden soll, begibt sie sich, die Beweisstücke in der Hand, zum Grafen. Sie hat zu ihrem Schutz und als Zeugen zugleich den Grafen Keyserling und den Pfarrer aus Kalkum mitgebracht und erklärt dem überraschten Grafen rundheraus, daß sie einen Skandal auslösen würde, wenn er nicht augenblicklich die Schenkung rückgängig mache. Er zeigt Reue, verspricht, das zu tun. Er bittet sie, ihren Notar aus Düsseldorf zu holen, um alles zu regeln.

Doch als sie am nächsten Tag zurückkommt, hat er seine Gesinnung – wohl unter dem Einfluß seiner habgierigen Ratgeber – wieder geändert. Sophie findet die Tür verschlossen. Er ist nicht zu sprechen, nicht einmal auf eine schriftliche Anfrage äußert er sich. Er läßt nur die Baronin Meyendorff für sich reden. Zwei feindliche Lager stehen einander gegenüber. Man beobachtet sich gegenseitig und wartet ab. Plötzlich erfährt Lassalle, daß die Baronin Meyendorff mit dem nächsten Zug nach Köln fahren will. Er beauftragt seine beiden Freunde, Oppenheim und Mendelssohn, ihr überallhin zu folgen, selbst bis ans Ende der Welt, sie nicht aus den Augen zu lassen und sich, wenn möglich, Gewißheit zu verschaffen, ob die Schenkungsurkunde zurückgenommen wurde oder nicht.

Die beiden Detektive folgen ihr, unauffällig, wie sie glauben, kommen mit ihr zur gleichen Zeit in Köln an und steigen im selben Hotel »Mainzer Hof« ab. Und nun geht das Kriminalstück erst richtig los. Lassalle beschreibt es im Detail.

Am anderen Morgen, unmittelbar vor der Abfahrt des Dampfbootes, mit dem die Baronin Köln verlassen will, sieht Oppenheim, auf der Treppe stehend, wie der Bediente der Meyendorff ihre Gepäckstücke hinausträgt. Er bemerkt, daß dieser auch eine Kassette herausbringt, wie man sie gewöhnlich zur Aufbewahrung von wichtigen Papieren benutzt. Ein unbedachter Einfall kommt dem Bankierssohn Oppenheim. Als der Diener in das Zimmer der Meyendorff zurückkehrt, stürzt er sich auf die Kassette, ergreift sie. Und weil er von Aachen keinen Koffer mitgebracht hat, worin er sie hätte verstekken können, bringt er die Beute zu Mendelssohn, daß dieser sie in seinem Koffer verberge.

Und nun folgt ein dilettantischer Fehler nach dem anderen, daß es jeden Leser von Kriminalgeschichten schaudern muß. Mendelssohn ist verblüfft über diesen unsinnigen Streich eines erwachsenen Mannes, eines Juristen dazu. Um das Corpus delicti zurückzubringen, ist es zu spät. Seinen Freund will er nicht im Stich lassen, und schon ist er mittendrin im Schlamassel. Da der Bediente, der inzwischen das Fehlen der Kassette bemerkt hat, im ganzen Hotel Lärm schlägt, will Mendelssohn die Kassette in seinem Koffer verstecken, der aber ist randvoll mit seinen Sachen, und um den gestohlenen Gegenstand unterzubringen, muß er einige Kleidungsstücke herausnehmen und im Zimmer zurücklassen. Beide reisen nun sofort in verschiedene Richtungen ab. Mendelssohn behält die Kassette bei sich. Im Hotel aber hat inzwischen die Suche nach den Tätern und nach dem Diebesgut begonnen. Das ganze Haus wird durchsucht. In Mendelssohns Zimmer findet man die zurückgelassenen Sachen, und es braucht keinen besonderen Scharfsinn, um Verdacht zu schöpfen. Er wird verfolgt.

Als Mendelssohn sich auf der Eisenbahn von der Polizei beobachtet fühlt, springt er aus dem Wagen und verschwindet. Die Kassette aber läßt er zurück. Die Polizei hat leichtes Spiel, sie findet neben der gestohlenen Kassette auch den Reisesack Oppenheims, den Mendelssohn aus Gefälligkeit mitgenommen und in der Eile und der Angst ebenfalls im Waggon zurückgelassen hat. Und darin, wie für den Staatsanwalt vorbereitet, sind die Papiere des mitverschworenen Oppenheim. Es wird behauptet, daß auch ein Dolch und drei mit Kugeln geladene Pistolen dabei entdeckt wurden sowie eine Perücke, mit der sich die Täter verkleiden wollten. Aber das ist wohl schon der Phantasie des Grafen entsprungen, der noch immer ein Attentat befürchtet.

Die Sache selbst ist schlimm genug, ihre Ausführung dilettantisch und der Anlaß banal. Alexander Oppenheim, Richter am Obergericht in Berlin, Sohn eines fünffachen Millionärs, wird wegen Diebstahls angeklagt. Die Sache erregt in ganz Deutschland Aufsehen. Das gesuchte Aktenstück befand sich natürlich nicht in der Kassette. Darin waren lediglich dreitausend Franc und einige persönliche Papiere. Die Baronin erhält ihr Eigentum zurück. Oppenheim steht noch im selben Jahr vor dem Geschworenengericht. Lassalle hat ihm das Versprechen abgenommen, über die eigentliche Veranlassung seiner Tat zu schweigen, um die Gräfin nicht mit hineinzuziehen. Das war ein ungeheures Opfer für den jungen Juristen, der Gefahr lief, als gemeiner Dieb angeklagt zu werden.

Im Dezember 1846 findet der Prozeß unter lebhafter Anteilnahme der Presse und der Öffentlichkeit statt. Die Anklage billigt Oppenheim zu, er habe nicht aus niedrigen, eigennützigen Motiven gehandelt und nicht die Absicht gehabt, sich die in der Kassette befindlichen Wertsachen anzueignen. Er gesteht die Tat sowie die Gründe, die ihn dazu verleitet haben. Und da die öffentliche Meinung auch auf seiner Seite ist, wird er freigesprochen. Danach fährt er mit seiner Familie ab nach Hause. Er hatte genug.

Der Mittäter Arnold Mendelssohn war inzwischen auf seiner Flucht über die Grenze und bis Paris gekommen und zunächst in Sicherheit. Als er erfährt, daß der eigentliche Täter Oppenheim freigesprochen wurde, kehrt er im Juni 1847 nach Deutschland zurück, denn jedermann nahm an, daß keine Gefahr für ihn bestünde. Im Vertrauen auf seinen Freispruch begibt er sich freiwillig in das Kölner Gefängnis. Er wird vor Gericht gestellt und im Januar 1848 des Diebstahls in einem öffentlichen Hause für schuldig befunden und zu fünf Jahren Zuchthaus verurteilt. Nur auf Bitten Alexander von Humboldts wandelt der König von Preußen die Strafe in ein Jahr Gefängnis um, mit der Bedingung, daß Mendelssohn Europa verlassen müsse. Er ging nach Konstantinopel und weiter nach Syrien. 1854 nahm er als Arzt in einem türkischen Regiment am Krimkrieg gegen Rußland teil und fiel bei Bajasid.

Nachdem Mendelssohn verurteilt war, stürzten sich die königlichen Staatsanwälte mit wahrer Wonne auf Lassalle, in dem sie den intellektuellen Urheber der Tat vermuteten. Wegen Verleitung zum Kassettendiebstahl wurde Anklage gegen ihn erhoben, und das Verfahren zog sich bis ins Revolutionsjahr 1848 hin.

Bauernsturm auf Schloß Crottorf

Zunächst ist noch von einem Vorfall zu berichten, der ein bemerkenswertes Licht auf die Gräfin Hatzfeldt wirft, der ihre Beliebtheit bei einfachen Menschen, ihr Charisma und ihren Mut zeigt.

Sophie ist zweiundvierzig Jahre alt und entschlossen, ihre Sache bis zum Ende durchzufechten. Ihr Name war durch die liberale und demokratische Presse bekannt, ihr Kampf gegen den Grafen Hatzfeldt zu einer öffentlichen Angelegenheit geworden. Die »Aachener Zeitung«, das »Frankfurter Journal«, die »Düsseldorfer Zeitung«, der »Rheinische Beobachter«, die »Triersche Zeitung«, die »Mannheimer Abendzeitung«, das »Düsseldorfer Kreisblatt«, die »Elberfelder Zeitung« und andere berichteten über den Fall in Beiträgen, die der Graf Hatzfeldt als Schmähartikel bezeichnete.

Die öffentliche Meinung stand im Vorrevolutionsjahr 1847 auf seiten der Gräfin. Skandalgeschichten über die Angehörigen des hohen Adels waren zu dieser Zeit eine Form des politischen Kampfes geworden. Die Fronten im Hatzfeldt-Prozeß entsprachen den Fronten des Vormärz: Die demokratische Bewegung ergriff Partei für Sophie von Hatzfeldt, die feudale Reaktion stand auf der Seite des Grafen. Die Strategie der Gräfin und ihres Generalbevollmächtigten war darauf gerichtet, Edmund von Hatzfeldt auch politisch und gesellschaftlich zu treffen, nicht nur als Verschwender und ungetreuen Ehemann, sondern als Vertreter einer feudalen Oberschicht sollte er bekämpft werden.

Als der König von Preußen im Frühjahr 1847 die Abgeordneten des preußischen Provinziallandtags zum Vereinigten Landtag einberief, griffen sie an. Aufgrund des Bescholtenheitsgesetzes, das dem Landtag vorlag, sollte Graf Hatzfeldt gewissermaßen als Exempel für das neue Gesetz von den Verhandlungen ausgeschlossen werden. Auch wenn das nicht gelang, hat es doch dazu beigetragen, die Stimmung gegen ihn weiter anzuheizen, und es hat, wie er selber zugab, ihn schwer getroffen.

Man darf nicht übersehen, daß knapp ein Jahr vor der Märzrevolution von 1848 die Autorität des hohen Adels ohnehin angeschlagen war und jede Affäre in diesen Kreisen vom Volk als Bestätigung seiner Verurteilung der alten Feudalgesellschaft betrachtet wurde. Unter diesem Aspekt ist auch die Aktion der Gräfin und Lassalles im Sommer 1847 auf den gräflichen Gütern im Rheinland zu sehen.

Am 24. Juni fuhr Sophie von Hatzfeldt in Begleitung ihres Sohnes und Lassalles nach Schloß Schönstein, auf dem sie nach Recht und Gesetz noch immer als Frau des Grafen zu Hause war. Lassalle quartierte sich im nahen Dorf Wissen ein. Am nächsten Morgen erschien der Bürgermeister mit einem Polizisten auf Schloß Schönstein und wollte die Gräfin sprechen. Sie bat ihn zu warten, bis Lassalle kommen würde. Der traf um halb neun am Schloß ein und wurde nicht hineingelassen. Ja, als die Gräfin ihn und ihren Sohn Paul am Arm nahm und die Treppe hochgehen wollte, wurde sie von dem Polizisten und einigen Knechten angegriffen. Einer zog den Säbel und schwenkte ihn über dem Haupt der Gräfin. Das alles geschah im Beisein der Dorfbewohner, denn die Messe war gerade aus, und die gaffende Menge wurde Zeuge der Mißhandlungen.

Nun fuhren die Gräfin und ihre Begleitung weiter zum zwei Kilometer entfernten gräflichen Schloß von Crottorf. Hier war ihre Ankunft schon avisiert worden, und die Gräfin fand die eisernen Tore verschlossen. Eine Gruppe von zwanzig Bauern war vor dem Schloß versammelt, denn die Vorfälle in Schönstein hatten sich in Windeseile herumgesprochen. Die Bauern warnten die Gräfin, daß der Rentmeister auf Befehl des Grafen die Förster mit geladenen Gewehren im Schlosse versammelt hätte.

Sophie aber ging unerschrocken auf das Tor zu und verlangte, hineingelassen zu werden. Der Rentmeister wies sie mit Schmähungen und Drohungen zurück. Auch als der Gemeindevorsteher ihn aufforderte, die Standesherrin, denn das war sie ja schließlich, einzulassen, erklärte er offen, er habe »die Förster zusammengerufen und werde Feuer geben, wenn die Gräfin sich nicht entferne«. Doch Sophie blieb.

Denn jetzt kam ihr etwas zugute, womit die gräflichen Beamten nicht gerechnet hatten. Sophie von Hatzfeldt genoß einen guten Ruf bei den Bauern. Schon am Anfang ihrer Ehe auf Kalkum hatte sie des öfteren den Bauern gegen die Ungerechtigkeiten des Grafen geholfen. Sie verehrten die Gräfin. Und das sprach sich im Lande herum. Als Lassalle im März 1847 unter dem Verdacht, Beweisstücke im Hatzfeldt-Prozeß vernichtet zu haben, verhaftet wurde und in Untersuchungshaft saß, nahm die Gräfin Verbindung zu den Bauern im Kreis Schönstein im Siegerland auf. Diese hatten sich nämlich im März mit einer Beschwerde über die Herrschaftsmethoden des Grafen Hatzfeldt an den preußischen König Friedrich Wilhelm IV. gewandt.

Nun wollten sie ihren Fall dem Vereinigten Landtag vortragen. Sophie bot ihnen an, das Reisegeld für die Delegation nach Berlin zu bezahlen. Die Bauern revanchierten sich, stellten sich auf die Seite der Gräfin und waren bereit, die Schlösser des Grafen zu stürmen. Eine Bauernrevolte bahnte sich an. Das an der Gräfin begangene offensichtliche Unrecht drohte zur Initialzündung für alle angestaute Wut über die erduldeten Schikanen durch den Grafen Hatzfeldt zu werden. Und das ausgerechnet da, wo der Graf sich am sichersten fühlte, in seiner Standesherrschaft Wildenburg-Schönstein in der lieblichen Landschaft an der Sieg.

Lassalle, der in der vielseitigen Anklageschrift gegen den Grafen die Willkür der gräflichen Beamten im Detail beschrieb und minutiös alle Demütigungen nachzeichnete, die der Gräfin jemals zugefügt wurden, erwähnte hier den Bauernsturm mit keinem Wort. Im Juli 1847 schien es ihm zu früh, die durch das Auftreten der Gräfin ausgelöste Aufbruchstimmung der Bauern, den öffentlichen Protest, den Ungehorsam gegen den Herrn positiv für ihre Sache darzustellen. Hier erfährt man nur, daß die Gräfin Hatzfeldt »angesichts ihres Schlosses Crottorf in einer schlichten Bauernhütte die Nacht auf einem Stuhle durchwachen« mußte. Um so genüßlicher schildert Lassalle den Vorfall in einem Brief an seinen Vater: »Mein Lebtag habe ich nicht so viel gelacht als diese letzten acht Tage in der Standesherrschaft. Die Sache wäre gar nicht so zum Lachen gewesen, denn in diesem allgemeinen Beamtenaufruhr war man eigentlich nicht so recht seines Lebens sicher; wenn wir, die Gräfin und ich, nämlich nicht immer etwa zweihundert bis vierhundert Bauern als Bedeckung und Leibwache mit uns umhergeführt. Nie habe ich solchen Enthusiasmus und solche Anhänglichkeit gesehen, wie diese Bauern für die Gräfin haben. Es kostete sie ein Wort, einen einzigen Befehl, und alle Schlösser des Grafen dort lägen in Trümmern, und die Beamten mit ihm selber hingen an den höchsten Fichten! Die Gräfin hat sich aber durchaus in den Kopf gesetzt, daß Militärmacht die Schlösser nehmen soll und nicht ihre Bauern, und so mußte denn die dumpftosende Bevölkerung ihre Wut bezwingen und die schon aus den Bergwerken requirierten Brechstangen ungebraucht wieder beiseite legen.«

Es war sicherlich gelungen, die Autorität des Grafen in seinem engeren Herrschaftsgebiet ernsthaft zu beschädigen. Die Bauern entsandten bald darauf mit Unterstützung der Gräfin ihre Deputierten nach Berlin und wandten sich im nächsten Jahr mit einer Beschwerde über den Grafen an die Frankfurter Nationalversammlung. Doch ihre gemeinsame Aktion mit den Bauern fand da ihre Grenzen, wo es um Aufruhr ging. Von den

Bauern, der »dumpftosenden Bevölkerung«, wie sie Lassalle ziemlich hochnäsig nannte, wollte Sophie ihr Recht auf Zutritt zu ihrem Besitz nicht erkämpft haben. Und Lassalle lachte sich mehr ins Fäustchen, als daß er sich zu dieser Bauernrevolte bekannte. Waren die Gräfin und die Bauern auch Verbündete, die den gleichen Feind bekämpften, so hatten sie doch sehr unterschiedliche Motive und kämpften mit unterschiedlichen Mitteln. Sophie war zwar von ihrem Stande verachtet, von ihrem gräflichen Gatten verfolgt, aber gegenüber den Bauern war sie doch eine Herrin, die nicht gemeinsam mit ihnen gegen die Schlösser ziehen konnte. Was für sie hier noch eine Empfindung, ein vages Gefühl ist, wird sie noch öfter beschäftigen: daß sie aus einer Klasse verstoßen und in der anderen nicht angekommen ist.

Frust und Freude in Düsseldorf

Als im Frühjahr 1848 die von Lassalle vorausgesagte und herbeigesehnte Revolution ausbricht, ist er selbst nicht dabei. Er sitzt im Gefängnis. Jetzt, wo er sich im politischen Kampf beweisen und bewähren könnte, bereitet er sich auf seinen Prozeß vor, in dem es noch immer um diesen unsinnigen und unseligen Kassettenraub geht.

Am 20. Februar, zwei Tage vor Ausbruch der Pariser Revolution, die in wenigen Tagen auf Köln und das Rheinland übergreift und am 18. März in Berlin ihren Höhepunkt erreicht, wird er in Potsdam verhaftet und ins Untersuchungsgefängnis nach Köln gebracht. Lassalle begrüßt die Revolution aus dem Gefängnis heraus. »Endlich, endlich«, schreibt er dem Vater, »wird die schmutzige Politik Guizots zuschanden . . .«

Sophie von Hatzfeldt bleibt in diesen aufregenden und unruhigen Tagen in Düsseldorf allein. Sie ist damit beschäftigt, Lassalle zu helfen, ihm Material für den Prozeß zu beschaffen und seinen Aufenthalt im Gefängnis dadurch zu erleichtern, daß sie ihm Literatur, Lebensmittel und Zigarren bringt.

Anfang des Jahres 1848 waren Sophie und Paul von Hatzfeldt endgültig nach Düsseldorf gezogen. Auch Lassalle hatte seine Wohnung an den Rhein verlegt. Düsseldorf war damals eine gemütliche Kleinstadt mit etwa zwanzigtausend Einwohnern. Hier wohnten eine Reihe bekannter und angenehmer Menschen. Sophie fand schnell Kontakt; als begabte und geistreiche Frau und bezaubernde Schönheit trat sie in das gesellschaftliche Leben Düsseldorfs.

Bedenkt man, daß Schloß Kalkum, auf dem Sophie als Frau

des Grafen Hatzfeldt viele Jahre ihrer leidvollen Ehe verbrachte, so nahe an der Stadt liegt, daß es heute zu Düsseldorf gehört, und daß nicht wenige der in den Scheidungsklagen angeführten Affären ihres Mannes und wohl auch ihre eigenen in dieser Stadt bekannt waren, daß schließlich das alles nur wenige Jahre zurücklag, so war ihr erneutes Erscheinen hier so etwas wie eine gesellschaftliche Sensation. Und dann kam sie noch gemeinsam mit diesem Lassalle!

Ein Karikaturist zeichnete sie mit ihrem Sohn und Lassalle bei einem Spaziergang vermutlich im Düsseldorfer Hofgarten. Paul im Vordergrund, schön, schlank und schlaksig mit modischem Zylinder, Lassalle auf der anderen Seite, klein, gedrungen, arrogant und sehr jüdisch aussehend. Dazwischen die Femme fatale, Sophie von Hatzfeldt, eine wahre Juno von Gestalt, mit wallenden kostbaren Gewändern, einen ungeheuren blumengeschmückten Hut auf dem Kopf und die unentbehrliche Zigarre im Mund, scheint sie auf die ganze Stadt herabzublicken. Auf jeden Fall ist Sophie auf diesem Bild, was sie sonst wohl nicht immer war, die beherrschende, dominierende und herausragende Figur in dem Dreigestirn.

Schon bald aber nach der Verhaftung Lassalles wird sie eine einsame Frau, die auf ihren häufigen Wegen zum Gefängnis kaum noch Beachtung findet. Die Revolution und alles, was die Menschen in diesen Tagen im Rheinland bewegt, überdeckt nun die Geschichte des Kassettendiebstahls und Lassalles Verhaftung. Die Zeit ist zu groß für eine solche Affäre. Auf der anderen Seite aber weiß Lassalle, es ist seine Zeit, und er spürt den Rückenwind, den ihm die Revolution in seinem Kampf für die Rechte der Gräfin gibt. Graf Hatzfeldt jubelt zu früh, als er Lassalles Verhaftung für einen Sieg seiner Partei hält.

Auch Lassalle will jetzt den Prozeß. Er braucht ein Forum, in dem er vor der Öffentlichkeit seine Motive erklären und das schändliche Verhalten des Grafen als Verbrechen des Adelsstandes anklagen kann. In einem späteren Brief schreibt er:

Sophie von Hatzfeldt mit ihrem Sohn Paul und Ferdinand Lassalle

»Die königlichen Staatsanwälte stürzten sich mit Wonne auf diesen Prozeß. Wer aber mit ganz anderer Wonne, mit blitzenden Augen und leidenschaftlichem Herzen sich darauf warf, das war ich! Denn ich brauchte ihn unbedingt, meinen eigenen Prozeß . . .«

Obwohl es eigentlich ausschließlich um seinen Anteil am

Kassettenraub geht, ist er entschlossen, seine Sache von Anfang an mit der der Gräfin Hatzfeldt zu verbinden. Er braucht den Prozeß auch deshalb, um sich gegen die von seiten des Grafen ausgestreuten Gerüchte über seine intimen Beziehungen zur Gräfin zu wehren, um alle die häßlichen Verdächtigungen und Verleumdungen zurückzuweisen, denn »wenn die Verleumdung von Haus zu Haus läuft, so kann man ihr nicht von Haus zu Haus nachlaufen, um sie zu widerlegen«. Er braucht den Prozeß aber auch, um den Grafen in der Öffentlichkeit, vor den Richtern und den anwesenden Journalisten anzugreifen, und er weiß, daß die Zeit günstig dafür ist.

Mehr als vierzehn bestochene Zeugen werden gegen ihn aufgeboten. »In einer siebentägigen Debatte«, schreibt er später, »entlarvte ich schonungslos die falschen Zeugen, ich verwirrte und vernichtete die Verleumdung auf immer, durch unumstößliche Beweise deckte ich die Geschichte dieser Ehe auf, und am letzten Tage warf ich mich in einer sechsstündigen Rede ... auf den Kampf zwischen der Gräfin und dem Grafen, indem ich ihre Sache offen zu der meinigen machte ...«

Am 11. August hält Lassalle sein Plädoyer im Kassettenprozeß, die sogenannte Kassettenrede, mit der er die Reihe seiner großen Gerichtsreden eröffnet. Der achtzig Druckseiten lange Monolog, der die vielseitigen Intrigen im Ehestreit der Hatzfeldts entwirren soll, liest sich teilweise wie ein Kriminalroman. In zwei Jahren hat sich der Dreiundzwanzigjährige so in die Gesetze und die Prozeßordnung, in den ganzen juristischen Dschungel eingearbeitet, daß er eine glänzende Verteidigungsstrategie entwickelt und durchhält, die schließlich zu seinem Freispruch führt. Der Kassettenprozeß war Lassalles juristisches Staatsexamen.

Für Lassalle ist das Gerichtsgebäude immer eine politische Tribüne, die ihm das Parlament ersetzen muß. Der spätere politische Redner hat seine Herkunft vom Gerichtsplädoyer niemals verleugnen können; alle seine Reden hatten etwas von der scharf geschliffenen Argumentation, der sezierenden Logik und der bis in die Demagogie reichenden gewandten Beweisführung. Die Hitze seines Temperaments, ein gewisses theatralisches Pathos und eine faszinierende Begriffsentwicklung, gepaart mit der Sprechweise eines Schauspielers, machten aus dem damals noch weithin unbekannten mit einem Schlage einen bekannten Mann. Hauptsächlich geht es Lassalle darum, die ganze Geschichte aus der Sphäre der unsauberen privaten Händel in ein politisches Umfeld zu stellen.

In der Begründung seines Engagements für die Gräfin führt er aus: »Ich sagte mir, daß die Gräfin das Opfer ihres Standes sei, ich sagte mir, daß man nur in der übermütigen Stellung eines Fürsten und Millionärs solche Untaten, solche Beleidigungen der Gesellschaft in ihrer sittlichen Tiefe ohne Scheu wage und wagen dürfe.«

Bedenkt man die Zeit, in der der Prozeß stattfand, so ist sichtbar, daß Lassalle seine Verteidigung auf die Geschworenen des Revolutionsjahres 1848 berechnete. Und obwohl nach der Niederschlagung des Pariser Juniaufstandes die Konterrevolution wieder Tritt faßte, verfehlte seine Rede bei der allgemeinen demokratischen Gesinnung der Geschworenen ihre Wirkung nicht.

Der Ausbruch der Revolution bestärkte Lassalle und die Gräfin darin, daß sie einen Kampf gegen die alte Ordnung führten, gegen die bestehende Gesellschaft und ihre Vorurteile, für die Freiheit und die Selbstbestimmung des Individuums. So einleuchtend das damals erschien und durch die Faszination, die von Lassalles Argumenten ausgeht, auf den ersten Blick auch heute noch ist, so hat die für die meisten seiner Freunde undurchschaubare Vermengung von politischem Kampf und privatem Prozeß letztlich beiden geschadet. Man wußte nicht mehr, führte er nun den Prozeß, um den revolutionären Kampf voranzubringen, oder nutzte er den revolutionären Kampf, um den Prozeß zu fördern? Seine Art, die revolutionäre Stimmung als Kronzeugen in der Sache Hatzfeldt gegen Hatzfeldt auszunutzen, brachte ihm kurzfristig Erfolge, langfristig aber trug sie ihm Mißtrauen unter seinen Freunden und Rache bei seinen Feinden ein. Und sie schadete seiner charakterlichen Entwicklung. In diesen Prozessen wurde auf beiden Seiten keine Intrige, keine Infamie ausgelassen.

In den langen Erörterungen »des Liebeslebens« beider Parteien blieb keine Bettritze verschont. Der Prozeß führte auch in die Niederungen menschlicher Abgründe. Lassalle und die Gräfin mußten sich mit bestochenen Kammerdienern und verräterischen Zofen, mit Huren und Hurenwirten und allerlei Gesindel herumschlagen. Dabei büßten sie an Ansehen und Achtung ein. Lassalle verlor das Gefühl für die Grenzen in der politischen Auseinandersetzung. Die hier gezeigte Anlage zu Unaufrichtigkeit und Spitzfindigkeit kann er später in seinem privaten und politischen Leben nie mehr ganz überwinden. Die Anwendung unerlaubter Mittel in der Auseinandersetzung wie die ihn schließlich ruinierende Eitelkeit haben hier ihre Wurzeln. Es ist ein hoher Preis, den Lassalle in diesen Prozessen zahlen muß. Er selbst weiß es nicht, will es nicht wissen. Er hält sich für den Größten, immer und überall. »Das Volk hatte das Antlitz eines Mannes geschaut. Es hatte mich verstanden«, schreibt er 1860, und diese seine Lebenslüge hat er mit ins Grab genommen.

Rote Fahnen an der Equipage

Als Ferdinand Lassalle am 11. August 1848 endlich aus dem Gefängnis Klingelpütz in Köln entlassen wird, hat die Revolution ihren Höhepunkt bereits überschritten. Die entscheidenden Monate dieses geschichtlichen Frühlings und Sommers hat Lassalle, dessen Prozeß immer wieder verschleppt wurde, um ihn von den revolutionären Ereignissen fernzuhalten, hinter Gefängnismauern verbracht. Er ist trotz allem Sieger geblieben – und wie ein Sieger zieht er nun gemeinsam mit Sophie von Hatzfeldt, die ihn in Köln abholt, in Düsseldorf ein. Er selbst beschreibt diesen Tag so: »Aber nicht nur das Volk, alle Klassen, die ganze Bourgeoisie war trunken vor Entzükken ... Als wir in Düsseldorf ankamen, betäubten mich die Einwohner dieser Stadt fast mit ihren Zurufen. Sie spannten die Pferde der Equipage, in der ich mit der Gräfin saß, aus und zogen uns selbst. Obschon der Prozeß kein eigentlich politischer war, hatte das Volk wohl begriffen, daß es doch im tiefsten Sinne des Wortes ein solcher war, daß es die Auflehnung gegen die Unterdrückung war ... Dieser Tag verschaffte mir in der Rheinprovinz den Ruf eines Redners ohnegleichen und eines Mannes von unbegrenzter Energie, und die Zeitungen trugen diesen Ruf durch die ganze Monarchie ... Seit diesem Tage erkannte mich die demokratische Partei in der Rheinprovinz als einen ihrer Hauptführer an.«

Der Dreiundzwanzigjährige ist zu einer stadtbekannten Persönlichkeit in Düsseldorf geworden. Wochenlang ist sein Prozeß Tagesgespräch im ganzen Rheinland. Täglich erzählt man sich neue Geschichten über den jungen Mann, den »ungelernten« Juristen, der es »denen« gezeigt hat. Obwohl die Ansichten über sein Verhalten geteilt sind, wird ihm der Respekt von niemandem verwehrt.

Die »Neue Rheinische Zeitung« hatte zwischen dem 5. August, dem Beginn seines Prozesses, bis in den September hinein, oft auf einer ganzen Seite, was in der Regel etwa einem Sechstel der Zeitung entsprach, über die »Kriminal-Prozedur gegen Ferdinand Lassalle wegen Verleitung zum Diebstahl« protokollartig berichtet und eindeutig für den bis dahin weitgehend in der politischen Szene unbekannten jungen Exstudenten Partei genommen. Mir ist aus der kurzen, aber bewegten Geschichte von Marxens Zeitung kein anderes Ereignis bekannt, das so ausführlich mit einem Dutzend Folgen behandelt worden wäre. Der Fall Lassalle hatte auch dadurch an Brisanz gewonnen, daß er nach der allgemeinen Amnestie vom 20. März nicht freigelassen, sondern für alle sichtbar widerrechtlich im Gefängnis festgehalten wurde.

Nun erst, nach seiner Freilassung, kann Lassalle im politischen Leben Düsseldorfs aktiv werden. Er wird zu einem Volkstribun, wenn auch wieder nur für kurze Zeit.

Für ihn aber waren die Haft, die widerrechtliche Gefangenschaft und der Prozeß selbst von Anbeginn ein politischer Kampf. Als mit dem Beginn der Revolution die Idee der freien Persönlichkeit zum politischen und ökonomischen Kampfziel wurde und man der alten Gesellschaft auf der ganzen Linie den Kampf ansagte, wurde der Gedanke der allgemeinen Empörung mit dem persönlichen Aufbegehren der Gräfin und ihrem Bevollmächtigten Lassalle deutlich. Das Proletariat des Rheinlands ergriff ihre Partei und erbrachte den Beweis, daß Sophie von Hatzfeldt mit ihren Forderungen nach der Befreiung der Frau und nach neuen ethischen Normen im Zusammenleben der Geschlechter auf den Schultern des Zeitgeistes, des Geistes der Revolution stand. »Die weibliche Individualität«, schrieb Lassalle, »kommt somit ... notwendig dazu, sich an die revolutionäre Arbeit hinzugeben ... Ihre Kräfte sind jetzt die der Welt selbst geworden, ihr Geschick ein gemeinschaftliches und ihr Sieg ein notwendiger.«

Als Frau hatte Sophie von Hatzfeldt in der Mitte des 19. Jahrhunderts wenig Möglichkeiten, in politischen Organisationen hervorzutreten. Die Frauen spielten allgemein in der Politik noch eine sehr untergeordnete Rolle, und alle Formen von männlichem Chauvinismus entzündeten sich deshalb an denen, die an der Seite der Männer für den Fortschritt kämpften.

Doch durch den Prozeß und die Popularisierung ihres Falles – nicht zuletzt durch die »Neue Rheinische Zeitung«, das wichtigste Organ der Revolution – waren ihr Schicksal und das ihres Sohnes unmittelbar mit der Revolution verknüpft. Beide standen auf der Seite der Partei von Marx, wie man damals sagte, auf dem äußersten linken Flügel der Demokratie. Wo immer in diesem Spätsommer und Herbst die Massen demonstrierten, wo politische Entscheidungen verhandelt wurden, waren Sophie von Hatzfeldt und ihr Sohn Paul neben Lassalle dabei. Es war Lassalle gelungen, das Los der Gräfin so mit dem allgemeinen Los des Volkes zu verbinden, daß bis in die Kreise des Bürgertums und selbst in Teilen des Adels ein demokratisches Bewußtsein geweckt wurde. In seinem Plädoyer hatte er prophezeit, da überall das System der Lüge, der Unterdrückung und Heuchelei zusammenstürze, »müsse nun auch endlich der Tag der Wahrheit hereinbrechen über ein individuelles Los und Leiden, welches, so innig es ein individueller Fall nur immer vermag, gleich einem Mikrokosmos das allgemeine Leiden, die zu Grabe keuchende Unterdrückung in sich abspiegelt«.

Der Anteil der Gräfin Hatzfeldt an den revolutionären Ereignissen in Düsseldorf und Umgebung und ihr Einfluß auf den politischen Kampf Lassalles ist in der Geschichtsschreibung kaum beachtet worden. Die Meinung von Marx, der ihr schon 1847 (in einem Empfehlungsbrief an Georg Herwegh) bescheinigte: »Die Frau hat für eine Deutsche viel Energie entwickelt in dem Duell mit ihrem Mann«, und der ihr 1861 bestätigte, daß sie »ungleich mehr politischen Verstand« besaß als Lassalle, hätte die Historiker vor dieser Unterschätzung bewahren können. Auch wenn Marx sich später oft abfällig über die Gräfin äußerte, betrifft das niemals ihr Auftreten während der Revolution. Bei der Unterschätzung der Sophie von Hatzfeldt und anderer Frauen, die gerade in den Jahren 1848/49 zu den fortschrittlichsten Kräften der demokratischen Bewegung zählten, wirkte wohl auch das – freundlich ausgedrückt – allgemeine Unverständnis für die politische Emanzipation der Frauen mit, das bis in die Arbeiterbewegung reichte und ihre führenden Köpfe nicht ganz ausnahm. Noch Jahre später erklärte Georg Herwegh, der Dichter der ersten Arbeiterhymne (»Alle Räder stehen still, wenn dein starker Arm es will«), daß er mit dem »schönen Geschlecht nie Politik getrieben habe, noch jemals solche zu treiben gedenke« und die Einbeziehung einer Frau in die Politik als »ungehörig« ablehne.

Drei Tage nachdem Sophie von Hatzfeldt die Freilassung von Lassalle zu einer revolutionären Demonstration der rheinischen Arbeiter nutzte, war sie erneut – im Zusammenhang mit einem politischen Ereignis – in den Blickpunkt der Öffentlichkeit geraten. Am 14. August 1848 stattete Seine Majestät Friedrich Wilhelm IV. Düsseldorf einen Besuch ab. Der König wurde bei seiner Fahrt durch die Stadt von der aufgewühlten Masse ausgebuht, verhöhnt und mit Pferdeäpfeln beworfen. In einem Bericht des Polizeiinspektors an den Regierungspräsidenten über den »hier vorgekommenen Unfug« heißt es: »Größtenteils wohlgekleidete Personen (entfachten) skandalösen Lärm«. In Läden hätten sie »viele Pfeifchen« gekauft und »Straßenbuben« zur Unterstützung eines Pfeifkonzertes angestiftet. »Von vielen Seiten wurden auch die Gräfin Hatzfeldt und ihr Sohn Paul bezichtigt, an Straßenbuben p.-Pfeifchen, Geld und rothe Bänder vertheilt zu haben, der angestrengtesten Mühe ungeachtet, hat das aber nicht constatiret werden können.«

Auch wenn die Gräfin und ihr Sohn mit diesem »Straßenbubenstreich« nichts zu tun hatten, so ist doch bezeichnend für ihre Stellung in der politischen Szene Düsseldorfs, daß die Polizei sie der Teilnahme an jeder Massenaktion der Stadt für verdächtig hält. Es zeigt, daß der Gegner sie ernst nimmt, ernster oft als die politischen Freunde, und daß er in ihrer Person eine reale Gefahr für den preußischen Obrigkeitsstaat sieht.

Dafür gab es genügend Gründe, auch wenn man die politische Relevanz der Lassalleschen Gerichtsreden einmal außer acht läßt. Bereits im Juni 1848, also noch während Lassalles Kölner Haftzeit, war Paul von Hatzfeldt sechzehnjährig in den Düsseldorfer Volksklub eingetreten, das Sammelbecken der »aktivsten und entschiedensten Revolutionäre«. Bald wird er trotz seiner Jugend zum Kassierer gewählt. Als sich auf Initiative von Marx im August 1848 die demokratischen Vereine der rheinischen Demokraten zum Kreisausschuß der Demokraten für das Rheinland und Westfalen zusammenschließen, wird Paul von Hatzfeldt am 10. August in der Versammlung des fast zweitausend Mitglieder zählenden Düsseldorfer Volksklubs als einer der Delegierten für den Kongreß in Köln gewählt. Auf diesem Kongreß vereinigen sich erstmals auf deutschem Boden Kommunisten mit bürgerlichen Demokraten, wobei die Kommunisten die vorwärtstreibende Kraft sind. Hier in Köln wird Paul von Hatzfeldt wohl auch Marx zum ersten Mal begegnet sein, der zu dieser Zeit der anerkannt führende Kopf unter den Mitgliedern des Kreisausschusses ist. Durch ihren Sohn ist Sophie von Hatzfeldt mit Sicherheit über die dort besprochenen politischen Fragen informiert worden.

Die Gräfin Hatzfeldt muß den Polizeibehörden des Rheinlands zu dieser Zeit wie ein rotes Tuch erschienen sein, ein Bild, das hier in doppelter Bedeutung gebraucht werden kann. Wo immer man ihre markante Erscheinung erblickte, witterte man Gefahr für die öffentliche Ordnung. Als Lassalle am 5. August aus dem Gefängnis zum Geschworenengericht gebracht wird, was damals noch nicht in der Grünen Minna, dem fensterlosen Polizeiwagen, sondern in einer offenen Kutsche geschah, hat sie, wie viele andere am Straßenrand stehend, dem Freund eine Kußhand zugeworfen, wobei allerdings auch ein Taler mitgeflogen sein soll. Das wird ihr als Versuch ausgelegt, die begleitenden Beamten zu bestechen. Sie kommt vor das Zuchtpolizeigericht, das sie allerdings im März 1849 freispricht.

Die Anklage und das schwebende Verfahren, das sie neben den natürlich weiterlaufenden Prozessen gegen Edmund von Hatzfeldt eher als Bagatelle betrachtete, hinderte die Gräfin nicht daran, in diesem unruhigen Herbst aktiv an allen Veranstaltungen der demokratischen Kräfte teilzunehmen und manchmal auch selbst das Wort zu ergreifen.

Ein Nachbar sagte ihr nach, sie scheue sich nicht, zum Volk zu reden und ihre Tendenzen besonders den Bummlern und Tagedieben aufzutischen, wie er die Arbeiter und einfachen Leute bezeichnete. Ohne Zweifel hatte sie, vermutlich von Lassalle, gelernt, sich in Szene zu setzen und ihre Auftritte effektvoll zu gestalten. So wird von ihren Ansprachen an Düsseldorfer Arbeiter berichtet, die sie vom Balkon ihres Hauses in der Elisabeth-Straße hielt und in denen sie sich immer als eine der Ihren bezeichnete, was hier nicht nur ihre allgemeine Haltung zur Demokratie, sondern auch die Solidarität mit den Proletariern einschloß. Es störte offenbar niemanden, daß ihre pathetischen Worte wenig mit der Wirklichkeit übereinstimmten, wenn sie gegenüber den Arbeitern emphatisch ausrief: »Ich habe alles verlassen, um dem Volke zu dienen, und ich bin Proletarierin wie ihr. Da steht mein Freund, da mein Sohn. Schützt uns gegen die aristokratische Reaktion, die uns zerreißen möchte.«

Wir wissen, und die Düsseldorfer Arbeiter wußten natürlich auch, daß die Gräfin Schloß Kalkum auf der Flucht vor den Schikanen ihres Ehemannes verlassen hatte und nicht, um dem Volk zu dienen, und daß sie bei aller für eine Frau ihrer Herkunft und Stellung schlechten finanziellen Lage noch immer keine Proletarierin war. Aber die Arbeiter, zu denen sie sprach, kamen zu ihrem Haus, manchem mag auch die Parteinahme einer so bedeutenden, hochgestellten Frau für ihre Sache als Argument für ihre Richtigkeit und Gerechtigkeit gedient haben.

Als der Dichter Ferdinand Freiligrath wegen seines Gedichts »Die Lebenden an die Toten«, dieser mächtigen Mahnung aus den Gräbern der in den Märzkämpfen Berlins Gefallenen, am 29. August verhaftet wurde, gehörten Lassalle und die Gräfin zu den eifrigsten Protestanten gegen diese von Berlin befohlene Willkür. Sie schürten die Empörung unter den Düsseldorfern. Auf einer schnell einberufenen Kundgebung für Freiligrath, auf der Lassalle als Redner auftrat, wurden er und Paul von Hatzfeldt als Abgesandte gewählt, die gemeinsam mit den Vertretern des Kölner Arbeitervereins dem Generalprokurator eine Protestnote überbringen sollten, in der sie volle Aufklärung des Falles und eine schnelle Erledigung forderten. Das trug dazu bei, daß Freiligrath schon am 3. Oktober von den Geschworenen als »nicht schuldig« erklärt wurde. Lassalle und die Gräfin waren dabei, als der Dichter unter dem Jubel der im Gerichtssaal anwesenden Freunde freigesprochen und im Triumphzug auf deren Schultern nach Hause getragen wurde. Frauen streuten ihm Blumen, aus den Fenstern wehten bunte Tücher zu seiner Begrüßung.

Wo immer Demokraten, Revolutionäre in diesen Monaten wegen ihrer politischen Haltungen und Handlungen angeklagt wurden, stand Sophie von Hatzfeldt an ihrer Seite. So wurde sie im Dezember 1848 beobachtet, wie sie im Prozeß gegen die Kölner Mitglieder des Bundes der Kommunisten Andreas Gottschalk und Fritz Anneke – den Mann ihrer späteren Freundin Mathilde Anneke – im Saal saß und den Reden der Angeklagten Beifall klatschte.

In den Massenversammlungen, die vorwiegend von dem Düsseldorfer Volksklub und dem Kölner Arbeiterverein organisiert wurden, konnte man die Gräfin und ihren Sohn immer an der Seite Lassalles finden, der nun endlich Gelegenheit hatte, die Rethorik seiner Gerichtsreden im politischen Kampf anzuwenden und der Revolution nach Kräften zu dienen.

Als im September das Kabinett der gemäßigten Liberalen gestürzt wurde, den »Rankünen der Krautjunker« zum Opfer fiel, wie Marx schrieb, als sich, gelenkt von der Potsdamer Hofkamarilla und gruppiert um den König, die reaktionäre Partei formierte, organisierten sich die Demokraten des Rheinlandes für die Verteidigung der Revolution.

Am 10. September sprach Lassalle auf einer Kundgebung der rheinischen Demokraten vor achttausend bis zehntausend Teilnehmern auf den Rheinwiesen bei Neuß über die Ergebnisse der Revolution und die weiteren Aufgaben, die sich aus der Formierung der Konterrevolution ergaben. Sieben Tage später versammelten sich wiederum zehntausend Menschen in der Fühler Heide bei Worringen in der Nähe von Köln. Sie kamen aus Düsseldorf und Köln und vielen rheinischen Orten und forderten die »demokratisch-soziale, die rothe Republik«. Neben der schwarzrotgoldenen Fahne der Republik wehte hier die rote Fahne der Arbeiterklasse. Neben Friedrich Engels, dem Sekretär der Versammlung, Wilhelm Wolff und anderen Vertretern des Bundes der Kommunisten war auch mit Sicherheit Sophie von Hatzfeldt dabei, denn Lassalle, der politische Senkrechtstarter, sprach für die Düsseldorfer Demokraten.

Die nächste große Kundgebung fand am 8. Oktober in Gerresheim, einem Vorort von Düsseldorf, statt. Wieder waren fünftausend Menschen versammelt, darunter die Gräfin Hatzfeldt. Lassalle war der Hauptredner und forderte einen Staat für das Wohl des Volkes. Nach der Versammlung fuhren die Gräfin, ihr Sohn und Lassalle demonstrativ in einer an der Vorderseite mit roten und zu beiden Seiten mit schwarzrotgoldenen Fahnen geschmückten Equipage in Düsseldorf ein.

»In den Spalten der ›Neuen Rheinischen Zeitung‹«, schrieb Franz Mehring später über diese Tage, »wird oft ein Jüngling erwähnt, der an der revolutionären Bewegung des Rheinlandes hervorragenden Anteil nahm ... Er zählte damals erst 23 Jahre und hatte sich schon einen Ruf erworben, der in dem Ringen der Zeit wie ein Schlachtruf klang.« Der Jüngling hieß Ferdinand Lassalle.

Am 26. September 1848 hatte der Festungskommandant von Köln den Belagerungszustand für die Domstadt verhängt. Die »Neue Rheinische Zeitung«, die »Neue Kölnische Zeitung« und andere fortschrittliche Blätter blieben bis zum 2. Oktober verboten. Die Situation im Rheinland spitzte sich erneut zu. Das Militär kehrte nach den Märzkämpfen erstmals wieder in die Hauptstadt zurück. Die Verfassungsgebende Versammlung rief zur Steuerverweigerung auf. Die »Neue Rheinische Zeitung« schloß sich dieser Forderung an. In Düsseldorf, wo noch kein Belagerungszustand herrschte, tagte der Volksklub nahezu in Permanenz. Lassalle protestierte auf einer Versammlung gegen den Berliner Staatsstreich. Am 19. September erklärte er auf einer Kundgebung vor Landwehren des Kreises Düsseldorf: »Der passive Widerstand ist erschöpft. Wir beschwören die Nationalversammlung: Erlassen Sie den Ruf zu den Waffen.«

Lassalle ist diesem Ruf bereits zuvorgekommen. Er bildet nicht nur eine Kommission zur Beschaffung von Waffen, er wendet sich auch an die Bauern. Und hier kommt wieder Sophies Verbindung zu den Bauern des Westerwaldes ins Spiel. Lassalle ruft nämlich die Leute in Schönstein, der Hatzfeldtschen Standesherrschaft, die sich schon früher auf die Seite der Gräfin gestellt hatten, auf, sobald die Entscheidung falle, gemeinsam mit den Arbeitern zu kämpfen. Er hat bei dieser Aktion sicher auch seinen Intimfeind, den Grafen Hatzfeldt, nicht vergessen, wenn er Waffen und Munition für die Bauern auf den Hatzfeldtschen Besitzungen organisiert.

In der »Neuen Rheinischen Zeitung« vom 21. November berichtet Lassalle ausführlich über die Vorbereitungen, die in Düsseldorf für den erwarteten Kampf getroffen werden: »Tag und Nacht werden von der Kommission Kugeln gegossen und

Bürgergarde zu Düsseldorf.

Zufolge Beschlusses des Offizier-Corps der Bürgergarde

heute Dienstag den 14. d.,

Mittags 12 Uhr,

Appell

sämmtlicher Compagnien

auf den verschiedenen Sammelplätzen Behufs Revision der Waffen.

Um pünktliches Erscheinen wird um so mehr gebeten, als von den Ausbleibenden nach obigem Beschlusse die Waffen eingefordert werden sollen.

Düsseldorf, den 14. November 1848.

Der stellvertretende Chef:

Lor. Clasen.

Stahl'sche Buchdruckerei, Grabenstraße.

Aufruf der Düsseldorfer Bürgergarde

Patronen verfertigt, den Privatleuten werden die Gewehre abgeholt und unter die Arbeiter vertheilt, stündlich kömmt eine Deputation von den Bürgergarden der Landgemeinden an, um ihren sofortigen Zuzug der Bürgerwehr zuzusichern. In wenigen Tagen kann hier der ernstlichste Kampf ausbrechen.«

Am 21. November schreibt Lassalle an den Landwirt Johann Stangier in Völsen, Kreis Altenkirchen: »Rüstet Eure Leute, sorgt für Munition. In Düsseldorf geht der Kampf sehr bald los. Ich rechne darauf, daß sofort auf die Nachricht Du mit einigen hundert Mann hierher marschierst.«

Lassalle steht zwei Monate nach seiner Haftentlassung im Mittelpunkt des Geschehens in Düsseldorf. In diesen Wochen ist er wirklich ein Volkstribun, ein Führer revolutionärer Massen, der sie mit der Beredsamkeit des Anwalts und der Entschlossenheit des Revolutionärs in den Kampf führt. Doch die Zeit, da er seine Fähigkeiten beweisen kann, ist nur kurz. Als am 22. November 1848 in Düsseldorf der Belagerungszustand verhängt wird, gehört er zu den ersten, die verhaftet werden.

Turbulenz im Hause der Babylonierin

Im Hause der Gräfin Hatzfeldt in Düsseldorf, das im Freundeskreis Babylon genannt wurde, ging es im Herbst 1848 oft turbulent zu. Hier trafen sich Revolutionäre, verbargen sich gesuchte Kommunisten, diskutierten Arbeiter mit den intellektuellen Führern des Volksklubs – und bei alledem war sie dabei, die »Babylonierin«, die das Haus führte und in ihm regierte. Es konnte eigentlich kaum überraschen, daß sich die preußische Polizei dieses Haus als Ziel einer überfallartigen Aktion aussuchte, die in der »Neuen Rheinischen Zeitung« dann ausführlich behandelt wurde.

Am 4. November 1848 berichtete das Blatt: »Gestern hat sich hier eine kleine Bataille ereignet, welche, so heiter auch ihr Ausgang war, dennoch auf eine wahrhaft empörende Weise zeigt, wie noch ganz wie ehedem im alten Polizeistaat die unverschämtesten und brutalsten Mißhandlungen bei unsrer Polizei und Gensdarmerie an der Tagesordnung sind.«

Am Dienstagabend war eine Denunziation bei der Düsseldorfer Polizei eingegangen, daß sich der flüchtige Redakteur der »Neuen Rheinischen Zeitung«, Heinrich Bürgers, im Hause der Gräfin Hatzfeldt befinde. Am Mittwochmorgen erschien im Haus der Gräfin ein Hoteldiener aus dem Europäischen Hof mit der Nachricht, ein aus Köln angekommener Herr wünsche Herrn Bürgers aufs eiligste und ohne jeden Verzug zu sprechen. Eine dumme und plumpe Finte der Polizei, die die »Neue Rheinische Zeitung« mit »Wie fein!« kommentierte.

»Hrn. Bürgers aber«, schrieb die Zeitung ironisch, »wenn er

sich denn wirklich im Hause der Gräfin befand, war diese Unterredung nicht so eilig, sie schien ihm überhaupt nicht wünschenswerth zu sein; kurz, er begab sich nicht zu dem Rendezvous mit den Dienern der heiligen Hermandad (so bezeichnete Marx gern die Polizisten – M.G.), zu welchem er so freundlich eingeladen war. Die Polizei, da Herr Bürgers ihre Aufmerksamkeitsbezeugungen so schnöde unerwidert ließ, beschloß andere Maßnahmen zu ergreifen.

Nachmittags kurz vor 5 Uhr erscheint ein Polizeikommissar mit zwei Sergeanten und einem Gensd'armen am Hause der Gräfin Hatzfeldt, erzwingen mit Gewalt und unter Mißhandlung des erschreckten Hausmädchens, welches die Thür nicht öffnen will, den Eintritt, und stürmen die Treppe hinauf. Kaum hatte die Gräfin, welche sich gerade beim Diner befand, Zeit, durch den Lärm avertirt (vom Widerwillen erfaßt – M.G.) vom Tisch aufzuspringen und sich mit Hrn. Lassalle und ihrem Sohne vor die Thür des Speisezimmers zu postiren, in welchem sich Hr. Bürgers jedenfalls wohl befunden haben würde, wenn er wirklich im Hause war. Die heranstürzende Polizeimannschaft begehrte stürmisch Einlaß ins Zimmer, um Herrn Bürgers zu fassen.

Die Gräfin erklärte, daß nach den in der unlängst publizirten Habeas-Corpus-Akte enthaltenen Bestimmungen über die Unverletzlichkeit des Domizils, die Polizei nur dann gegen den Willen des Hausbesitzers in ein Haus eindringen dürfe, wenn sie einen richterlichen Befehl vorzeige, der sie dazu ermächtige. Die Polizisten aber erwiderten, dies seien überflüssige Formalitäten, sie seien herbeordert, um eine Haussuchung zu halten, und würden das mit Gewalt durchsetzen.

Unmöglich kann ich Ihnen den Höllenskandal beschreiben, der sich jetzt erhob. Auf die wiederholte Protestation der Gräfin, ohne richterlichen Befehl die Polizisten keinen Schritt vorwärts zu lassen, ergossen sich diese in eine Fluth der rohesten Beleidigungen gegen die Gräfin und Hrn. Lassalle, drohten mit den Fäusten und schickten sich an, Gewalt zu brauchen.

Die Gräfin, da alle Berufungen auf Recht und Gesetz unnütz blieben, befahl jetzt ihren Bedienten, die vorgesetzte Behörde, den Hrn. Polizeiinspektor Zeller, herbeizuholen. Das aber wollten die Polizisten, im Bewußtsein der Brutalitäten, welche sie sich bereits hatten zu Schulden kommen lassen, um jeden Preis verhindern. Der Polizeikommissar eilte die Treppe hinunter und verbot dem an der Hausthür stehenden Gensd'armen irgend Jemand zum Hause hinauszulassen. Als Hr. Lassalle erklärte, selbst sich zum Polizeiinspektor begeben zu wollen und hierzu die Treppe hinunterstieg, stürzte ihm der Polizeikommissar entgegen, packte ihn an der Kehle und riß ihn zu Boden. Sein ihm zu Hülfe eilender Diener wurde von den andern Polizisten mit Faustschlägen mißhandelt. Die Gräfin selbst wurde von dem Polizeikommissar mit Fäusten angepackt, herumgestoßen und so empfindlich am Arm gedrückt, daß sie ein in allen Farben schillerndes Andenken davon behielt. Als es ihr und Hrn. Lassalle dennoch gelang, das Hausthor zu erreichen, zog der daselbst postirte Gensd'arm seinen Säbel zur Hälfte, stieß die Gräfin vor die Brust und rief donnernd, weder die Gräfin noch Hrn. Lassalle oder sonst Jemand zum Hause hinaus zu lassen. Auf ihre desfallsige Frage, ob sie eine Gefangene in ihrem Hause sei, wurde dieselbe nebst ihrer ganzen Hausgenossenschaft vom Polizeikommissar förmlich zu Gefangenen in ihrem eigenen Haus erklärt! . . .

Inzwischen überzeugten sich die Polizisten durch den Löwenmuth, mit welchem die Gräfin den innern Eingang vertheidigte und durch die beständigen Versprechungen des Hrn. Lassalle, Ihnen die ›schönste Kriminalanklage von der Welt‹ anhängig machen zu wollen, etwas abgekühlt, daß sie ohne weitere Verstärkung nicht im Stande sein würden, die Haussuchung zu erzwingen.

Da nun inzwischen bereits ein Hausbewohner über die hintere Gartenmauer entkommen war um den Polizeiinspektor zu holen, wurde jetzt auch von Seiten der Polizei nach diesem geschickt. Als Hr. Zeller erschien, endete der tosende Lärm, welchen die Polizeibeamten bis dahin gemacht hatten und die Scene nahm einen mehr parlamentarischen Charakter an. Hr. Zeller sommirte (ersuchte) die Gräfin mehremal feierlichst, die Haussuchung zu gestatten. Die Gräfin erklärte ebenso feierlichst unter Bezugnahme auf die Habeas-Corpus-Akte, keine Haussuchung zu dulden, die nicht auf Grund eines besondern richterlichen Befehls, der hierzu autorisire, vorgenommen werde. Hr. Zeller zog den gegen Hrn. Bürgers erlassenen Steckbrief aus seiner Tasche und wollte diesen als einen solchen Befehl geltend machen. Die Gräfin erklärte, daß ein Steckbrief gegen einen beliebigen Menschen – deren die Polizei ja stets zu Dutzenden besitzt – kein passe par tout durch die Häuser aller Bürger sei ... Hr. Zeller erklärte im Nothfall Gewalt anwenden zu müssen und die Gräfin erklärte, daß sie sich einer gewaltthätigen und illegalen Haussuchung mit derselben Gewalt widersetzen werde. Da unterdeß eine Masse Publikum vor das Haus herbeigeströmt war, hatte letzterer Erklärung sehr wohl ein geeigneter Nachdruck gegeben werden können.

Inzwischen – mitten unter allen diesen Erklärungen und Gegenerklärungen – schlug die dumpfe Geisterstunde nehmlich 6 Uhr, wo, wie Sie wissen, der Polizeispuk verschwinden muß. Wie Bertram in Robert dem Teufel wenn die Glocke Eins schlägt, verschwanden die Polizeidämonen und Bürgers wenn er wirklich im Hause war, war gerettet. Nur 14 Gensdarmen wurden in die dem Hause gegenüberliegenden Gesträuche versteckt um das Entfliehen Bürgers zu verhindern.

Inzwischen hatte sich in der Stadt das Gerücht von den stattgehabten Vorgängen verbreitet, man erzählte: die Gräfin, ihr Sohn, Herr Lassalle wären verhaftet worden, und so fanden sich denn gegen 10 Uhr Abends an hundert Bürger und Arbeiter – eine Vereinigung so ausnehmend handfester Männer, wie ich sie selten gesehen habe, – vor dem Hause der Gräfin ein. Nach einem Hoch auf die Gräfin, ausgebracht um sie für die erlittenen Mißhandlungen zu entschädigen und einem Hoch auf Herrn Bürgers aus Köln wurden die Massen, um diese Artigkeit zu vergelten, ins Haus eingelassen, welches sie einige Minuten darauf wieder verließen. Wäre nun Herr Bürgers wirklich im Hause gewesen, so wird er wohl jedenfalls dasselbe mitten unter dieser mannhaften Bedeckung verlassen und sich in Sicherheit gebracht haben. Die 14 Gensdarmen hielten es nicht für rathsam den Zug als er das Haus verließ zu belästigen, und so erreichten denn alle Mitglieder desselben, wie ich Sie versichern kann, unbehelligt ihr Ziel.«

Soweit der spannende Bericht über die Vorfälle im Haus der Gräfin, bei denen sie nicht nur ihre in den Prozessen erworbenen Kenntnisse der Gesetze nachwies, sondern auch Mut (Löwenmut) und Zivilcourage gegenüber den behelmten Polizisten zeigte.

Am nächsten Morgen aber ging es weiter: »Um 10 Uhr erschien Herr Polizeiinspektor Zeller mit zwei Sergeanten und befragte die Gräfin, ob Herr Bürgers in ihrem Hause wäre. Die Gräfin erklärte, jede Auslassung hierüber zu verweigern. Hierauf eröffnete ihr Herr Zeller, daß er verpflichtet sei, eine Haussuchung vorzunehmen. Die Gräfin erklärte zu Protokoll, daß sie auf Grund des § 6 des Gesetzes vom 24. September d. J. (welcher lautet: ›Haussuchungen dürfen nur in den Fällen und nach den Formen des Gesetzes, unter Mitwirkung des Richters, der gerichtlichen Polizei und, wo diese noch nicht eingeführt ist, der Polizeikommissarien etc. geschehen‹) sich jeder Haussuchung als einer völlig ungesetzlichen widersetzen werde, welche nicht unter Mitwirkung eines Richters erfolge, da sie sämtliche Zimmerthüren verschlossen habe und es dem Polizeiinspektor überlassen müsse, diese gewaltsam zu erbrechen . . .«

Der Reporter der »Neuen Rheinischen Zeitung« fährt dann fort: »Gegenwärtig – 2½ Uhr Mittag – ist noch nichts weiteres erfolgt. Wir haben in der angenehmen Spannung eine Art von Belagerungszustand. Die Gräfin hat übrigens sofort über die gestrigen Vorfälle Protokoll aufnehmen lassen, um über die durch den Polizeikommissar, seine Sergeanten und den

Gensd'armen verübten körperlichen Mißhandlungen und Überschreitungen ihrer Amtbefugnisse sowie Verletzung der Gesetze über die persönliche Freiheit eine ernste Prozedur einzuleiten.«

Zum Schluß des Artikels geht die Zeitung auf den Anlaß ein, der zu dieser Polizeiaktion führte: »Die Denunciation über den Aufenthalt des Hrn. Bürgers im Hause der Gräfin ist übrigens, wie ich aus dem Protokolle des Polizei-Inspektors selbst erhoben habe, auf folgende Weise zu demselben gelangt. Am 31. hatte die Gräfin einen Sieglungstermin auf Calcum, dem Schlosse ihres Gemahls. Hr. Bürgers, der nicht glaubte, daselbst bekannt zu sein, soll die Gräfin dahin begleitet haben. Sofort aber ging von Schloß Calcum die betreffende Denunciation an den Bürgermeister zu Kaiserswerth und von diesem an den hiesigen Polizei-Inspektor. Graf Hatzfeldt hat seinen sonstigen Verdiensten somit jetzt auch noch das Verdienst hinzugefügt, politische Flüchtlinge zu denunziren.«

Gerade in dem letzten Satz wird deutlich, wie dicht die Hatzfeldt-Händel, wie Marx die Prozesse der Gräfin später oft abschätzig nannte, mit politischen Ereignissen des Jahres 1848 verknüpft waren. Der »Neuen Rheinischen Zeitung« geht es in dieser ausführlichen sarkastischen Schilderung der Ereignisse im Hause der Gräfin Hatzfeldt natürlich in erster Linie um ihren Redakteur Heinrich Bürgers, der von der Polizei gesucht wurde und mit Hilfe der Gräfin und Lassalles den Ordnungshütern (der heiligen Hermandad) ein Schnippchen geschlagen hat. Es klingt auch Bewunderung und Respekt für Sophie von Hatzfeldt durch, Anerkennung für ihre Geistesgegenwart und für die Kriegslist, so viele Arbeiter ins Haus zu holen, daß bei ihrem Weggehen die Polizisten weder zählen können, ob, noch verhindern können, daß einer mehr das Haus verläßt.

Marx als Chefredakteur der »Neuen Rheinischen Zeitung« stellt sich hier deutlich auf die Seite der Gräfin und gegen den Grafen Edmund. Nicht nur gegen den Denunzianten eines seiner Redakteure, er ergreift auch Partei gegen den Ehetyrannen

Hatzfeldt, wenn er das »Verdienst . . ., politische Flüchtlinge zu denunziren«, als Fortsetzung seiner »sonstigen Verdienste«, nämlich der Schändlichkeiten gegen seine Frau, bezeichnet und beides miteinander in Verbindung bringt.

Die Noch-Eheleute Hatzfeldt stehen in diesem Herbst 1848 nicht nur im Streit gegeneinander. Sie stehen sichtbar auf verschiedenen Seiten der Barrikade dieser Revolution. Graf Edmund spekulierte auf die nahende Konterrevolution, als er den Radakteur Bürgers denunzierte. Nun hofft er, daß er eine Wende in der politischen Entwicklung auch für seine Interessen im Ehestreit gegen die Gräfin nutzen kann. Und seine Hoffnungen waren nicht ganz unbegründet.

Im Kölner Frauengefängnis

In den Tagen unmittelbar vor und nach dem Polizeiüberfall auf das Haus Hatzfeldt-Lassalle ging die Reaktion in Preußen zur Offensive über. Am 2. November 1848 übernahm das reaktionäre Kabinett Brandenburg-Manteuffel die Macht.

Am 6. Dezember mußte Sophies Sohn Paul vor dem Untersuchungsrichter erscheinen. Im Gegensatz zu manchen anderen Verhafteten gab er nicht einen Namen von Revolutionären preis. Sophie konnte stolz auf ihren Sohn sein. Doch nachdem er wegen seiner Beteiligung an den revolutionären Kämpfen Düsseldorf verlassen und untertauchen mußte, stand sie nun ganz allein da. Ihr Haus hatte sie schon vorher verlassen. Nach Lassalles Verhaftung stieg die Gefahr für sie, Opfer reaktionärer Übergriffe zu werden. Zwar patrouillierte ständig die Bürgerwehr zu ihrem Schutz durch das Viertel, um Übergriffe durch die Polizei zu verhindern. Doch als sie ihre Waffen abgeben mußte, konnte sie Sophies Sicherheit auch nicht mehr garantieren. So verließ die Gräfin am Tage von Lassalles Verhaftung das Haus, in dem sie viele Kämpfe durchgestanden, viele Freunde getroffen hatte. Sie verschloß Schränke und Türen und suchte Schutz bei der Schwester des Kommandanten der Düsseldorfer Bürgerwehr Lorenz Candator. Jetzt war sie, die eben noch den Redakteur Bürgers mutig vor der Haussuchung haltenden Polizei versteckt hatte, selbst eine Zufluchtsuchende.

Auch das Jahr 1849 begann für Sophie von Hatzfeldt traurig und sorgenvoll. Lassalle saß im Gefängnis, sein Prozeß wurde immer wieder verschleppt. Es war offensichtlich, daß man den unliebsamen Agitator so lange wie möglich von den politischen Ereignissen fernhalten wollte. Zum Sohn, der bei dem Dichter Georg Weerth, einem Mitarbeiter der »Neuen Rheinischen Zeitung« und Freund von Marx, versteckt war, hatte sie kaum Kontakte. Mit den Prozessen ging es nicht voran, im Gegenteil: Mit dem Wachsen der Macht der Reaktion wuchs die Macht der Partei Edmund von Hatzfeldts. Die Richter hielten den Finger in den Wind und prüften, woher er wehte. Er blies der Gräfin ins Gesicht.

Waren ihr die Richter vor der Revolution, in den Jahren 1846/47, mit Sympathie begegnet, so änderte sich das nun mit dem Beginn der Gegenrevolution von einem Tag auf den anderen. Hatten sie vorher vielfach noch liberale Anwandlungen gehabt und eine Abneigung gegen den Adel, so regierten jetzt der reaktionäre Haß und blinde Leidenschaft. Und da die Gräfin mit Lassalle identifiziert, ja die beiden immer in einem Atemzug genannt wurden, traf die auf Lassalle gerichtete Wut auch die Gräfin, die nun alle Prozesse verlor. Der Graf spürte den Aufwind, den ihm die politische Großwetterlage bescherte, und nutzte ihn aus.

Dieser Haß gegen die rote Gräfin, wie sie in Düsseldorf genannt wurde, betraf nicht nur ihre politischen Aktivitäten und ihre Prozesse, er machte auch vor ihrer Person nicht halt. Sie verlor manchen ihrer Freunde, wie den Grafen von Westphalen, der ihr noch im Juli 1847 geholfen hatte, den König für ihre Sache zu gewinnen. Ihr Auftreten in der revolutionären Bewegung führte dazu, daß er und andere Standesgenossen sich immer mehr von ihr zurückzogen.

In diesem Frühjahr 1849 schlug auch die Justiz zu. Sophie von Hatzfeldt war 1848 zu zwei Monaten Gefängnis verurteilt worden, weil sie in ihrer gedruckten Klageschrift gegen ihren Ehemann zwei Damen der Gesellschaft einer intimen Beziehung zu Hatzfeldt beschuldigte, die ausnahmsweise keine solche Affäre mit ihm gehabt hatten. Das war natürlich Beleidigung, üble Nachrede, und Hatzfeldt, der schließlich wissen mußte, mit wem er hatte und mit wem nicht, griff das sofort auf und bewog die beiden, Sophie zu verklagen. Die beiden Damen waren später bereit, ihre Klage gegen ein Schmerzensgeld von fünfhundert Talern zurückzunehmen. Doch eben die hatte Sophie nicht zur Verfügung. Und ihre Verwandten, die sie hatten und für die das nicht viel mehr als ein Trinkgeld war, gaben ihr nichts. Im März 1849 war das Urteil rechtskräftig geworden. Doch Sophie stellte sich nicht, und es verliefen wieder Wochen um Wochen, ohne daß etwas geschah. Dann aber begann der Prozeß gegen Lassalle, der überall im Rheinland großes Aufsehen erregte. Die »Neue Rheinische Zeitung« nahm ihn zum Anlaß, die Auseinandersetzung mit der Reaktion in der Zeitung zu führen und die Forderung der demokratischen Kräfte noch einmal ins Bewußtsein der Menschen zu rufen. Die Anklage lautete auf »Aufforderung zur Gewalt gegen die landesherrliche Gewalt«.

Wie bei dem Verfahren gegen Freiligrath sammelten die Demokraten Unterschriften für eine schnelle Behandlung des Falles. Die Düsseldorfer Demokraten, der Kölner Arbeiterverein und die Demokratische Gesellschaft sandten eine Protestnote mit zweitausendachthundert Unterschriften gegen die Verschleppung des Prozesses an den Staatsanwalt.

Sophie von Hatzfeldt blieb nicht untätig. Ihren privaten Kontakt zu Marx nutzend, bat sie den Chefredakteur, den schon zitierten Brief Heinrich Heines an Varnhagen von Ense vom Januar 1845 in der »Neuen Rheinischen Zeitung« zu veröffentlichen. Bei dem Ruf, den Heinrich Heine zu dieser Zeit unter den Demokraten seiner Heimatstadt Düsseldorf und schon als Dichter von Weltruf genoß, war das eine bedeutende Ehrenerklärung für Lassalle, die auch das Gericht nicht überhören konnte. Sophie wußte das und fügte dem Brief noch eine Bemerkung hinzu, die auf die aktuelle Prozeßsituation Bezug nahm. Sie berichtete von der Resolution zur Beschleunigung des Prozesses und forderte, »daß man nicht im Kerker verkümmern lasse, was unser armes Land an Jugend hat, an Talent und allen jenen Fähigkeiten, die einer der größten Geister so richtig zu würdigen wußte«.

Trotz Versprechungen des Generalprokurators zog sich die Prozeßvorbereitung weiter in die Länge. Ende Februar schrieb Lassalle seinen ersten Brief an Marx mit der Bitte, doch noch eine Abordnung zum Staatsanwalt zu senden. Am 3. März erschien Marx gemeinsam mit der Gräfin in einer Delegation beim Generalprokurator, um die Abkürzung der Untersuchung zu fordern. Der Staatsanwalt machte auch diesmal nur vage Zusicherungen, und Marx griff die Justizpraxis erneut in der Zeitung scharf an.

Endlich, Anfang Mai, begann der Prozeß, in dem sich Lassalle mutig zu seinen politischen Überzeugungen bekannte, als entschiedener Anhänger der demokratischen sozialen Republik. Seine Verteidigungsrede, die er vor dem Prozeß hatte drucken lassen, wurde zu einer Anklage gegen den reaktionären preußischen Staat und zu einer Verteidigung der Rechte des Volkes auf die Errungenschaften der Märzrevolution, darunter auch des Rechtes auf bewaffneten Widerstand gegen den Verfassungsbruch der Reaktion. Lassalle wurde am 6. Mai von dem Geschworenengericht Düsseldorf freigesprochen. Er blieb dennoch in Haft, weil er nun vor dem Zuchtpolizeigericht stand wegen Aufforderung zum Widerstand gegen Staatsbeamte, was faktisch das gleiche Delikt war, für das man ihn soeben freigesprochen hatte.

Die Wut der Staatsmacht über den vor dem Schwurgericht verlorenen Prozeß gegen Lassalle ließen die Richter jetzt an der Gräfin aus. Dazu kam, daß in den Maitagen 1849 mit der als Reichsverfassungskampagne in die Geschichte eingegangenen neuen Erhebung der Revolution in Dresden und in Süddeutschland auch im Rheinland die revolutionäre Stimmung wieder wuchs. In Elberfeld (heute zu Wuppertal gehörend) trieben Arbeiter und Landwehrmänner das Militär aus der Stadt. Iserlohn befand sich eine Woche lang in der Hand der Aufständischen. In Hagen, Elberfeld, Solingen und anderen Städ-

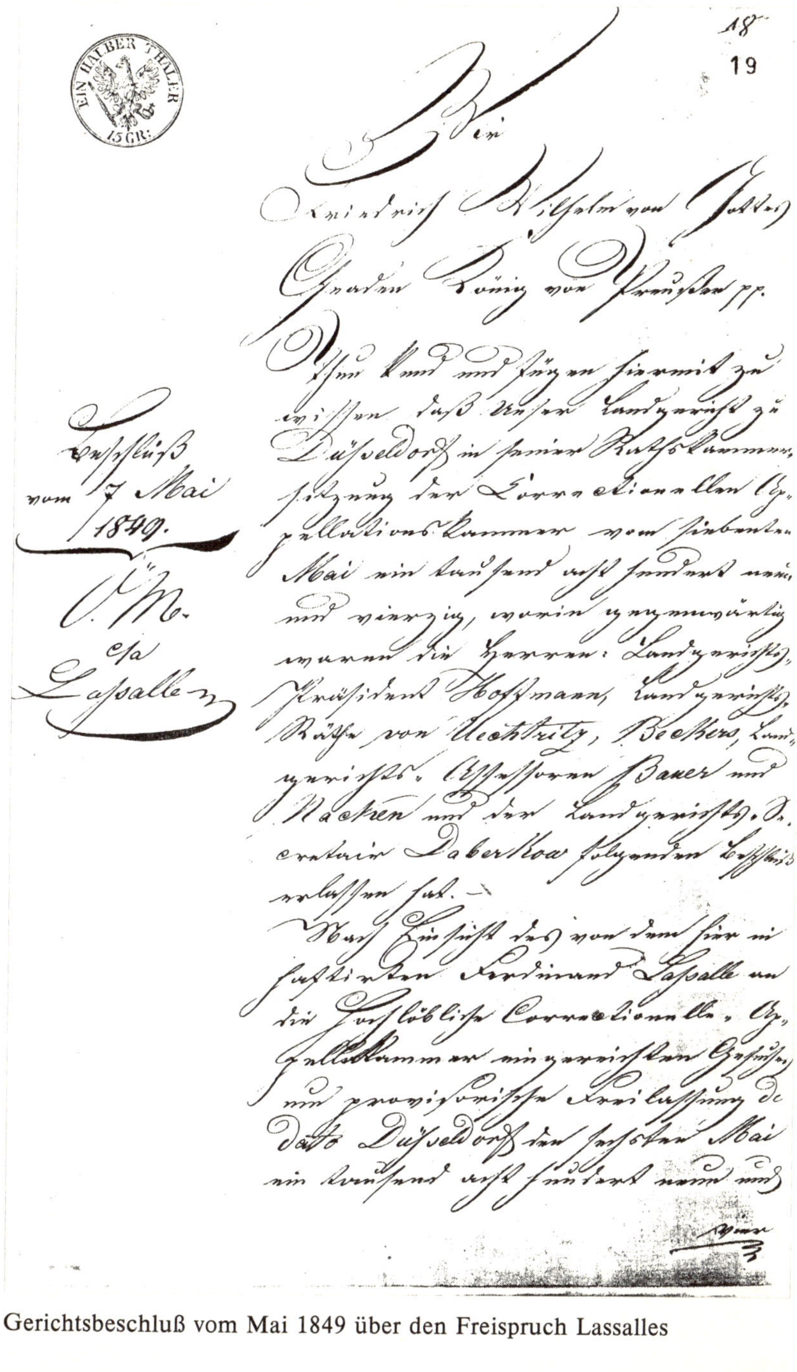
EIN HALBER THALER 15 GR.

18
19

Wir
Friedrich Wilhelm von Gottes
Gnaden König von Preußen pp.
Thun kund und fügen hiermit zu
wissen, daß Unser Landgericht zu
Düsseldorf in seiner Rathskammer-
sitzung der Correctionellen Ap-
pellations-Kammer vom siebenten
Mai ein tausend acht hundert neun
und vierzig, worin gegenwärtig
waren die Herren: Landgerichts-
Präsident Hoffmann, Landgerichts-
Räthe von Uechtritz, Beckers, Land-
gerichts-Assessoren Bauer und
Nacken und der Landgerichts-Se-
cretair Daberkow folgenden Beschluß
erlassen hat. –
Nach Einsicht des von dem hier in-
haftirten Ferdinand Lassalle an
die hochlöbliche Correctionelle-Ap-
pellkammer eingereichten Gesuches
um provisorische Freilassung de
dato Düsseldorf den sechsten Mai
ein tausend acht hundert neun und
vierzig

Beschluß
vom 7 Mai
1849.
O. M.
c/a
Lassalle

Gerichtsbeschluß vom Mai 1849 über den Freispruch Lassalles

Specialität:
Kräuter Bitter
Zaudig.

ten übernahmen Sicherheitsausschüsse die Macht. In Gräfrath besetzten Arbeiter das Zeughaus. Auch in Düsseldorf brach der Aufstand aus, der von den Truppen jedoch sogleich niedergeschlagen wurde.

Am 19. Mai erschien die letzte in Rot gedruckte Nummer der »Neuen Rheinischen Zeitung«. Marx wurde als Nichtpreuße ausgewiesen, die Redakteure mit Verhaftung bedroht. Die Konterrevolution hatte in Preußen gesiegt.

Einen Tag später, am 20. Mai, einem Sonntag, wurde Sophie von Hatzfeldt abends in Köln verhaftet und von einem Polizeikommissar und zwei Gendarmen ins Arresthaus gebracht. Der Zusammenhang mit den politischen Ereignissen war nur zu deutlich. Ein im Mai 1848, vor mehr als einem Jahr, gefälltes Urteil auf eine Anklage hin, die die Kläger für fünfhundert Taler bereit waren zurückzuziehen, wurde unmittelbar nach der Niederlage der Revolution vollstreckt – einen Tag nach der Unterdrückung von Marx' Zeitung und seiner erzwungenen Ausreise aus Köln.

Wenige Tage nach der widerrechtlichen Zweitverurteilung von Lassalle vor dem Polizeigericht wurde die durch die Ereignisse erschöpfte Frau wie eine Verbrecherin in das Kölner Frauengefängnis in der Schildergasse gebracht. Sophie von Hatzfeldt war krank, die Ärzte rieten ihr dringend eine Kur an. Dennoch kam sie in eine vergitterte Zelle, die sie selbst später in einem Brief an ihre Tochter Melanie so beschreibt: »Drei Schritte lang, ohne Bedienung, ohne Pflege, ausgesetzt allen Insulten (Beleidigungen) und Härten, die in solchen Häusern, wo gewöhnlich nur Verbrecher sind, gebräuchlich. Doch durch diese letztere wurde ich durch die Würde meines Betragens, welche mir die Verehrung und Rücksicht selbst dieser verbrecherischen Menschen eintrug, geschützt.«

Es war klar, die Reaktion nahm Rache an der Frau, die sich vom Tage des Ausbruchs der Revolution im Frühjahr 1848 bis

Frauengefängnis in Köln

zu ihrer endgültigen Niederlage in Preußen mannhaft und mutig auf die Seite der demokratischen Partei gestellt, dabei Nähe zu den Arbeitern gesucht und in Grenzen auch gefunden hatte.

Sophie von Hatzfeldt lernte in dieser Zeit, was Lassalle ihr immer versuchte zu erklären: ihre persönlichen Probleme in einen großen Zusammenhang zu stellen. Sie hatte soziale und sozialistische Gedanken auch von Marx aufgenommen. Ihre Verbindung zu ihm führte sie auf den Weg einer politisch denkenden Frau.

Auch da, wo ihr Handeln vorwiegend von Liebe und Verbundenheit zu Lassalle geprägt war, vollzog es sich im Rahmen politischer Aktionen für die Demokratie. Das Jahr 1848 und der Frühling 1849, die Wochen – es waren ja nur Wochen – mit Lassalle und die Zeit, die sie für ihn und um seine Freiheit kämpfte, waren ein politischer Schnellkursus für die Gräfin Hatzfeldt; zu kurz, um die Ideen von Marx, die politische Strategie und Taktik der Kommunisten, die Gedanken der Arbeiter ganz zu begreifen. Aber doch so lang, daß sie die Notwendigkeit des Kampfes für die Befreiung der Arbeiter erkannte und ihn durch ihr politisches Handeln befördern wollte, wie falsch und wie schädlich ihre Aktionen im einzelnen später auch gewesen sind. Sie war ein politischer Mensch geworden, der die Erfahrungen und die Träume von 1848 nie mehr vergessen konnte. Die Revolution hatte Sophie von Hatzfeld verändert.

Liebe Gräfin – alte Hexe

Über die Beziehung zwischen Karl Marx und Ferdinand Lassalle ist in den letzten hundert Jahren viel und viel Widersprüchliches geschrieben worden. Dieses ambivalente Verhältnis zweier großer Geister – was hier weder eine Gleichsetzung noch eine Bewertung sein soll – hat die Historiker, die sich mit der Geschichte der Arbeiterbewegung beschäftigten, immer wieder fasziniert. Es war nicht nur – wie Franz Mehring schrieb – »das schwierigste psychologische Problem« im Leben von Marx, es war offensichtlich zunehmend auch zu einem Problem für Ferdinand Lassalle geworden.

Selbst wenn Marx in seiner derben, deftigen, oft beleidigenden Art viele geringschätzige, aus heutiger Sicht unzulässige Vergleiche für Lassalle benutzte – dieser fühlte sich immer als ein Schüler des nur um sieben Jahre älteren Marx. Der einen ganzen dicken Band füllende Briefwechsel zwischen Lassalle und Marx aus den Jahren zwischen der Revolution und dem Tod Lassalles bietet noch Raum für viele Entdeckungen, und je nach dem politischen Standort des Autors werden manche Deutungen möglich sein.

Nichts oder doch fast nichts wurde bisher über das Verhältnis von Marx zu Sophie von Hatzfeldt geschrieben. Dabei war das nicht nur für die Gräfin, ihren persönlichen und politischen Weg von Bedeutung; sie war es schließlich gewesen, die die Bekanntschaft zwischen Marx und Lassalle überhaupt erst vermittelte. Ohne die Gräfin Hatzfeldt hätte Lassalle keinen Grund gehabt, seine sich aufs beste entwickelnde Gelehrtenlaufbahn in Berlin zu verlassen und ins Rheinland zu ziehen, wo er später in den Bannkreis von Marx geriet. Und auch dann wäre die Begegnung der beiden reiner Zufall gewesen, wenn nicht Sophie von Hatzfeldt im Frühsommer des Revolutionsjahres 1848 eine alte Bekanntschaft erneuert hätte.

Die Gräfin hatte Marx nämlich bereits im Oktober 1847 in Brüssel kennengelernt, wo er ihr das schon erwähnte Empfehlungsschreiben an den Dichter Georg Herwegh mitgegeben hatte. Marx lebte damals in einer engen Vorstadtwohnung der belgischen Hauptstadt, in der Rue d'Orleans 42. In dem kleinen Land zwischen Holland und Frankreich, das gerade erst seine staatliche Selbständigkeit erlangt hatte, herrschte ein gutes Klima für politische Emigranten. Sie waren hier sicherer als in irgendeinem anderen europäischen Land, die Schweiz eingeschlossen. Marx arbeitete für die »Deutsche-Brüsseler Zeitung« und hatte Kontakte zu Dichtern wie Freiligrath und Heine und zu demokratischen Kräften in Preußen. Jeder, der auch nur im entferntesten mit dem Kommunismus zu tun hatte, was immer der einzelne darunter verstand, suchte ihn auf. Seit der Zeit, als er in Köln die »Rheinische Zeitung« redigiert hatte, war sein Name im preußischen Rheinland bekannt und unter Demokraten eine gute Empfehlung.

Auf welche Weise sich Marx und die Gräfin in Brüssel begegneten, ist nicht bekannt. Möglich, daß Sophie von Hatzfeldt, die ständig flüchtend und fahndend in Sachen ihrer Prozesse unterwegs war, ihn bei einer der unter den deutschen Emigranten beliebten Sonntagsveranstaltungen kennengelernt hatte, bei denen politisiert, gesungen und getanzt wurde und Jenny Marx gelegentlich deutsche Lyrik deklamierte.

Wie auch immer – beide waren einander sofort sympathisch. Als Marx im April 1848 nach Köln zurückkam, befand sich die Gräfin in einer außerordentlich schwierigen Situation. Ihr Scheidungsprozeß kam nicht voran. Ihr Anwalt, Freund und einziger Vertrauter, Ferdinand Lassalle, saß seit Februar in Untersuchungshaft wegen des unseligen Kassettendiebstahls, für den ihm die Urheberschaft angelastet werden sollte.

Alles schien sich gegen sie zu wenden. Nach dem ersten Schock der Märzrevolution ordnete die Reaktion ihre Reihen. Sophies finanzielle Mittel waren erschöpft. Lassalles Vater Heyman mußte mehrmals über seine eigenen Verhältnisse hinaus mit Geld aushelfen.

Die einst gefeierte, im Luxus eines Fürstenhofes aufgewachsene Prinzessin litt Not, wirkliche Not, so daß sie, wie sie in einem Brief schreibt, »manchmal nicht wußte, wo ich das Geld für das Mittagessen des nächsten Tages hernehmen sollte, daß ich oft weder Schuhe, Strümpfe noch Kleid hatte. Es fehlte mir am Notdürftigsten. Ich mußte selbst Nächte durchschreiben und arbeiten, im schlechtesten Wetter, krank, wie ich war, zu Fuß für meine Geschäfte auslaufen und dabei die schweren Sorgen.«

In ihren Kreisen sah man mit Verachtung auf Sophie von Hatzfeldt, man mied die aus der Art geschlagene Frau, die vom Leben gezeichnet war. Die Arbeiter, die ihr teilweise – aber auch nur teilweise – näherstanden, waren selbst arm und noch ärmer als sie. Nur wenige konnten ihr Schicksal verstehen und nachempfinden. Zu denen gehörte der dreißigjährige Marx, der nach Jahren der Emigration im April 1848 wieder deutschen Boden betrat. Selbst arm und wie fast immer in seinem Leben ohne ausreichende Mittel für die Familie und die politische Arbeit, unterstützte er die Gräfin auch mit Geld. Aus einem Brief Marxens an Freiligrath ist bekanntgeworden, daß er die Gräfin in schwerer Bedrängnis vorfand und ihr Geld lieh.

Er versteht, was um sie und in ihr vorgeht. Offenbar sieht er eine Parallele zum Schicksal seiner Frau Jenny, einer geborenen Gräfin von Westphalen, die seit Jahren das harte Brot der politischen Emigration mit ihm teilt. Er wußte aus der eigenen Familie, wie schwer ein solcher Schritt fiel, mit dem man aus dem Wohlstand in die Armut, aus dem Licht, in dem die oberen Schichten lebten, auf die Schattenseite des Lebens geriet oder wie Sophie von Hatzfeldt ins Zwielicht. Was Jenny von

Westphalen aus Liebe getan hatte, war bei Sophie von Hatzfeldt aus Haß geschehen, was die Sache eher noch schlimmer machte. So war aus eigener Erfahrung heraus Marx oft der einzige, der während der Haftzeit Lassalles die Sorgen der Gräfin verstehen und nachfühlen konnte.

Seine Hilfe erschöpfte sich nicht darin, daß er ihr »in einem Moment« Geld lieh, er besuchte sie mit seiner Frau in ihrem Haus in der Düsseldorfer Kasernenstraße, wie sie mit ihrem Sohn zu Marxens nach Köln fuhr.

Trotz des in dieser Zeit freundschaftlichen Umgangs zwischen der Familie Marx und der Gräfin sind die beiden Frauen Sophie und Jenny einander nie recht näher gekommen. Auch ihr zumindest auf den ersten Blick verwandtes Schicksal hat daran nichts ändern können. Das über viele Jahre hin sehr freundschaftliche, vom vertrauten Du bestimmte Verhältnis zwischen Marx und Lassalle hat sich zwischen Jenny Marx und Sophie von Hatzfeldt nie eingestellt. Eher schon zwischen Marx und der Gräfin. Die oft zitierte Ähnlichkeit der Lebenswege der beiden Frauen war letztlich doch nur eine scheinbare. Gewiß, beide kamen aus adligen Familien und hatten ihren Stand und ihre Herkunft einer Ehe beziehungsweise einer Partnerschaft mit Revolutionären geopfert; beide lebten fortan das ungewisse Leben an der Seite eines Mannes, dessen Vermögen, dessen Freiheit und selbst dessen Leben ständig gefährdet war; beide litten dabei oft Not, und beide lernten die Pfandhäuser kennen, die Symbole finanzieller Ausweglosigkeit und menschlicher Tragödien. Und beiden ist gemeinsam, daß ihre Namen bis auf den heutigen Tag fast ausschließlich im Zusammenhang mit dem des Ehemannes oder Freundes genannt werden, sie waren und blieben »die Frau von Marx« und »die Freundin von Lassalle«.

Damit aber enden auch ihre Gemeinsamkeiten, und der zweite Blick offenbart die Unterschiede. Für die Familie von Westphalen stand bei der Verbindung ihrer Tochter Jenny mit dem Studiosus Karl Marx nicht der Standesunterschied zwischen einem adligen Fräulein und einem bürgerlichen Jüngling zur Debatte, sondern bestenfalls der Altersunterschied (Jenny war ein paar Jahre älter als Karl) und die Frage, ob er denn eine Frau ernähren könnte, was er sicher leichtfertig versprochen und später nicht gehalten hat. Für die Familie Hatzfeldt war Sophies wie auch immer beschriebene Bindung mit Lassalle aber eine Herausforderung der Gesellschaft.

Das gutbürgerliche Haus der Westphalens in Trier, das Jenny für ihre Ehe verließ, war nicht vergleichbar mit dem Fürstenschloß der Hatzfeldts im Berliner Tiergarten. Wie der Reichtum der beiden Familien nicht vergleichbar war, so auch nicht die Not, die beide Frauen durchlebten. Sophie von Hatzfeldt besaß mit Ausnahme weniger Monate selbst in ihrer Not immer noch mehr, als Jenny Marx sich jemals vorstellen konnte. Das Wort Not hatte für jede eine ganz andere Bedeutung. Was für die eine fehlende Pennys für den Bäcker, nicht vorhandene Medikamente für kranke Kinder waren, das war für die andere die Einsparung der Zofe oder des Dieners. Bei aller Unwägbarkeit, die eine Ehe mit Marx mit sich brachte, verlief Jennys Leben doch in vorgezeichneten Bahnen: Elternhaus, Jugendliebe, Verlobung, Hochzeit, Kindersegen. Es war ein Leben an der Seite des Mannes, den sie Jahrzehnte hingebungsvoll liebte, den sie von allem zu entlasten versuchte, was ihn von seinem Weg abhalten konnte, dessen Größe sie erkannte, was ihre Größe ausmachte. Wie sollte sie das verworrene, chaotische Leben der Sophie von Hatzfeldt auch nur verstehen, geschweige denn tolerieren oder billigen können. Diese Frau blieb ihr so fremd, daß sie wohl ihr momentanes Mißgeschick beklagte und ihr auch half, aber sonst keinen Zugang zu ihr fand. Als Lassalle Jahre später – Marx war wieder einmal in großer Notlage – anbot, eine der Marxtöchter als Gesellschafterin der Gräfin nach Berlin zu nehmen, lehnte Jenny das entschieden ab, weil sie neben anderen Gründen auch für das sittliche Wohl des Mädchens fürchtete. Wenn Jenny Marx von der Gräfin Hatzfeldt sprach, klang auch später immer viel Ablehnung, ja Verachtung mit. »Die alte Hatzfeldt« war noch das freundlichste. Andererseits ist von der Gräfin kein böses Wort über Jenny bekannt. Sie mochte die Frau von Marx und bewunderte sie.

Die beiden Frauen waren so unterschiedlich in Temperament und Charakter wie in Lebenserfahrung und Lebensauffassung. Dazu kam der Altersunterschied von zehn Jahren, der sich bei Frauen zwischen dreißig und vierzig schon bemerkbar machte, möglicherweise der letzte und weiblichste Grund für Jennys Antipathie gegen die Gräfin: Vielleicht war sie einfach ein bißchen eifersüchtig auf die mondäne, gescheite, auffallende Frau, von der Marx offensichtlich angetan war. So blieb die Möglichkeit ungenutzt, den vielen, oft beschriebenen Männerfreundschaften in der Geschichte eine aus einer gemeinsamen politischen Aufgabe erwachsene und von einem verbindenden Schicksal gefestigte Frauenfreundschaft von gleichem Rang hinzuzufügen, die auch in die Geschichte hätte eingehen können.

Marxens Verhältnis zur Gräfin Hatzfeldt war von ganz anderer Art. Zwar reichen die Quellen nicht für eine gründliche Untersuchung, doch es gibt, wie man sagt, sprechende Indizien. Ihre gegenseitigen Annäherungen und Entfremdungen sind den Bahnen von Himmelskörpern vergleichbar, die sich aus unendlicher Ferne aufeinander zubewegen, einander umkreisen und wieder voneinander entfernen, auf eigene Bahnen geraten und jeder für sich im Unendlichen verglühen.

Was Marx über Sophie von Hatzfeldt im Laufe der Jahre gesagt und geschrieben hat, mag politisch alles begründet sein, als Mann, geschweige denn als Gentleman, da er doch in England lebte, macht es ihm keine Ehre. Das reicht von der »lieben Frau Gräfin« über »old Hatzfeldt« bis zur »alten Hexe« und »dem Saumensch«. Auch Sophie hielt sich in ihren Äußerungen über Marx nicht ganz so vornehm zurück wie gegenüber seiner Frau Jenny, obwohl sie im Gebrauch gemeiner Wörter Marx nicht gewachsen war. Gleichgültigkeit hat es zumindest auf beiden Seiten nicht gegeben. Und die schlimmen Worte fielen viel später.

Zunächst, im Sommer 1848, stehen sie miteinander in freundschaftlicher Beziehung. Marx hatte gemeinsam mit Engels vor wenigen Monaten das Kommunistische Manifest geschrieben, das allgemein als Geburtsurkunde einer neuen Weltanschauung gilt, die später den Namen Marxismus erhielt, gegen den Marx sich wiederholt wandte. In diesem Frühsommer 1848 steckte er bis über beide Ohren in der Arbeit: Seine Zeitung war gegründet, mußte geschrieben und redigiert werden, das Blatt war völlig auf ihn zugeschnitten, er bestimmte die Linie bis ins Detail. Dazu die politische Arbeit in den demokratischen Gremien, Teilnahme an Versammlungen, Reisen, Gespräche und so weiter. Dennoch fuhr der führende Kopf der rheinischen Demokraten mehrmals nach Düsseldorf in die Kasernenstraße zur Gräfin Hatzfeldt, die er lediglich von einer Begegnung in Brüssel kannte. Ihrem Freund Lassalle, um den es vermutlich auch ging, war Marx noch nie begegnet. Der Name war lediglich durch einen ziemlich spektakulären und dubiosen Kriminalfall bekannt geworden. Weder die Gräfin noch Lassalle gehörten dem Bund der Kommunisten, der Partei von Marx, an. Keiner von beiden hatte bisher Gelegenheit gehabt, ernsthaft etwas für die Sache von Marx, für die Revolution zu tun. In der Parteipolitik waren ihre Namen noch gänzlich unbekannt. Dennoch bot Marx der Gräfin den Schutz der Redaktion der »Neuen Rheinischen Zeitung« an, stellte den Redakteur Heinrich Bürgers als Hauslehrer des Sohnes und Beschützer der Gräfin zur Verfügung, obwohl Lassalles Ruf, der ihm vom Kassettenraub anhaftete, bei einigen Redaktionsmitgliedern starke Bedenken hervorrief. Und obwohl es nicht an Mahnungen fehlte, sich nicht zu tief in die Hatzfeldt-Prozesse zu verstricken und die »Neue Rheinische Zeitung« nicht zur Tribüne privater Händel zu machen, begann Marx Anfang August mit dem Abdruck einer Serie von Gerichtsberichten, die in ihrem Umfang und ihrer Ausführlichkeit alle bisherige Praxis in den Schatten stellte und über die an anderer Stelle schon berichtet wurde.

Wenn Marx, der die Redaktion der »Neuen Rheinischen Zeitung« sehr autoritär führte, gegen den Rat seiner Redaktionskollegen dem Kassettenprozeß so unverhältnismäßig großen Raum widmete und selbst zur Feder griff, dann werden da neben politischen Überlegungen, die bei ihm immer an erster Stelle standen, auch freundschaftliche Beziehungen zu Sophie von Hatzfeldt eine Rolle gespielt haben. Die Initiative dazu wird sicher von der Gräfin ausgegangen sein, die in der Publizität des Falles, ihres Falles, einen Gewinn für ihre Sache sah, ganz im Sinne der Verteidigung von Lassalle, der immer den Zusammenhang zwischen dem Hatzfeldt-Prozeß und der Märzrevolution herausstellte, zwischen der Unterdrückung einer einzelnen Frau durch den adligen Ehemann und der Unterdrückung des Volkes durch die ganze Adelskaste. Man kann wohl davon ausgehen, daß in diesen Wochen eine ständige Korrespondenz und auch persönliche Begegnungen zwischen Marx und der Gräfin stattfanden. Da Lassalle noch immer im Gefängnis saß und keinen, nicht einmal brieflichen Kontakt zu Marx hatte (sein erster Brief datiert vom 28. Februar 1849), kannte Marx dessen Gedanken und politische Standpunkte nur durch die Gräfin, die das so gut gemacht haben muß, daß Marx den ihm Unbekannten bei seiner Entlassung sofort als Freund und Mitkämpfer akzeptierte. Drei Monate, von August bis November 1848, die Lassalle in Freiheit war, mußten ausreichen, um die langjährige Beziehung zwischen dem Autor des Kommunistischen Manifestes und dem späteren Begründer des Allgemeinen Deutschen Arbeitervereins zu schaffen und auf stabile Grundlagen zu stellen. Die Zeit, in der die beiden ihre Gedanken austauschen, ihre politischen Vorstellungen aneinander messen und sich ein Bild voneinander machen konnten, war kurz, sehr kurz. Drei Monate, in denen sie einander schätzenlernten und Freundschaft schlossen. Bedenkt man noch, daß es die drei Monate des Umschlags von der Revolution zur Konterrevolution in Preußen waren, daß beide ständig auf Versammlungen, in Aktionen, im politischen Kampf standen, dann wird deutlich, welches Maß an politischer Vorarbeit Sophie von Hatzfeldt geleistet haben muß, wie sie dem Chefredakteur der »Neuen Rheinischen Zeitung« die Ideen und Ziele Lassalles vermittelte, ihn dafür interessierte und als Mitkämpfer in ihren Prozessen gewann, über die er sich später ziemlich abfällig äußerte. Hier im Revolutionsjahr erreicht die wechselvolle Beziehung zwischen Marx und der Gräfin ihren Höhepunkt. In diesen Monaten befinden sie sich in einer Front, handeln sie nach einer gemeinsamen Dramaturgie. Auch später stehen sie gelegentlich noch zusammen auf der politischen Bühne. Doch sie spielen in verschiedenen Stücken und haben nur selten ein paar gemeinsame Auftritte.

Die letzten Mohikaner

Als Sophie von Hatzfeldt endlich am 5. Juli 1849 aufgrund eines – vermutlich von ihr beschafften – ärztlichen Attestes Lassalle gegen Kaution aus dem Düsseldorfer Gerichtsgebäude abholen kann, ist die Revolution, auf die beide so viel Hoffnung gesetzt hatten, schon besiegt. Die letzte große Aktion der Reichsverfassungskampagne, die badisch-pfälzische Erhebung, ist mit der bevorstehenden Kapitulation der Festung Rastatt beendet. Für ein volles Jahrzehnt senkt sich nun die Nacht der Reaktionsperiode über das Land. Überall werden die Teilnehmer der Revolution gejagt, verhaftet oder müssen fliehen. Weit mehr als eine Million vorwiegend junger Deutscher emigriert in die Vereinigten Staaten von Amerika, achtzigtausend allein aus dem kleinen Land Baden.

Marx und Engels und andere Kommunisten gehen nach England, das ihnen – was sie zu dieser Zeit weder wissen noch glauben wollen – bis zum Lebensende eine neue Heimat wird.

In Düsseldorf aber sitzt das Freundespaar Hatzfeldt–Lassalle vor den Trümmern seiner politischen Hoffnung und den Scherben seiner persönlichen Angelegenheiten. Beide, ihre politischen Ziele und ihre Prozesse, hatten, da Lassalle sie vor den Gerichten so überzeugend miteinander verband, mit dem Aufschwung der Revolution Flügel bekommen und waren mit ihrer Niederlage am Boden einer veränderten Realität zerschellt.

Lassalle und die Gräfin hatten ihre Sache zu sichtbar mit der Revolution verbunden, als daß deren Niederlage für sie hätte folgenlos bleiben können. Es kann als eine nachträgliche und erneute Bestätigung dafür gelten, daß die Hatzfeldt-Prozesse auch von der Gegenseite als ein politischer Kampf angesehen wurden, wenn sie nun einen Prozeß nach dem anderen verlieren, selbst solche, die ein Jahr zuvor noch unverlierbar schienen.

Alles lief schief. »Der reaktionäre und antirevolutionäre Haß herrschte jetzt in unsern Tribunalen mit blinder Leidenschaftlichkeit«, erinnert sich Lassalle später. »Und da man die Gräfin mit mir identifizierte und ich der gehaßte Führer der Revolutionspartei in der Provinz war, so war dieser solidarische Haß Grund genug, daß die Gräfin alle ihre Prozesse verlor.«

Am 2. Mai 1850 schreibt Lassalle an seine Schwester: »Die Sache der Gräfin, deren ich mich angenommen habe, mußte, weil sie durch und durch mit den politischen Momenten zusammenhängt, natürlich auch durch die Conterrevolution des Jahres 1848 ihrem Untergang zugeführt werden. Das ist geschehen. Die Sache sieht fast ihrem sicheren Ruin entgegen.«

Dazu kam, daß die Gräfin nun auch noch von ihrem Sohn Paul verlassen wurde, um den sie gegen alle Versuche seines Vaters, ihn ihr zu nehmen oder zu entfremden, wie eine Löwin gekämpft hatte. Sie war im Mai 1849 kaum drei Tage im Gefängnis, als Graf Edmund den wegen einer Teilnahme an revolutionären Aktionen aus Düsseldorf ausgewiesenen Paul beim ersten Versuch, in die Stadt zu kommen, am Bahnhof verhaften ließ. Das Aufsehen, das der Fall machte, war so groß, daß es die Zeitungen beschäftigte. Graf Edmund aber stellte den nun um seine Zukunft bangenden, mittellosen jungen Mann vor die Wahl: Haft oder Unterwerfung unter die Obhut des Vaters. Paul wählte den letzten Weg, was die Gräfin nur schwer verwinden konnte.

Was ist aus uns geworden, fragt sie sich. Ist es wirklich noch kein Jahr her, daß sie mit Paul und Lassalle in der fahnengeschmückten Equipage von Gerresheim in die Stadt fuhr, umgeben vom Jubel der Massen? War es wirklich erst vor einem Jahr, daß die »Neue Rheinische Zeitung«, dieses berühmteste Blatt des Revolutionsjahres, seitenlang über Lassalles Prozesse und ihren Fall berichtete, daß sie im Zentrum der Öffentlichkeit standen? War es erst vor einem Jahr, daß sie, umgeben von der Fürsorge und der Liebe Lassalles, der Achtung und der Sohnesliebe Pauls und der Verehrung der Menschen auf der Straße, zum ersten Mal glücklich war, erfüllt von einer Aufgabe, gerichtet auf ein großes Ziel, in das ihre persönlichen Ziele eingebettet waren? Wie konnte das alles geschehen, und wie sollte es nun weitergehen? Würde sie die Kraft haben, den Kampf noch einmal aufzunehmen, durch die Täler der Niederlagen, über die Klippen der Enttäuschungen, auf dem endlosen Weg der Mutlosigkeit und Verzweiflung? Hatte sie dazu noch die Kraft?

Ein Halt ist ihr geblieben, ein fester Punkt in ihrem Leben: ihre Freundschaft mit Lassalle. Mehr noch als in den Zeiten des Aufbruchs spürt sie nun die Kraft, die von ihm ausgeht, sich auf sie überträgt, so daß sie sie wieder an ihn abgeben kann. Jeder von ihnen fällt in dieser Zeit ein- oder mehrmals in Depressionen, will aufgeben, aber der andere hält ihn fest, richtet ihn auf, führt ihn weiter. Und es ist öfter Sophie, die Lassalle aufrichten muß, als umgekehrt. Die acht Jahre, die sie in Düsseldorf unter einem Dach leben, binden sie enger, als es jeder Trauschein und jeder kirchliche Segen könnte.

Und noch etwas überdauert die politischen und privaten Niederlagen: Sophie von Hatzfeldt hält in einer für Demokraten schlimmen Zeit an ihren politischen Überzeugungen fest. Das unterscheidet sie von manchen anderen, die vor und während der Revolution mit proletarischer Arroganz und männlicher Überheblichkeit auf sie herabgeblickt hatten. In allen Lassalle-Biographien wird festgehalten, daß er eine sichere Adresse für politische Freunde war und sein Haus den Bedrängten immer offenstand. Aber es war in Wirklichkeit die Adresse der Gräfin und es war ihr Haus, in das sich Menschen retten konnten, die nach der Revolution gesucht wurden, das Haus in der Verlängerten Kasernenstraße, das manchem Revolutionär Zuflucht vor den Verfolgern bot. Und das war zu diesem Zeitpunkt keineswegs ungefährlich. Die Polizei behielt das Haus der Gräfin immer scharf im Auge, denn Lassalles und ihre politischen Aktivitäten für die, wie es in den Polizeiberichten hieß, »Umsturzpartei« waren allen Ämtern bekannt. Doch sie beide nahmen Drohungen und Haussuchungen auf sich und führten ihren politischen Kampf weiter trotz aller privaten Probleme und ihrer schwierigen Prozesse vor sechsunddreißig rheinischen Gerichten.

Im Herbst 1849 erfuhr Sophie von Hatzfeldt durch Ferdinand Freiligrath, daß Karl Schapper, ein prominentes Mitglied des Kölner Arbeitervereins und einer der führenden Männer der Revolution, im Rheinland verhaftet worden war und in Wiesbaden im Gefängnis saß. Zur gleichen Zeit starb seine Frau. Zurück blieben die nunmehr alleinstehenden Schapper-Kinder. Die Familie Freiligrath nahm eines der Kinder zu sich, und die Gräfin erklärte sich sofort bereit, dasselbe zu tun. Lassalle schrieb dem Dichter: »Die Gräfin wollte schon lange deshalb nach Köln kommen, um sich bei Dir zu erkundigen, was am zweckmäßigsten für die armen Kinder geschehen kann. Nunmehr hat sich die Gräfin entschlossen, Deinem edlen Beispiel zu folgen und obwohl es bei uns manche Unbequemlichkeiten hat, eins der Kinder zu sich zu nehmen und zu erziehen.«

Schapper war der Gräfin von der Kundgebung in Worringen bekannt, wo er gemeinsam mit Lassalle aufgetreten war. Danach hatte er schon einmal für zwei Monate in Untersuchungshaft gesessen. Später hatten sie in der Kampagne zur Steuerverweigerung im Rheinland zusammengearbeitet. Schapper hatte das Schicksal mit dem Tod seiner Frau besonders hart getroffen, aber Revolutionäre, die auf der Flucht waren, Hilfe brauchten, versteckt werden mußten oder auf Geldspenden für die Ausreise angewiesen waren, gab es viele in diesen Jahren. Im Haus Hatzfeldt fanden sie diese Hilfe, obwohl es der Gräfin zu dieser Zeit alles andere als gut ging.

Der Satz Homers »Einem wie ein helfender Gott erscheinen« konnte in diesen Jahren für viele Bedrängte auf das Freundespaar in der Düsseldorfer Kasernenstraße angewandt werden. In einem Brief an Marx vermittelte Lassalle eine Vorstellung von ihrer damaligen Situation:

»Kamen sie (die Arbeiter) in Geldnot, so kamen sie zu mir, suchten und fanden stets Hilfe. Ich gab fast immer viel mehr, als ich konnte, gab mit den allergrößten Opfern, aber ich gab, weil weniger nicht half, und weil ich immer lieber mich überbürden und häufig in ganz extreme Lage versetzen wollte, als diesen Leuten nicht zu helfen, von denen ich mir dachte, daß sie weniger Ressourcen haben. Ich trieb dies häufig bis zur größten Gewissenlosigkeit gegen mich selbst, und zumal gegen die Gräfin, die mir doch so sehr am Herzen lag und mit deren Schicksal ich doch chargiert war. – Hatten sie Überwürfnisse mit der Polizei, so kamen sie zu mir, und ich nahm sie unter den Schutz meiner Flügel. Ich stürzte zum Polizeidirektor und erledigte – wie oft – durch Drohungen, die ich keinem anderen geraten hätte, ihre Differenzen. Kamen sie ins Gefängnis, sorgte ich, wenn nötig, für ihre Verteidigung und ernährte inzwischen ihre Familien. Handelte es sich drum, ein selbständiges Etablissement für welche von ihnen zu begründen, lief ich so lange herum, bis das Geld aufgebracht war, stets selbst gebend alles, was erforderlich war und nicht aufgebracht werden konnte. Mein Haus war ihr Asyl das ganze Jahr. Jeder, der in Werden (Haftanstalt, in der viele rheinische Revolutionäre eingesperrt waren – M. G.) entsprang, . . . wurde in mein Haus gebracht, dort mit der größten Kriminalgefahr für mich und die Gräfin tagelang gehütet, mit Pferd und Wagen nach Holland gesandt usw. . . . Handelte es sich, Bücher unter den Arbeitern . . . zu verbreiten, ließ ich auf ihren Wunsch von meinem Buchhändler für 70 Taler Bücher kommen . . . Jede Neujahrsnacht feierte ich mit ihnen, ihnen Reden über die geschichtliche Entwicklung des Jahres und seinen Gesamtinhalt haltend . . .

Kurz, mein Haus war ihre Burg und ihr Wall. Ich stand immer fort für sie, für jeden von ihnen, bei jedem Anlaß ein.

Polizei und Oberprokurator haben mir nie etwas anhaben können. Aber man wußte mir auf andere Weise beizukommen. Meine beständige Verbindung mit dem Proletariat brachte alle Bureaukratie Düsseldorfs und des Rheinlands zur Wut – und zur Rache verlor ich allen und jeden Zivilprozeß der Gräfin . . .«

Dennoch gingen die beiden keinen Schritt von ihrem Weg ab. Wie Marx in London, so begann Lassalle in Düsseldorf fortschrittliche Arbeiter um sich zu sammeln, um sie politisch und theoretisch weiterzubilden. Im Haus der Gräfin Hatzfeldt wurden regelmäßig Zirkelabende veranstaltet und Vorträge gehalten über die politische Lage und die Geschichte der Französischen Revolution. Trotz der wütendsten Drohungen der Polizei, die auch immer bei diesen Vorlesungen so und so viele Mann hoch ihrem Haus gegenüber in den Büschen lag. An Marx schrieb er darüber: »Doch glaube ich, daß man jetzt eines tun kann . . . Man kann eine mehr oder weniger große Zahl Proletarier theoretisch bilden und in diesen, in möglichst vielen Städten, dem Proletariat zu Vertrauensmännern und geistigen Mittelpunkten für künftige Bewegungen erzeugen, welche dann verhindern, daß sich das Proletariat nochmals zum Chorus für die bürgerlichen Helden hergibt.« Die Sammlung der Kräfte, die Revolution und Konterrevolution im Lande überlebt hatten, war eine wichtige, auf die Zukunft der Bewegung gerichtete Aufgabe. Mit Sicherheit hatte die Gräfin Hatzfeldt aktiven Anteil an dieser Schulungsarbeit. Nicht nur, daß sie ihr Haus und gewiß auch ein Düsseldorfer Altbier für die Arbeiter zur Verfügung stellte, sie war selbstverständlich auf die eine oder andere Art in die politische Diskussion einbezogen. Wie sehr sie an den politischen Ereignissen teilnahm, sie analysierte und zu eigenen, auch von Lassalles Meinung abweichenden Urteilen kam, belegt ein Brief an Marx vom Dezember 1851. Da schreibt sie als Anhang zu einem Brief Lassalles, der seine Überlegungen zur Zeit und seine Vorstellungen vom Wiederaufleben der Revolution dargelegt hat, daß sie die Sache anders sieht, und wie sich zeigt, realistischer, dialektischer und damit richtiger.

Der Brief gibt zugleich Auskunft über ihr Verhältnis zu dem großen Denker in London. Sophie schreibt: »Lieber Marx, zuerst viele herzliche Grüße und Dank, daß Sie endlich wieder einmal von sich haben hören lassen. Suchen Sie, ich bitte, Zeit zu finden, bald wieder zu schreiben und sagen Sie mir Ihr Urteil über die schändliche Geschichte in Paris. (Am 2. Dezember 1851 war Louis Bonaparte durch einen Staatsstreich in Frankreich an die Macht gekommen. – M. G.) Lassalle ist, scheint mir, verblendet durch seine allzu heftigen Wünsche, die er durchaus realisiert sehen will. Das heißt, er beurteilt richtig die Ursachen und Wirkungen dieser Katastrophe; mir scheint nur, daß er sich Illusionen über die Dauer macht, welche die Herrschaft dieses Landstreichers haben kann. Ich kann mich der Ansicht und Furcht nicht verschließen, daß sie mehrere Jahre dauern kann. Lassalle behauptet, das sei unmöglich. Ich bin ganz krank vor Wut und Scham, daß ein solcher Aventurier die Schicksale Europas in die Tasche stecken sollte, daß es mir eine wahre Beruhigung sein würde, von Ihnen zu hören, daß Sie Lassalles Ansichten teilen, daß es nur kurze Zeit dauern kann.«

Wie wir heute wissen, hatte Sophie mit ihren Befürchtungen recht, es dauerte fast zwanzig Jahre.

Dieser Brief ist nicht der einzige, in dem Sophie von Hatzfeldt mit Marx Gedanken über politische Fragen austauscht und seinen Rat erbittet, doch es ist aus dieser Zeit der einzige, der erhalten blieb, vielleicht deshalb, weil er als Nachschrift an einem Brief Lassalles hängt, die alle aufbewahrt und ausgewertet und veröffentlicht wurden. Den Inhalt der anderen Briefe kennen wir nur indirekt aus den Antworten von Marx. Das ist ebenso bedauerlich wie bezeichnend für die Art, wie mit der Meinung der Gräfin, die nicht selten von besseren Einsichten bestimmt war als die Lassalles, verfahren wurde.

Marx hat in seiner Schrift »Der achtzehnte Brumaire des Louis Bonaparte« auf viele dieser Fragen geantwortet. Die von Lassalle abweichenden Ansichten der Gräfin werden ihn bestimmt interessiert haben, denn er war doch gewohnt, unterschiedliche Meinungen gegeneinander abzuwägen, um zu einer eigenen zu kommen. Es wird ihn auch gefreut haben, wie wichtig für Sophie seine Bewertung der politischen Ereignisse war. Umgekehrt aber zeigt der Brief, wie sehr Sophie dem Urteil von Marx vertraute, denn erst, wenn er Lassalles Ansichten bestätigen könnte, wäre sie beruhigt.

Sophie von Hatzfeldts Beziehungen zu Marx müssen in den ersten Jahren nach der Revolution sehr eng gewesen sein, was nicht nur aus den verschiedenen Hilfsaktionen Lassalles hervorgeht, an denen sie zumindest beteiligt, oft aber die eigentliche Helferin war. Marx hatte mit dem Ende der »Neuen Rheinischen Zeitung« sein gesamtes Vermögen verloren und lebte in London in bitterer Not. Lassalle und die Gräfin, die selbst eine schwierige Zeit durchlebten (erst 1851 wurde die Hatzfeldt-Ehe ohne finanzielle Regelung für Sophie geschieden), sammelten und spendeten selbst für den Unterhalt der Familie Marx. Schon 1850 unterstützten sie Marx bei der Herausgabe der »Neuen Rheinischen Zeitung – Politisch-ökonomische Revue«, die von Januar 1850 an in Hamburg erschien. Neben Marxens Untersuchung der Revolution in Frankreich wurde die Zeitschrift besonders durch den Abdruck von Engels' Schrift »Die Reichsverfassungskampagne« bekannt, in der er eine politische und militärische Einschätzung der bewaffneten Kämpfe der Revolution in Baden und in der Rheinprovinz im Sommer 1849 gab. Lassalle propagierte die Zeitschrift in Düsseldorf und konnte eine Reihe Abonnenten gewinnen. Gleichzeitig begann er dafür zu wirken, daß die Schriften von Marx und Engels in Deutschland bekannt wurden. Bedenkt man, daß Lassalle vom 1. Oktober 1850 bis zum 1. April 1851 die ein Jahr zuvor auf Kaution ausgesetzte Haftstrafe verbüßen mußte und die Gräfin in dieser Zeit wieder allein war, dann

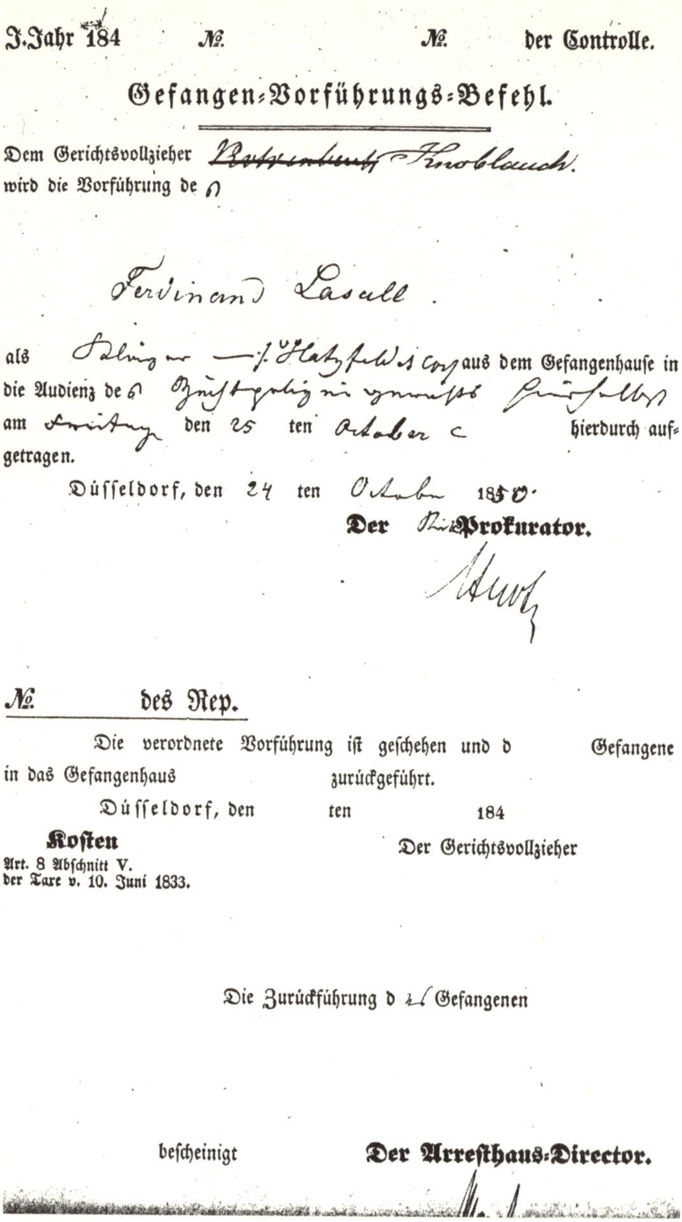

J. Jahr 184 №. №. der Controlle.

Gefangen-Vorführungs-Befehl.

Dem Gerichtsvollzieher ~~Rottenkamp~~ Knoblauch
wird die Vorführung des

Ferdinand Lassall.

als Schuldiger — s. Hatzfeldt'sche Cass. aus dem Gefangenhause in die Audienz des Zuchtpolizeigerichts hierselbst am Freitag den 25 ten October c hierdurch aufgetragen.

Düsseldorf, den 24 ten October 1850.

Der Ober-Prokurator.

[signature]

№. des Rep.

Die verordnete Vorführung ist geschehen und d Gefangene in das Gefangenhaus zurückgeführt.

Düsseldorf, den ten 184

Kosten
Art. 8 Abschnitt V.
der Taxe v. 10. Juni 1833.

Der Gerichtsvollzieher

Die Zurückführung d er Gefangenen

bescheinigt **Der Arresthaus-Director.**

Vorführungsbefehl für Lassalle

liegt doch nahe, daß sie an der politischen Arbeit, an der Hilfe für die verfolgten Revolutionäre, an allem, was Lassalle von seinen zahlreichen Biographen bescheinigt wird, einen hohen Anteil hatte.

Die rheinischen Demokraten haben ihr das nicht vergessen. Jahre später noch war sie so angesehen, daß ein Polizeikommissar seinem Vorgesetzten mitteilte (»gehorsamst anzuzeigen sich beehrte«), es sei ihm aufgefallen, »daß, wenn die Gräfin Hatzfeldt mit der Köln-Mindener Eisenbahn verreist, sie auf eine ganz auffällige Weise von den diensttuenden Beamten besonders geehrt wird. Der Portier empfängt sie beim Ankommen zur Bahn, löst ihr ein Billet und führt sie zum Wartesaal. Der Zugführer empfängt sie auf dem Perron, führt sie zum Wagen und ist behilflich beim Einsteigen, während dies bei anderen, sogar bei höheren Standespersonen nicht geschieht.« Die Gräfin, meinte er, werde nur deshalb so gut behandelt, »weil sie sich in den Jahren 1848/49 durch ein gemeines Betragen als eine Frau des Volkes gezeigt habe«. »Ihr Tun und Treiben aus der vergangenen Zeit ist noch in frischem Andenken. Es gibt unter der niederen Volksklasse immer noch Menschen, die derartigen Leuten ihre Huld durch ein zuvorkommendes Benehmen zeigen wollen.« Besser als mancher ihrer Freunde haben ihre Feinde erkannt, wie sehr Sophie von Hatzfeldt mit dieser Revolution und den von ihr ergriffenen Menschen verbunden war.

Wie Lassalle später, am Beginn seiner Arbeiteragitation, hätte sie den rheinischen Arbeitern zurufen können: »Ihr kennt mich! Ich hatte zehn Jahre unter dem Rheinischen Arbeiterstande gelebt, die Revolutionszeit wie die Zeit der weißen Schreckensherrschaft der fünfziger Jahre hatte ich mit Euch verbracht ... Ihr wußtet, welches Haus trotz des weißen terreur von Hinckeldey-Westphalen, trotz aller wilden Rechtlosigkeit jener Zeit, und zwar bis zum letzten Augenblick meines Verweilens in der Rheinprovinz, das furchtlose Asyl demokratischer Propaganda, das treue Asyl der furchtlosesten und entschlossensten Parteihilfe gewesen war.«

Am zuverlässigsten registrierte die preußische Polizei alle Aktivitäten der beiden, die sich immer einsamer fühlten, nachdem alle Freunde und Genossen entweder verhaftet oder geflohen waren. Im November 1851 berichtete der Regierungspräsident dem Oberbürgermeister von Düsseldorf und dem Polizeidirektor, daß Sophie von Hatzfeldt in Begleitung von Lassalle und drei weiteren Herren »von einhalb sechs Uhr bis einhalb zwölf Uhr abends beim Krefelder Bierbrauer Hermann Zillenbach gewesen ist, der – wie die Polizeibehörden befürchteten – als Agent Lassalles für die ›rote Republik‹ Propaganda machen sollte.«

Einen Monat später hieß es in einem erneuten Bericht an das hohe Präsidium in Düsseldorf: »Bekanntlich gehören die hier wohnende Gräfin von Hatzfeldt und deren Geschäftsführer, der berüchtigte Literat Lassalle, zu den tätigsten und gefährlichsten Leuten der Umsturzpartei in der Rheinprovinz. In dem Hause dieser beiden verkehren die Koryphäen der Umsturzpartei und von dort aus geht die Parole an letztere.«

1852 berichtet ein Polizeispitzel nach Berlin von einem »lukullischen Gelage«, das die Gräfin für eine Anzahl von Proletariern veranstaltet und bei dem sie erklärt haben soll: »So könnten die Arbeiter es alle Tage haben, wenn nur die Güter der Erde gleichmäßig verteilt werden.«

Ist auch anzunehmen, daß sich bei der damaligen finanziellen Lage der Gräfin dieses »Gelage« in Grenzen gehalten hat, so fürchteten die preußischen Behörden immer, besonders nachdem sie ihren Prozeß doch noch gewonnen hatte, Sophie von Hatzfeldt könnte einen Teil ihres Vermögens zur »Korruption der arbeitenden Klasse« verwenden. In allen Polizeiakten, die sich mit Lassalle befassen, ist sie mit genannt. So rühmt ein Polizeibericht über Lassalle dessen »außerordentliche geistige Fähigkeiten, eine hinreißende Beredsamkeit, unermüdliche Tätigkeit, große Entschlossenheit, exaltierte Freiheitsideen, die ausgedehntesten Bekanntschaften, ein sehr gewandtes Benehmen«, und die Hilfe seiner »Klientin«, der Gräfin

Hatzfeldt, wird immer mit einbezogen. Deshalb wurden ihr Haus, ihr Umgang, ja selbst ihre Korrespondenz genau beobachtet. Trotz dieser für die Gräfin und Lassalle ehrenvollen Zeugnisse der Düsseldorfer Polizei stoßen beide bei ihren politischen Freunden auch immer wieder auf Mißtrauen, das sie ein Leben lang begleitet.

Dabei spielt Lassalles Beziehung zur Gräfin Hatzfeldt eine zentrale Rolle. Das ungewöhnliche persönliche Verhältnis der beiden zueinander, die gemeinsame Wohnung mit einer noch verheirateten, ab 1851 zwar geschiedenen, aber nicht mit ihm verheirateten älteren Frau paßt nicht in die Moralvorstellungen der im Biedermeier aufgewachsenen Bürger, und in diesem Sinne waren auch die Demokraten und Kommunisten in ihrer Mehrzahl moralische Kleinbürger. Dem weiten Flug der Gedanken in politischen Zukunftsideen stand die eigene Vorstellung von Liebes- und Familienleben gegenüber. Nur wenige, wie der Dichter Georg Weerth, haben den lebenslustigen Humor und selbst den freien Lebensstil, um die Lebensgemeinschaft der Gräfin mit Lassalle neidlos und verständnisvoll zu betrachten. Und es wird noch dauern, bis die deutschen Arbeiter lernen, was ihnen Friedrich Engels im Gedenken an ebendiesen Georg Weerth zuruft, daß sie auch in der Sexualität freie Menschen werden, daß sie am Tage offen über die Dinge reden, die sie nächtens mit großer Freude tun, so offen wie Horaz und Juvenal, wie das Alte Testament und die »Neue Rheinische Zeitung«.

Lassalle und die Gräfin gingen, allen Vorurteilen trotzend, ihrer politischen Arbeit nach und behielten ihren persönlichen Lebensstil bei. Die Maxime, die Marx seinem »Kapital« voranstellte: »Geh Deinen Weg, und laß die Leute reden!«, nahmen auch sie für sich in Anspruch. Und wie alle, die nach diesem Motto lebten und leben, lernten sie die Schwierigkeiten kennen, die es seinen Anhängern beschert.

Trotz erwiesener Hilfeleistung, politischer Arbeit und Bildungstätigkeit war das Haus der Gräfin vielen Arbeitern anrüchig. Der Lebensstil der weltoffenen, gebildeten Frau, die so weit vom landläufigen Ideal einer deutschen Hausfrau entfernt war wie Lassalle vom Typ des rheinischen Arbeiters, behagte nicht jedem. In ihrem Haus gab es Teppiche, Diener, Zofen – und ständige Klagen über Schulden. Das konnten die Arbeiter nicht verstehen. Sie fühlten sich unwohl und unfrei in dieser Gesellschaft. Die Arbeiter debattierten im Wirtshaus offen darüber, was denn bei Lassalle im Vordergrund stehe, die demokratische Agitation oder die Hatzfeldt-Prozesse, und ob das Geld der Gräfin der Partei diene oder die Partei dem Geld der Gräfin. So stieß Lassalle bei den meisten Kölner Parteigängern, denen er sich freundschaftlich zu nähern suchte, auf kühle Zurückhaltung oder gar auf plumpe Beleidigung, wie er Marx gegenüber beklagte.

Marx und Engels schätzten Lassalles politische Aktivitäten, zudem war er nahezu der einzige, der noch mit den Autoren des Kommunistischen Manifestes in London korrespondierte. In ihrer Korrespondenz findet auch eine Verständigung über theoretische Fragen statt. Lassalle steht in dieser Zeit den politischen Auffassungen von Marx und Engels sehr nahe, und er war für sie ein verläßlicher Verbündeter gegen die Konterrevolution. Doch die Empfehlung von Marx an die Düsseldorfer Kreisbehörde des Bundes der Kommunisten, Lassalle in die Partei aufzunehmen, lehnte diese ab mit der Begründung, daß er noch immer autokratische Grundsätze hege und für das gemeine Wohl der Arbeiter nicht so begeistert sei, wie er sein sollte. Diese Entscheidung traf Lassalle schwer. Doch sie hielt weder ihn noch die Gräfin von ihrem politischen Engagement ab.

Als Lassalle am 1. April 1851 endlich aus dem Gefängnis entlassen wurde, lud er die beiden führenden Mitglieder des Bundes der Kommunisten Peter Gerhard Röser und Heinrich Bürgers zu einem Umtrunk auf seine Entlassung und auf die rote Republik ein. Beide lehnten ab. Röser schützte eine Reise vor, und Bürgers, den die Gräfin aufgenommen hatte, als er von der Polizei verfolgt wurde, den sie bei der Haussuchung schützte und in Sicherheit brachte, schlug nun, da er auf der Höhe seiner politischen Macht stand, ärgerliche Töne gegen die ehemaligen Freunde an. Er warf den beiden vor, ihn wie ein Schulmeister behandelt zu haben, und schrieb sehr von oben herab, daß sich Lassalle erst das Vertrauen der leitenden Personen erwerben müßte.

Die »leitenden Personen« sollten Lassalle und die Gräfin bald bitter nötig haben, denn jetzt begann die große Verhaftungswelle gegen die Mitglieder des Bundes der Kommunisten. Am 10. Mai 1851 waren bei der Verhaftung von Peter Nothjung auf dem Leipziger Bahnhof die Adressen aller Mitglieder der Zentralbehörde des Bundes in die Hände der Polizei gefallen, darunter auch solche, die auf Verbindungen am Rhein namentlich mit der Gräfin Hatzfeldt schließen ließen.

Am 16. Mai wurde Peter Röser verhaftet. Lassalle und die Gräfin blieben frei, weil sie nicht Mitglieder des Bundes gewesen waren. Auch die bei ihnen durchgeführte Haussuchung brachte kein für die Polizei verwertbares Material zutage. Sie benutzten ihre Freiheit, um den anderen zu helfen, soweit sie es vermochten. Besonders sorgten sie sich um die Arbeiter unter den Gefangenen, die es am schwersten traf. Nothjung und Röser hätten sich ohne ihre Hilfe im Gefängnis nicht einigermaßen verpflegen können. Die Führer des Bundes, die sechs Wochen zuvor noch einen Begrüßungsschluck abgelehnt hatten, nahmen nun die Hilfe des Freundespaares aus der Kasernenstraße dankend an. Lassalle und die Gräfin ließen Sammellisten kursieren und gingen selbst herum, um Geld für die verhafteten Kommunisten und ihre Familien aufzubringen. Und über Bürgers, der ihn im April so beleidigt hatte und der nun ebenfalls verhaftet war, schrieb Lassalle im Juni an Marx: ». . . Natürlich habe ich den ganzen persönlichen Bettel sofort vergessen, als ich den Schlag erfuhr, der ihn getroffen, so daß ich mich nur noch unseres Freundschaftsverhältnisses erinnere und mir die Sache wirklich sehr nahe geht.«

Im Oktober und November 1852 fand in Köln der Prozeß gegen die führenden Mitglieder des Bundes der Kommunisten statt. Lassalle saß im Zuhörerraum, bis er gewaltsam aus dem Saal entfernt und für die Dauer des Prozesses aus der Stadt ausgewiesen wurde. Er informierte Marx über den Verlauf, so gut es ging, und lieferte ihm das Material für die Broschüre »Enthüllungen über den Kommunisten-Prozeß zu Köln«, in der Marx die ganze Niedertracht der Polizeipraktiken aufdeckte und das Gespinst von Fälschungen, Lügen und Unterstellungen zerriß. Lassalle übernahm die Verteilung dieser in Preußen verbotenen und von den Herrschenden meistgehaßten Schrift. Allerdings mußte die Konterbande auf Umwegen zu ihm kommen.

Am 6. Juni 1853 schrieb Engels an Marx: »Wenn Lassalle Dir eine gute, gleichgültige Adresse in Düsseldorf gegeben hat, so kannst Du mir 100 Exemplare schicken. Wir werden sie in Twistballen durch hiesige Häuser verpacken lassen; aber sie dürfen nicht an L. selbst adressiert sein, da die Pakete nach Gladbach, Elberfeld oder so gehn und von da, als postpflichtig, per Post nach Düsseldorf gehn müssen. Ein Paket an Lassalle oder die Hatzfeldt können wir aber keinem hiesigen Hause geben, denn 1. ist in jedem dieser Häuser hier mindestens ein Rheinländer, der den Tratsch kennt, oder 2. wenn das gut geht, so wissen die Empfänger des Ballens drüben Bescheid, oder 3. im günstigsten Fall sieht sich die Post die Sache an, eh' sie sie abgibt.« Lassalle und die Gräfin Hatzfeldt waren also für Marx und Engels noch immer die sichersten und zuverlässigsten Verbündeten und die beste Adresse in Deutschland.

Lassalles politische Stellung beruhte fortan im wesentlichen auf seinem persönlichen Verhältnis zu Marx, in das auch die Gräfin mit eingeschlossen war. Er schrieb an den Freund in London: »Und Du bist eigentlich der letzte männliche Freund, der mir geblieben.« Marx teilte Engels am 18. Juli 1853 mit: »Lassalle ist noch der einzige, der mit London zu korrespondieren wagt, und so muß verhütet werden, ihm die Sache zu verleiden.« Und Engels bescheinigte ihm am 11. März 1853 in einem Brief an Marx: »Lassalle ist, nächst Cluß, bei weitem der brauchbarste von allen ... Er hat seine Mucken, aber er hat auch esprit de parti et ambition (Parteigeist und Ehrgeiz), und die kleinen Nebengelüste und Privathistorien, denen er unter öffentlichen Vorwänden immer nachgehen wird, kennt man einmal.«

Es fiel Lassalle sehr schwer, getrennt von seinen politischen Freunden, ohne das ständige Gespräch die Ideale der Revolution hochzuhalten. An Marx schrieb er in dieser Zeit: »Aber ich lebe nun jetzt alle diese Jahre hindurch so ganz allein, ganz vereinsamt von den früheren Waffenbrüdern, der Letzte der Mohikaner, wie ich mich in einem Anfall von Sentimentalität nannte.«

Sorgen der Sieger

Nach einem mehr als achtjährigen erbitterten Kampf vor sechsunddreißig rheinischen Gerichten erreichte Lassalle endlich im August 1854 einen für die Gräfin ehrenvollen Vergleich, der ihr und ihm ein beträchtliches Vermögen sicherte, mit dem sie fortan frei von finanziellen Sorgen ihr Leben einrichten konnten. Auch Lassalle war nun mit viertausend Taler Jahresrente, was etwa dem Gehalt eines Regierungspräsidenten entsprach, ein »wohlhabender« Mann.

Die materielle Seite der Prozesse war von Anfang an zwischen ihm und der Gräfin vertraglich geregelt worden, und Lassalle hat die Prozesse unter anderem auch für sich, für seine eigene wirtschaftliche Sicherstellung geführt. Wer wollte ihm das verdenken. Die Gräfin bestand immer darauf, diesen geschäftlichen Teil ihrer Verbindung wie einen Kontrakt zu behandeln und nicht mit persönlichen Bindungen zu vermischen.

Nach langen Jahren unsagbaren Leidens hatten sie nun gesiegt. Der Graf mußte ihre Bedingungen annehmen. Sophie von Hatzfeldt erhielt ein Vermögen von dreihunderttausend Talern zugesprochen, ein wahrhaft fürstliches Vermögen. Sie waren am Ziel ihrer jahrelangen Kämpfe und Wünsche. Doch nun erfuhren sie, was jedem zuteil wird, der zu lange auf ein Ziel hingearbeitet und mit seinem Erreichen die größten, ja zu große Hoffnungen verbunden hat. Das erwartete Glücksgefühl stellte sich nicht ein, oder es dauerte nur kurze Zeit.

Die ersten Wochen nach den Prozessen, die sie still und zurückgezogen in Düsseldorf verlebten, waren eine Entspan-

Wohnung von Lassalle und der Gräfin in der Düsseldorfer Grabenstraße (Gebäude neben dem Eckhaus)

nungsphase, ein tiefes Durchatmen, zufrieden und glücklich, es geschafft zu haben. Doch dann stellten sie fest, daß die entbehrungsreiche Zeit des Kampfes auch eine schöne Zeit gewesen war, in der sie bei allen erlittenen Kränkungen, Niederlagen und Enttäuschungen dennoch glücklich gewesen waren, und das in mehrfacher Hinsicht.

Zunächst einmal hatten sie zueinander gefunden und einander viel gegeben. Aus zwei wildfremden Menschen war ein

Paar geworden, wie immer man das näher bezeichnete, Freundespaar, Lebensgemeinschaft, Partnerschaft – für sich selbst und für die Umwelt gehörten sie einfach zusammen. Sie lebten unter einem Dach, wenn nicht Lassalle gerade im Gefängnis war, in einer, wie man heute sagen würde, eheähnlichen Gemeinschaft in guten und in schlechten Tagen ...

Vor allem aber hatten sie acht Jahre hindurch eine gemeinsame Aufgaben und ein Ziel, das sie nie aus den Augen verloren, auf das sie zusteuerten mit festem Kurs, das den eigentlichen Inhalt ihres Lebens bildete. Dieses Ziel war ihnen immer wie der Gipfel eines Berges erschienen, den sie besteigen wollten, ja mußten. Aber sie hatten nie darüber nachgedacht, was nach dem Gipfelsturm kommen sollte. Ewig konnte man ja nicht dort oben stehen. Im stillen Tal aber gab es für ihre Seilschaft keine Aufgabe.

Mit der Konzentration auf das eine Ziel, den Sieg über den Grafen, die Befreiung der Gräfin aus seiner Gewalt und Abhängigkeit hatten sie ihrer Beziehung eine Endlichkeit gegeben, die nun erreicht wurde und auf die sie nicht vorbereitet waren. Sie erkannten bei aller Freude über ihren Erfolg, daß nicht der Sieg der Sinn des Lebens ist, sondern der Kampf, daß ein Ziel, wie lange es auch anvisiert und wie schwer es auch erreicht wurde, immer nur eine Etappe bezeichnet. Ihr gemeinsames Leben war für diese Etappe eingerichtet. Was sollte nun werden?

Nach den übermenschlichen Anstrengungen der letzten Jahre zeigte sich jetzt, daß ihrer Beziehung ein wichtiger Teil fehlte. Eine Leere tat sich vor ihnen auf, die sie mit neuem Inhalt füllen mußten, wollten sie nicht gänzlich auseinanderdriften. Aber dafür hatten sie zunächst kein Konzept, das beide Wege zusammenführte. Von einem Tag auf den anderen war eine neue Situation entstanden, in der sich jeder von ihnen neu einrichten und nach neuen Zielen suchen mußte. Es zeigte sich, daß sie aus dem gemeinsamen Kampf ganz unterschiedlich herausgekommen waren, daß das, was sie gemeinsam erlitten, den Kampfesmut des einen gestählt und die Kraft des anderen verzehrt hatte.

Der neunundzwanzigjährige Lassalle brannte darauf, sich endlich seinen wissenschaftlichen Arbeiten widmen zu können und sich einen Namen als Gelehrter zu machen. »Denn ich bin nun so alt«, schrieb er Sophie im März 1857, »daß ich erst etwas für meine Unsterblichkeit tun muß, ehe ich wieder an mein sterblich Teil denken kann.« Er hatte vor acht Jahren sein dreiviertel vollendetes Erstlingswerk über den griechischen Philosophen Heraklit beiseite gelegt und seitdem nicht mehr in die Hand genommen. Nun drängte es ihn, seine Fähigkeiten in der Wissenschaft zu beweisen. Sein Selbstbewußtsein forderte von ihm, sich nach den Jahren des intrigebeladenen Prozesses als Wissenschaftler zu rehabilitieren, Anerkennung, Ruhm und Bewunderung zu erwerben. Seine Eitelkeit trieb ihn dazu wie seine Jugend. An dieser seiner neuen Tätigkeit aber hatte die Gräfin keinen Anteil mehr.

Doch während Lassalle mit seiner wissenschaftlichen Arbeit reifte, neue Kräfte in sich spürte, hatten die Kämpfe bei der fünfzigjährigen Gräfin Spuren der Ermüdung hinterlassen. Solange die ständigen Anstrengungen sie in Spannung gehalten hatten, war sie stark und mutig gewesen. Die Motoren ihres Körpers und ihres Geistes waren unentwegt auf Hochtouren gelaufen. Nun, wo der Druck weg war, versiegte auch die Kraft, fehlte der Schwung.

Während sich Lassalle, durch den Kampf gestählt, zu neuem Höhenflug erhob, blieb sie erschöpft zurück. Krankheiten stellten sich ein, immer öfter kamen ihr ihre Jahre zum Bewußtsein. Der Altersunterschied, der in all der langen Zeit gemeinsamer Anstrengungen keine Rolle gespielt hatte, machte sich nun auf vielfältige Weise bemerkbar. Wo ihm der Sinn nach Kämpfen und neuer Bewährung stand, sehnte sie sich nach Ruhe und Frieden. Die aufreibenden Jahre der Prozesse hatten ihr keine Zeit gelassen zu altern. Sie hatte ihre Lebenskrise aus dem Bewußtsein verdrängt, aber eben nur hinausgeschoben.

Nun aber kam sie mit um so größerer Vehemenz. Jetzt stellte sie am Hals die ersten Falten und auf dem Kopf graue Haare fest. Sie fing an, ihren Körper zu beobachten, fürchtete Erscheinungen schwindender Weiblichkeit und ein Abklingen ihrer erotischen Reize. Sie begann, sich selbst zu bedauern und sich mehr als notwendig ihren Krankheiten hinzugeben.

Als Lassalle im März 1855 den ersten Versuch unternahm, nach Berlin umzusiedeln, der allerdings scheiterte, weil es Revolutionären von 1848 auch nach sieben Jahren nicht erlaubt war, in der preußischen Hauptstadt zu wohnen, war das (abgesehen von Gefängnisaufenthalten, bei denen die Gräfin Lassalle aber immer besuchen konnte) die erste längere räumliche Trennung des Freundespaares nach acht Jahren. Lassalle schreibt: »Wenn Sie wüßten, wie froh und glücklich ich bin, endlich diese Überschrift ›Hotel de Rome‹ niederschreiben zu können.« Die Gräfin liest es mit Wehmut.

Im Sommer 1855 fährt sie allein zur Kur nach Marienbad. Es geht ihr gesundheitlich nicht besonders gut. Sie ist »ganz braun im Gesicht und voll roter Flecken, was nicht zur Verschönerung beiträgt«. Doch sie steigt Berge »mit einer wahren Passion«, es hat für sie den Reiz der überwundenen Schwierigkeit. Da sind sie wieder, die Berge, die sie zum Leben braucht, auch zum Überleben. In ihre Briefe kommt ein Zug von Trauer, denn sie fühlt, daß ihre Beziehung in einer Krise steckt und ihre Wege auseinanderstreben. Jetzt, da sie zur Ruhe kommt, spürt sie, daß sie in dieser Ruhe altert, und sie fürchtet, daß der junge Freund ihr entgleitet.

Tausend Gedanken gehen ihr durch den Kopf. Zu lang und zu schwer, um sie auszusprechen. »Aber das fühle ich«, schreibt sie im August 1855 aus Marienbad, »unsere Wege gehen von jetzt ab immer mehr auseinander, denn, und das ist auch der wahre Grund aller Differenzen der Ansichten, Sie sind jung und ich bin alt, Sie sind mutig und streben nach vorwärts, und ich kann Ihnen nicht mehr folgen. So ist es auch, wenn ich an die Zukunft denke, wenn sich Ihnen ein Feld der

Tätigkeit öffnete. Wie froh und stolz würde ich nicht einesteils darauf sein, aber zur gleichen Zeit, welche Angst und Sorge! Und für mich würden Sie nicht viel mehr sein können, ganz abgesehen von meinem persönlichen Glück, das doch nur noch in friedlicher Ruhe für mich und vorzüglich in der Ruhe über das Schicksal derer, die ich liebe, bestehen kann. So bin ich in allen Dingen zerrissen und geteilt in meinen Empfindungen. Jetzt wünschen Sie nach Berlin zu gehen. Ich begreife das sehr gut und wünsche es deshalb auch, obgleich mit Zittern . . .«

»Mein Geist ist müde bis in den Tod«, schreibt sie an anderer Stelle. »Mein Geist wäre vielleicht stark genug gewesen, um ungebrochen aus diesen Kämpfen herauszukommen, aber ich hatte unglücklicherweise auch ein Herz, das eigensinnig und undiszipliniert war und sich nicht in das Unabänderliche fügen konnte. Es wollte nicht biegen, und daher mußte es brechen, und das konnte nicht geschehen, ohne daß Geist und Körper davon krank geworden. Ich kann Ihnen gar nicht beschreiben, wie durchaus matt ich mich fühle, so daß ich selbst darüber verwundert bin. Wenn ich gar keine Schmerzen habe, mich nicht krank fühle, so habe ich stets das Gefühl, als wenn mir die Kraft zum Leben fehlte, wie eine Lampe, die kein Öl mehr hat, so ist es körperlich, so ist es geistig. Es ist möglich, daß es nur Reaktion der Überanstrengung und allmählich sich bessern wird.«

Todesgedanken beschleichen sie. Lebensmüde schreibt sie an ihren Sohn: »Dieser unversöhnliche Kampf, der über meinen Körper Ruhe und Glück vernichtend hergeht, hat mich des Lebens so überdrüssig gemacht, daß ich oft Stimmungen habe, wo ich meinem Leben, das so vielen ein Hindernis und mir so gar keine Freude, ein Ende zu machen wünschte.« Und von Lassalle hofft sie, »daß Sie es sein werden, der mir die Augen zudrücken wird und der einzige auch vielleicht, der ein treues Andenken von mir bewahren wird«.

Ihren fünfzigsten Geburtstag verbringt die Gräfin allein in

Marienbad. Und zu allem Unglück regnet es auch noch den ganzen Tag. Da kommt ihr plötzlich wieder ihr Alter zum Bewußtsein, das sie in den Prozeßjahren völlig ignoriert hatte. Sie hat sich eine Locke ganz weißer Haare abgeschnitten und überall nach einem Medaillon gesucht, um sie für Lassalle aufzubewahren und sie ihm mitzubringen, »damit Sie dadurch immer daran erinnert werden, wie alt ich bin, wieviel ich gelitten und daß man Mitleid und Rücksicht mit mir haben muß, mich mit meinen Fehlern und etwaigen guten Eigenschaften die kurze Zeit, die es noch dauern wird, akzeptieren und verbrauchen muß, weil ich zu alt, um ein neuer Mensch zu werden. In meinem Alter bessert man sich nicht mehr von seinen Fehlern, sondern man bekommt nur unfehlbar die Schwächen und Eigenheiten des Alters dazu. Damit müssen die Freunde Nachsicht haben, denn es ist schon an und für sich ein Unglück, alt zu werden ... Auf meinen Geburtstag bin ich immer besonders ernst, fast traurig gestimmt ...«

Die Bilanz ihres Lebens fällt zu diesem Zeitpunkt für die Gräfin alles andere als erfreulich aus. Sie hat ein Vermögen gewonnen und dafür ein Leben hingegeben, das, von kurzen glücklichen, oft nur rauschhaften Phasen unterbrochen, aus einer glücklichen Kindheit, einer fünfundzwanzigjährigen Demütigung in einer verhaßten Ehe und einem achtjährigen Prozeß dagegen bestand. Und mit fünfzig beginnt nicht das Leben für eine Frau. Auch Sophie kann die Zeit nicht zurückdrehen. Aus der Sicht des dreißigjährigen Lassalle sieht das anders aus. Er spürt die Wunden noch nicht, die er in diesen Kämpfen davontrug. Er wird sie viel später und auf andere Weise empfinden. Sophie aber sieht die Spuren der Kämpfe im Spiegel, sie spürt die Verletzungen beim Atmen, beim Laufen. An den Handgelenken bekommt sie Anschwellungen, die das Schreiben beschwerlich machen. Und nicht nur der Körper ist ergriffen. Auch die Seele. Angstzustände plagen sie, schwarze Gedanken suchen sie nachts heim. In finsteren Augenblicken und Stunden wirkt ihre Krankheit auf das Gemüt. Sie fürchtet sich vor Einsamkeit und Melancholie. Wieder schreibt sie Lassalle: »Denn das ist ja doch der eigentlich wahre Grund all unserer trüben Stunden: ich bin für Sie zu alt, zu krank und durch Krankheit und Unglück melancholisch reizbar, mit schwarzen Bildern geplagt, deren ich nicht mehr Herr werden kann. Und Sie sind zu jung, zu ungebeugt, um diesen Zustand zu verstehen, und zu heftig, um die nötige Geduld zu haben ... Aber, und ich sage es mir auch jetzt wieder, um mir Geduld und Ruhe zu geben: mit welchem Recht soll der Gesunde an den Kranken, der Lebende an den Toten gefesselt sein und mit ihm leiden?«

Lassalle verwandte inzwischen viel Energie darauf, seine Umsiedlung nach Berlin zu betreiben. Sie war ihm plötzlich so wichtig geworden, daß er – wie in den Hatzfeldtschen Prozessen – keine Mittel scheute, um an sein Ziel zu kommen. Noch war ihm, dem Revolutionär von 1848, die preußische Hauptstadt versperrt. So wandte er sich – für einen Revolutionär schon recht eigenartig – bittend an den reaktionären Polizeipräsidenten Karl Ludwig Hinckeldey. Als sein Brief ohne Antwort blieb, fuhr er einfach nach Berlin, wurde festgenommen, verhört und zurückgeschickt. Nun greift er wieder in seine Trickkiste, die immer für Überraschungen gut ist. Er schreibt einen Spitzelbericht über sich selbst, den er dem Polizeipräsidenten über unbekannte Kanäle zuspielt, um die Behörde hinters Licht zu führen.

Wir wissen nicht, inwieweit Sophie in die Angelegenheit eingeweiht war, immerhin lebten sie zu jener Zeit unter einem Dach und besprachen alles miteinander. Der imaginäre Spitzel berichtet, daß Lassalle im Rheinland großes Ansehen unter den Arbeitern genießt, aber wegen seiner wissenschaftlichen Studien nach Berlin ziehen will, was unter diesem Aspekt für die preußische Regierung günstig wäre. Sie könnte ihn hier besser beobachten, und er wäre von seinen Anhängern im Rheinland erst einmal getrennt. Was hier in zwei Sätzen als Quintessenz des Schreibens zusammengefaßt ist, wirkt plump und ungeschliffen gegen die diplomatische Meisterleistung Lassalles, der in einem mehrere Seiten umfassenden Bericht alle Register abgefeimter Schlauheit und raffinierter Verschlagenheit zieht.

Wie er die Argumente aufbaut, dabei immer ganz nahe an der Wahrheit bleibt, alle seine kleinen und großen Schwächen freimütig aufdeckt (was zeigt, daß er sich selbst schon besser kannte, als er gewöhnlich zugab) – das ist, wenn man die Hintergründe kennt, schon große Satire. So berichtet der »Spitzel«: »Sein (Lassalles) Hauptgrund, der ihn zu jenem Umzug treibt, ist die ihm unerträglich gewordene Einförmigkeit des Düsseldorfer Lebens. Hierzu kommt ein gewisser, trotz seiner großen Arbeitsliebe und Arbeitsausdauer (ich habe ihn diese Woche 7 Stunden en suite schreiben sehen) in seinem Naturell nicht minder stark ausgedrückter Hang nach Genuß und zumal weiblichen Zerstreuungen, ein Hang, den er in Düsseldorf nicht befriedigen kann, dem er in Berlin aber die reichste Nahrung geben zu können hofft.«

Auch die Gräfin kommt in dem angeblichen Spitzelbericht vor. Von ihr wird gesagt, daß sie eigentlich die treibende Kraft sei, weil sie ihn aus den Gefährnissen des politischen Kampfes im Rheinland, wo er noch immer von den Arbeitern als revolutionärer Führer betrachtet werde, heraushaben möchte. So heißt es, daß die Gräfin, die wegen ihres leidenden Zustandes keine neuen politischen Aufregungen wünscht, »aus diesem Grunde ihren Einfluß auf ihn (Lassalle) in politischer Hinsicht jetzt wirklich in heilsamer Weise dahin anzuwenden sucht, ihn möglichst von aller politischen Tätigkeit fernzuhalten und abzulenken«.

Natürlich forscht der »Spitzel« auch nach, ob der rheinische Revolutionär nicht noch Verbindungen zu den Männern der »Neuen Rheinischen Zeitung« habe. Er hatte sie. Alles andere wäre unglaubhaft gewesen. Vorzüglich mit einem gewissen Marx, dem er in London nicht schaden konnte und der vermutlich gelacht hätte, wenn ihm nicht die Spitzfindigkeit seines Mitkämpfers doch zu weit gegangen wäre. »Von einem Marx«, heißt es da, »mit dem er besonders befreundet zu sein scheint, wußte er mir sogar anzugeben, daß ihm ganz vor kurzem ein Söhnchen gestorben sei. Es geht hieraus also mit vollständiger Gewißheit hervor, daß Lassalle mit diesen Leuten in London, jedenfalls mit Marx, in ununterbrochener Korrespondenz stehen muß. Und steht dies erst fest, so liegt doch auch mindestens der Verdacht sehr nahe, daß diese Korrespondenz nicht bloß freundschaftliche und persönliche Verhältnisse ... betreffen wird. Dagegen steht fest, daß die Verbindungen, die er haben könnte, sich höchstens auf das Rheinland und London erstrecken und er jedenfalls mit Berlin nicht in der geringsten Verbindung steht.«

Indes sind Lassalles Beziehungen zu Marx und den Männern in London zu dieser Zeit so freundschaftlich nicht. Marx hatte immer zu ihm gehalten, als manche Emigranten schon starke Ablehnung gegen ihn zeigten. Anfang der fünfziger Jahre war ihre Beziehung enger gewesen, ihre Meinungen hatten noch weitergehend übereingestimmt. Lassalle berichtete Marx regelmäßig über die Situation der Arbeiter im Rheinland, deren Bewußtsein nach der Revolution wuchs, und er stellte fest, daß sich in der scheinbaren Totenstille der Reaktionsperiode Elemente einer wirklichen deutschen Arbeiterpartei entwickelten.

Marx hatte zu dieser Zeit seine sarkastische polemische Schrift über »Die großen Männer des Exils« geschrieben, in der er sich von sektiererischen Kräften in der Partei distanzierte. Lassalle schlug ihm vor, die Schrift in Deutschland zu verbreiten, weil sie bestimmt von den Behörden mißverstanden würde. Er erklärte das mit dem bemerkenswerten Satz: »Daß die Parteikämpfe gerade einer Partei Kraft und Leben geben, daß der größte Beweis der Schwäche einer Partei das Verschwimmen derselben und die Abstumpfung der markierten Differenzen ist, daß sich eine Partei stärkt, indem sie sich purifiziert, davon weiß und befürchtet die Behördenlogik wenig.«

Dieser Lassallesche Gedanke, daß eine Partei stärker wird, indem sie ihre Meinungen in ihren Reihen austrägt, gefiel fünfzig Jahre später Lenin so gut, daß er die Lassalleschen Formulierungen als Motto über sein berühmtes Werk »Was tun?« stellte.

Lassalle informierte Marx auch von Vorgängen im Ausland, die er von dem Vater seiner zeitweiligen Geliebten Agnes Klindworth erhielt, dem als Diplomaten verkleideten internationalen Spion Georg Klindworth. So lieferte er auf diesem Weg wichtige Nachrichten über den Krimkrieg, die Marx für seine Beiträge in der amerikanischen Presse verwenden konnte.

Nach dem Ende der Hatzfeldt-Prozesse 1854 verschlechterte sich die Beziehung zwischen den ehemaligen Kampfgefährten. Da mögen auch persönliche Dinge eine Rolle gespielt haben. Die Familie Marx lebte in London in größter Not, das Wort ist hier nicht übertrieben. Er arbeitete ununterbrochen und verdiente nicht genug, um seine Familie zu ernähren. Oft konnte er den Doktor nicht rufen, wenn jemand krank war, weil kein Geld für die Medizin da war. »Seit acht bis zehn Tagen habe ich meine Familie mit Brot und Kartoffeln durchgefüttert«, schreibt er an Engels, »von denen es noch fraglich ist, ob ich sie heute auftreiben kann.«

Und da leben Freunde in Düsseldorf, die durch den Prozeß ein Vermögen erworben haben, wie es Marx sich kaum vorstellen kann, und die damit ein Leben führen, wie es unter Bourgeois üblich ist. Mit einem Bruchteil ihrer Zinsen hätten sie Marxens finanzielle Probleme auf einen Schlag lösen können. Die Gräfin aber kann sich seine Not nicht vorstellen. Bei ihr beginnt das Elend, wenn sie ihre Zofe entlassen müßte, was (gottlob) verhindert werden konnte, außer während der Gefängnishaft, die sie »ganz ohne Bediente« verbrachte. Und sie hat sich fest vorgenommen, nach dem Gewinn der Prozesse erst einmal an sich zu denken. Wo sie Not sieht, hilft sie auch, aber zu viele kommen und möchten Geld, und wenige, denen sie etwas gab, dankten es ihr. Marx schrieb nicht, daß er etwas von ihr wollte, aber niemand hätte es notwendiger gebraucht als er.

Auch unter den rheinischen Arbeitern erregte Lassalles und der Gräfin Lebensstil nun wieder Unmut und Mißgunst. Auch hier waren von der Gräfin abgewiesene Bittsteller die treibenden Kräfte, die Lassalles bürgerliches Wohlleben zum Anlaß nahmen, seine politische Haltung in Zweifel zu ziehen. Einer von ihnen, Gustav Levy, fuhr im Frühjahr 1856 nach London, um sich bei Marx und Engels über Lassalle zu beschweren. Er kritisierte dessen Verhalten, sein aufwendiges Leben und vor allem seinen Plan, nach Berlin zu gehen, in dem sie eine Flucht aus der Politik sahen. Unter dem Eindruck dieser Schilderungen kam auch Marx zu der Meinung, daß Lassalle die Verbindung zu den Arbeitern verloren hätte. An Engels schrieb er 1856: »Das *Ganze* hat auf mich und Freiligrath einen *definitiven* Eindruck gemacht, so sehr ich für L. (Lassalle) eingenommen war und so mißtrauisch ich gegen Arbeiterklatsch bin.« Und Engels antwortete: »Es wäre schade um den Kerl, seines großen Talents wegen, aber diese Sachen sind doch zu arg.«

Welche Sachen eigentlich?

Bis zum Jahre 1857 gibt es nun keinen Briefwechsel mit Lassalle. Die Beziehungen zwischen dem Düsseldorfer Freundespaar und den beiden Männern in London sind erst einmal eingefroren.

Lassalle und die Gräfin haben das unter dem Eindruck ihrer eigenen Probleme, der Anlage des Vermögens, der Umsiedlung Lassalles nach Berlin, der Fortsetzung seiner wissenschaftlichen Arbeit am Heraklit kaum zur Kenntnis genommen, jedenfalls wird die Unterbrechung ihrer Beziehung zu Marx in ihren Briefen mit keinem Wort erwähnt. Er scheint fast, als wäre es ihnen gelegen gekommen, aus dem politischen Streit der unterschiedlichen Richtungen unter den nachrevolutionären Emigranten und den im Lande wirkenden Kräften erst einmal heraus zu sein. Denn sie mußten beide erfahren, daß man in der Politik nicht immer nur dem politischen Feind gegenübersteht, sondern auch im eigenen Lager Gegner haben kann, die einem nicht weniger zusetzen. So schreibt Lassalle im Sommer 1856 an die Gräfin: »Freilich sind Sie auch im Schoße der eigenen Partei angefeindet worden. Aber wem geschieht das in der demokratischen Partei nicht? Mir nicht? Marx nicht? Waldeck (Chef der demokratischen Partei in Preußen) nicht? Kinkel (demokratischer Politiker aus der Badischen Erhebung) nicht? Proudhon (französischer Reformer) nicht? Ledru (französischer linker Politiker) nicht? Das geschieht ja allen, und bei jedem ergreift man dann, um ihn anzufeinden, was sich nur eben bietet. Ist es nicht dies, so ist es das. Gemeinsames Los aller.«

Die Gräfin sollte später noch oft Gelegenheit erhalten, über diesen Satz nachzudenken. Im Moment aber hatte sie andere Sorgen, persönlicher Natur. Ihre zehnjährige Freundschaft, ihr Lebensbund mit Lassalle war einer ernsten Zerreißprobe ausgesetzt, auf die sie beide nicht vorbereitet waren.

Mißverständnisse und Trennung

Im Sommer 1856 mehrten sich die Mißverständnisse zwischen den beiden Freunden, die sich nach dem Ende der Prozesse angekündigt hatten. Der Versuch, sie mit einer gemeinsamen Reise an den Genfer See zu überwinden, endete im Streit. Die Gräfin suchte nach einem Jungbrunnen, um sich für den jungen Freund attraktiv zu erhalten. Sie nahm Bäder jeder Art, schluckte Brunnen jeder warmen Quelle; doch nicht nur ihr Körper litt, auch ihre Seele. Und Lassalle, der zu dieser Zeit nur an seine Karriere dachte, ließ es an Taktlosigkeiten nicht fehlen, an kleinen Nadelstichen und boshaften Vorwürfen.

Hauptquelle ihres Streits waren die Spannungen zwischen Sophies Sohn Paul und ihrem Freund Lassalle. Beide reklamierten mit guten Gründen, wie sie meinten, eine exklusive Beziehung zur Gräfin; beide stellten sie vor die ihr unmögliche Entscheidung, wer von ihnen in ihrem Leben der erste und einzige Mensch sein sollte. Paul hatte sich nach seinem mutigen Verhalten in den Tagen der Revolution, wo er an der Seite von Marx und Engels stand und in jungen Jahren Ansehen in der demokratischen Bewegung Düsseldorfs gewann, von seinen Jugendidealen verabschiedet. Er betrachtete seine revolutionäre Phase als Jugendsünde und entwickelte sich schnell zu einem gehorsamen Untertanen des Königs (und besonders des Vaters). Er wurde ein Musterbild an Unterordnung und Anpassung. Nun, inzwischen dreißigjährig, erwartete er auch von seiner Mutter, daß sie ihren revolutionären Gedanken und damit ihrem Freund abschwören sollte.

Da ihre Beziehung zu Lassalle durch keinen ökonomischen

Zwang, keine juristische Gemeinsamkeit mehr notwendig erschien, wollte Paul die Gräfin von dem Revolutionär trennen, um sie in den Schoß der Familie zurückzuholen. Jetzt, da Sophie nach dem Sieg über den Grafen in angemessenem Wohlstand lebte, zeigte sich auch die Familie, zumindest Teile davon, geneigt, sie wieder gnädig aufzunehmen.

Paul von Hatzfeldt ahnte nicht – oder ahnte er es doch? –, in welchen Zwiespalt der Gefühle er seine Mutter stürzte, was er der kranken Frau zumutete, in welche inneren Spannungen er sie mit seinen Forderungen versetzte. Und Lassalle zog auf der anderen Seite an ihr und forderte, daß sie ihm die achtjährige Freundschaft, in der er ihr seine Jugendjahre geopfert hatte, nun mit einer vollen Zuwendung zu ihm vergalt, die für keinen anderen Platz ließ, ja, daß sie sich ihm im weiteren Leben so unterordnete und seinen Schritten bedingungslos folgte, wie das in der Zeit seiner Prozeßführung notwendig gewesen war. So wurde die Gräfin zwischen Paul, dem einzigen Sohn, der ihr verblieben war, und Lassalle, ihrem einzigen Freund, innerlich zerrissen und aufgerieben.

Die Gräfin konnte eine solche Entscheidung nicht treffen, niemand an ihrer Stelle hätte sie treffen können. Bis ans Ende ihrer Tage hat sie diesen Konflikt ausgelebt, der mit den Eifersüchteleien und Anfechtungen ihrer beiden liebsten Menschen unlösbar geworden war. Der harte Egoismus beider Männer trieb sie in den folgenden Jahren in immer neue Konflikte.

Paul hat ihre Beziehungen zu Lassalle nie richtig verstanden, er hat die Gefühle einer solchen Lebensfreundschaft nicht kennengelernt und die innere Verbundenheit seiner Mutter zu dem Mann, der in den schlimmsten Zeiten wie ein Sohn, wie der beste Sohn, an ihr gehandelt hatte, immer wie eine Mesalliance betrachtet, ein Zweckbündnis bestenfalls, um ihre Rechte gegenüber dem Grafen durchzusetzen. Und er hat nicht verstanden, daß das politische Engagement der Gräfin in den Revolutionstagen für sie kein Strohfeuer und kein Zwischenspiel, keine Anpassung an eine politische Zeiterscheinung war, sondern daß sie ihren Grundüberzeugungen auch dann treu blieb, als sie unpopulär, unerwünscht und nachteilig für sie waren.

Und Lassalle seinerseits konnte ihre Muttergefühle nicht nachvollziehen. Als er 1857 mit Agnes Klindworth ein Kind bekam, das bald darauf starb, schrieb er an die Gräfin: »Mir ist meine kleine Fernande gestorben . . . es tut mir übrigens recht leid um die kleine Fernande. Ich wollte ein Erziehungsmeisterstück an dem Mädchen machen. Muß also warten, bis ich irgendwoher eine andere bekomme. Armes kleines Kind. Es starb am Zahnen. Tut es Ihnen nicht auch leid? . . . Nun adieu mit Goethes Worten: ›Doch der Boden zeugt sie wieder‹ usw. usw.«

Ein böswilliger Chronist könnte sagen, er ist traurig, daß ihm die kleine Fernande ein pädagogisches Experiment vermasselt hat. Von menschlicher Ergriffenheit ist wenig zu spüren. Anders bei der Gräfin, der der Tod des Kindes näherging als Lassalle. Sie antwortete ihm darauf: »Ich kann Ihnen versichern, daß es mir wirklich recht leid tut, daß das arme kleine Kind gestorben . . . Sie sehen übrigens an dem Schmerz um ein ganz kleines und nie gesehenes Kind, welch sonderbare Sache es mit der Elternliebe ist; und nun denken Sie sich ein Kind, mit dem man achtzehn Jahre lang mit jeder Fiber des Herzens zusammengewachsen ist, und Sie werden begreifen, daß das Herz einer Mutter, das noch ganz anders fühlt, brechen könnte, wenn man sich dies Gefühl herausreißen soll. Ich könnte es nicht, darum haben Sie Mitleid mit mir, versuchen sie nicht, mir gewaltsam die Augen zu öffnen, die ich krampfhaft zumache. Ich will nicht sehen, was ich, wenn ich es mir völlig eingestehen müßte, nicht ertragen könnte.«

Lassalle konnte auch nicht verstehen und vor allem nicht verzeihen, daß Sophie den zaghaften Annäherungsversuchen der Familie, besonders ihrer Schwester Clara Nostitz, die an Krebs erkrankt war und nach ihr rief, nachgab. Wie sollte er auch begreifen, daß die Gräfin nach allem, was die Sippschaft ihr angetan hatte, im Hause des Generals von Nostitz, des Generaladjutanten des Königs, Versöhnung suchte. Da Lassalle seine eigenen Wege ging, suchte auch die Gräfin in einem tiefverschütteten, aber immer noch vorhandenen Familiensinn, aus Mitleid mit der kranken Schwester, aus romantischer Verklärung ihrer Kindheitserinnerungen oder einfach aus Einsamkeit die Nähe zu ihren leiblichen Verwandten. Vergeblich, wie sich bald zeigen sollte, aber zunächst einmal mit offenem Herzen und ehrlicher Absicht. Dieses Mißverstehen auf beiden Seiten führte schließlich zu einer ernsten Krise ihrer Beziehungen, die Lassalle eine zumindest zeitweilige Trennung geraten erscheinen ließ.

Mitte September 1856 bricht er, auch um Ordnung in seine Gefühle zu bringen, mit seinem Schwager zu einer Reise in den Orient auf. Nach seiner harten Arbeit am Heraklit wollte er »einmal einen südlichen Hauch« in sein Leben fallen lassen. Die Reise ging über Prag und Belgrad nach Konstantinopel und weiter nach Syrien, von dort über Damaskus nach Ägypten, nilaufwärts nach Theben, der Stadt der Tempel und Königsgräber. Leider sind seine an die Gräfin gerichteten »orientalischen Reisebriefe« mit großen Teilen seines Nachlasses verlorengegangen.

Doch der ziemlich überstürzte Beginn der Reise deutet auch darauf hin, daß andere Gründe als eine Bildungstour für ihn mitbestimmend waren. An die Gräfin schreibt er: »Nie wäre ich so weit und auf so lange von Ihnen gereist, wenn nicht Ihr Betragen gegen mich in den letzten Monaten gewesen wäre und mich überzeugt hätte, daß eine temporäre Trennung durchaus nötig ist, damit einer des andern wieder froh wird. Aber mir ist entsetzlich bange.«

Die Gräfin, die sich zum Zeitpunkt der plötzlichen Abreise Lassalles in Schlangenbad aufhielt, ist zutiefst erschrocken. Sie wollte ihm gerade schreiben und ihn bitten, recht schnell wiederzukommen. Da er entschlossen war, Düsseldorf zu verlassen und nach Berlin zu gehen, wünschte sie sich, daß sie noch einmal einige Monate in einem Haus wie eine Familie zusammen verbrächten. Der Gedanke, daß in einigen Monaten das Zusammenleben vielleicht ganz aufhörte, lag ihr schwer auf der Seele.

Am 23. September erhielt sie seinen Brief aus Prag, in dem er ihr seine Abreise mitteilte ohne Abschied, ohne Vorbereitung oder vielmehr, »nachdem wir uns in Ärger getrennt«.

Sie ist traurig, »daß das Band des Zusammenlebens, was uns beide allerdings oft hart bedrückt, weil wir unnachsichtig gegen unsere gegenseitigen Fehler waren, was ich aber mich dennoch nie entschließen konnte, aufzugeben, nun gelöst ist, und wir getrennt auf unbestimmte Zeit sind«.

Und sie befürchtet aus weiblichem Empfinden: »Denn was kann nicht alles während dieser Zeit geschehen, und dann haben wir ja keinen bestimmten Ort, keine gemeinschaftliche Heimat mehr! Die Nachricht hat mich so völlig unerwartet getroffen, daß ich ganz betäubt bin und mich nicht fassen kann, nur meine Tränen fließen unaufhaltsam und verhindern mich am Schreiben. Der gute Geist schütze und geleite Sie, seien Sie vorsichtig und vernünftig für sich und für die Leute, die Sie lieben . . .«

»Schreiben Sie mir recht oft . . ., daß Sie gesund und wo Sie hingehen. Sie wissen ja, wie krankhaft ängstlich ich bin und wie mich stets schwarze Gedanken plagen. Leben Sie recht, recht wohl, gedenken Sie meiner wie jemand, der trotz allem eine so wahre Freundschaft für Sie gehabt und stets haben wird, wie Sie sie nicht wieder finden werden. Adieu, adieu . . . es ist mir, als wäre es auf – ich fürchte mich davor, das Wort zu schreiben.«

Und dann noch ein Nachsatz: ». . . denken Sie bei jeder Sache, die Sie tun wollen, erst daran, sie sitzt zu Hause, in ihrer melancholischen Art, sich schwarze Bilder machend, und ängstigt sich. Sie wissen, wie ich mich ängstigte, wenn ich von Paul acht Tage keine Nachricht hatte, und Sie, habe ich mich gewöhnt, zehn Jahre nicht aus den Augen zu verlieren, für Sie zu sorgen wie für ein Kind, und wenn Sie einmal kurze Zeit nicht da waren, alle drei, vier Tage von Ihnen zu hören, und jetzt so weit, so seltene Nachricht und eine Reise, die mir ängstlich erscheint. Sie können denken, daß ich bei meiner krankhaften Reizbarkeit nicht sehr ruhig sein werde. Sie sagen, Sie reisten mit dem frohen Gedanken, daß bei der Rückkehr unser Verhältnis ein besseres sein würde. Wenn Sie mich nur nicht noch kränker und mithin noch tiefer in Melancholie versunken wiederfinden! ... Leben Sie wohl, mein liebes Kind, diesmal ist es ein wirkliches und ernstes Lebewohl, es tut mir entsetzlich weh, daß wir uns auf diese Weise getrennt. Ich umarme und segne Sie wie meinen Sohn.«

Auch am Ende des Nachsatzes scheint der Gräfin noch immer nicht alles gesagt, sie kann den Brief nicht abschließen, er kommt ihr wie der Abschluß eines Lebens vor. Solange sie schreibt, hat sie das Gefühl, ihm nahe zu sein, und deshalb schreibt sie immer weiter. Noch einen Nachsatz zum Nachsatz. Sie wiederholt sich und beschwört ihn: »Denken Sie ohne Groll über meine Fehler, nur an meine treue Freundschaft. Es ist eigentlich unrecht von mir, Ihnen so traurig zu schreiben, aber ich kann einmal meiner trüben Gedanken nicht Herr werden. Ich fürchte mich vor der Rückkehr nach Düsseldorf in mein ödes, einsames Haus, aber hier kann ich es auch nicht mehr aushalten, auch ist es so kalt und regnet immerwährend, so trübe ist es wie in meinem Innern. Wäre ich doch mit Ihnen in Vevey geblieben!« (Wo sie im Sommer ihren Urlaub verbrachten.) Und dann kommen Ratschläge, wie man sie Kindern mit auf den Weg gibt, ein Plaid soll er sich kaufen, einen Pelz nicht vergessen, morgens und abends sich warm halten, nicht auf der Erde liegen usw., alles, was einem aus Sorge um den anderen in den Kopf kommt. Er fehlt ihr sehr. Die Untätigkeit, der Mangel an Pflichten, verbunden mit der erzwungenen Einsamkeit, schadet ihr körperlich und geistig. Weil sie sich in dieser Zeit zuviel und zu oft mit sich selbst beschäftigt, wird sie melancholisch und mürrisch. Sie selbst fühlt, daß sie etwas zu tun haben müßte, sie erschrickt über ihre Unselbständigkeit, die immer schlimmer wird. Körperlich hat sie sich in den Bädern gut erholt, mit den Beinen, die ihr viel zu schaffen machten, geht es besser, aber psychisch kann sie sich nicht aufraffen, sie empfindet sich als kleines, im Wald verlassenes Kind, und alle ihre guten Vorsätze, reger und tätiger zu werden, schmelzen dahin, wenn sie an den Freund denkt und an die schöne schwere Zeit, die sie beide miteinander verlebt haben.

Doch in ihrer Trauer, die auch die seine wird, erkennen beide, wie räumliche Ferne oft geistige Nähe vermittelt; was das geschriebene und also bedachte Wort dem schnell hingesprochenen, oft unbedachten voraus hat. »Beim Schreiben«, sagt die Gräfin in einem Brief, »äußert man nur seine wirklichen Gefühle und Ideen, ungetrübt durch die kleinen Reibungen des Lebens, die Verstimmungen hervorbringen . . .«

Auch Lassalle kann sich von dieser Erinnerung nicht lösen. Ihre Briefe machen ihn hilflos und traurig. Er schreibt ihr aus Konstantinopel im Oktober 1856, daß er ihr nicht sagen kann, was er beim Lesen ihres Briefes gelitten hat. »Als ich zu der Stelle kam, wo Sie von Ihrem öden einsamen Haus in Düsseldorf sprechen, flossen meine Tränen unaufhaltsam und gingen wie bei einem Kinde in ein lautes Schluchzen über, das ich nur mit Mühe endlich beherrschte. Die Wehmut, die in Ihrem Briefe lag, hat ihr Echo in meiner Brust gefunden und dies in jener gewaltsamen, verstärkten Weise, welche bei mir immer einem Gefühle, das mich durchdringt, eigen ist . . . Niemals hätte ich mich entschlossen, Sie auf so viel Monate allein zu lassen, wenn nicht in der letzten Zeit so vieles vorgefallen wäre . . ., was mich endlich wirklich zu der Überzeugung brachte, Sie wünschten die Trennung von mir . . .

Ach, Gräfin, wenn Sie verstünden, zu mir zu sprechen in derselben Weise, in der Sie mir schreiben – welch glückliches Leben hätten wir bis heran bereits geführt, welch glückliches Leben würden wir noch führen!«

Im Sommer 1856 war nichts anderes vorgefallen, als was in

den nächsten Jahren permanent passieren wird und zu sich wiederholenden Krisen in ihrer Beziehung führt. »Was mich lange kränkte, war nur, daß, während Sie mir stets die Erste geblieben waren in meinem Herzen, während Sie mein ganzes individuelles Denken und Fühlen, das Reich meiner Persönlichkeit ausfüllten – ich zum Letzten geworden war von allem was Sie liebten und wünschten.« So schrieb ihr Lassalle. Das war es natürlich nicht, und das wußte er auch. Es war eine seiner im Gerichtssaal so wirkungsvollen Übertreibungen. Er fühlte sich fortwährend zurückgesetzt und deckte alles, was bei den Spannungen von ihm ausging, mit einem bombastischen Redeschwall zu. Und folgte man seinen Beschwörungen, so ist er eigentlich nur in den Orient gefahren, um der Gräfin einen Gefallen zu tun, die sich nun zu Hause grämt.

Durch seine Abwesenheit von drei bis vier Monaten wollte er ihr lediglich die Zeit geben, sich in die Verhältnisse einzurichten. »Dies der Grund meines unter anderen Umständen ja närrischen Entschlusses, binnen vierundzwanzig Stunden nach Asien und Afrika zu gehen.«

Die Trennung würde seiner Meinung nach eine Entscheidung in ihren Beziehungen herbeiführen, die die Gräfin in Ruhe treffen, bei der sie sich Zeit nehmen sollte, ihr Herz gründlich kennenzulernen und sich reichlich zu prüfen. Und wenn diese Entscheidung für ihn ausfiel, dann, ja dann: »Unversehrt und gleich frisch und warm«, verspricht er, »bringe ich Ihnen mein treues Herz unverdorrt aus der Wüstenhitze zurück. Wir haben dann reichlich für die Trennung gewonnen. Denn wir haben besser gesehen, was wir einander sind. Wir richten dann unser Leben ein, wie Sie es wollen. Ziehen Sie dann vor, daß ich in demselben Hause mit Ihnen wohne, so sind wir frei es zu tun. Wünschen Sie, daß wir getrennt wohnen, was mir besser scheint und an der Herzlichkeit unseres Familienlebens nichts zu ändern braucht, so tun wir dies.«

Und er versichert der Gräfin, daß »alle andern Menschen

zusammengenommen auch nicht zum hundertsten Teil so treu, so innig, so warm an Ihnen hängen als ich . . .«.

»Für mich«, schreibt er, »besteht der wahre Lebensgenuß nicht in den Reisen, nicht in der Reihe bunter Bilder, die man kaleidoskopartig vor sich vorüberziehen läßt, sondern in der Tiefe der Gedanken und Gefühle, die uns durchschüttern, wenn wir im einsamen ruhigen Zimmer auf dem Sofa sitzen und, von demselben Gedanken belebt, uns in die vieltrauten blauen Augen sehen und die vielerprobten Hände schütteln. Für mich ist Leben: Innerlichkeit: Geschichte, nicht Geographie.«

Wenn sie es wünschte, verließe er Konstantinopel auf der Stelle (er weiß, daß sie es nicht wünscht) und käme zurück, denn: »Sie sind mir und bleiben mir das Liebste im Orient und Okzident und werden mir dies immer bleiben, solange ich nur eine Spur von Gegenseitigkeit in Ihnen entdecke.«

Lassalle erinnert die Gräfin an seinen Schwur aus dem Jahre 1847, daß er sie nie verlassen würde, solange sie ihn benötige, und wenn er darob zugrunde ginge. Er verweist darauf, daß er dies Wort gehalten hat, und verspricht ihr, »daß ich stets bei Ihnen bleiben werde, solange Sie selbst es wollen, daß ich Sie nie verlassen werde, solange Sie mich nicht geradezu und positiv dazu zwingen«.

»Selbst für diese paar Monate«, schreibt er, »habe ich Sie nicht verlassen, um einem Vergnügen nachzujagen. Jeder, selbst der geringste Genuß, den ich mit Ihnen teilen kann, steht mir höher. Ich habe Sie verlassen, weil ich mich dazu gezwungen glaubte. Aber ich komme wieder, und die durch das Leid der Trennung gereinigten Seelen werden sich besser verstehen, als wenn sie nie getrennt!«

Zum Jahreswechsel 1856/57 waren beide wieder vereint. Lassalle traf am 30. Dezember, die Gräfin am 1. Januar in Breslau ein. Doch das Jahr, das glücklich begann, hielt neue, schwere Prüfungen für sie bereit.

№ 118
des Paß-Journals.

Königlich Preußischer

Reise-Paß für das Ausland

Signalement der Paß-Inhaberin

1. Geburtsort Berlin
2. Wohnort Düsseldorf
3. Jahr und Tag der Geburt 48 Jahre
4. Größe 5' 4"
5. Haare blond
6. Augenbrauen do
7. Augen blaugrau
8. Nase } gewöhnlich
9. Mund
10. Bart
11. Gesicht voll
12. Statur stark
13. Besondere Kennzeichen keine

für

Gräfin Sophie von Hatzfeldt geb. von Hatzfeldt in Begleitung einer Kammerjungfer

Reisezweck: zum Vergnügen

Reiset über Cöln

nach den deutschen Bundesstaaten, Holland, Belgien, Frankreich, England und der Schweiz

Dieser Paß ist gültig auf ein Jahr

Unterschrift der Paß-Inhaberin

Gräfin Hatzfeldt

Alle Civil- und Militair-Behörden werden ersucht, die Vorzeigerin dieses, welche durch persönliche Bekanntschaft als unverdächtig legitimirt ist, frei und ungehindert reisen und zurückreisen, auch nöthigenfalls ihr Schutz und Beistand angedeihen zu lassen.

Gegeben Düsseldorf den vierzehnten April 1800 fünfzig und fünf

Reisepaß der Gräfin von 1855

Liebe, die sie Freundschaft nennen

Die lebenslange Beziehung der Gräfin Hatzfeldt zu Ferdinand Lassalle hat immer wieder die Frage nach dem Wesen dieser für uns und erst recht für ihre Zeitgenossen ungewöhnlichen Verbindung laut werden lassen. War es Liebe, eine »wilde Ehe«, eine geschäftliche Partnerschaft mit erotischem Einschlag, oder was war es sonst? Es erstaunt nicht, daß diese im Grunde nur die beiden Freunde angehende Frage nie wirklich beantwortet werden konnte. Alle Urteile darüber beruhen auf Vorurteilen, auf die sie allein hätten erwidern können. Doch sie haben geschwiegen. Schwerer noch aber wiegt die Tatsache, daß sie nach einer solchen Erklärung gar nicht gesucht haben. Und wir haben heute kein Wort für das, was die beiden verband, für eine Beziehung, die Freundschaft, Liebe, Gemeinsamkeit, gegenseitige Unentbehrlichkeit und vieles andere einschloß.

Ihre Briefe, die sie in den Jahren nach 1855, als sie häufig voneinander getrennt waren, wechselten, vermitteln uns eine Vorstellung davon, was einer dem anderen bedeutete, was einer für den anderen empfand. In den Briefen, die nicht für die Historiker und Biographen, sondern nur für den jeweiligen Empfänger geschrieben wurden, offenbaren sie uns ihre Gefühle, und wir lernen Sophie von Hatzfeldt nicht nur als empfindsame Frau auf neue Weise kennen, sondern auch als eine literarisch begabte Schreiberin.

Lassalle bescheinigt ihr das in einem Brief vom Juli 1856: »Ich habe Ihren lieben und schönen, Ihren klugen und dummen, Ihren geistreichen und so törichten Brief kaum empfan-

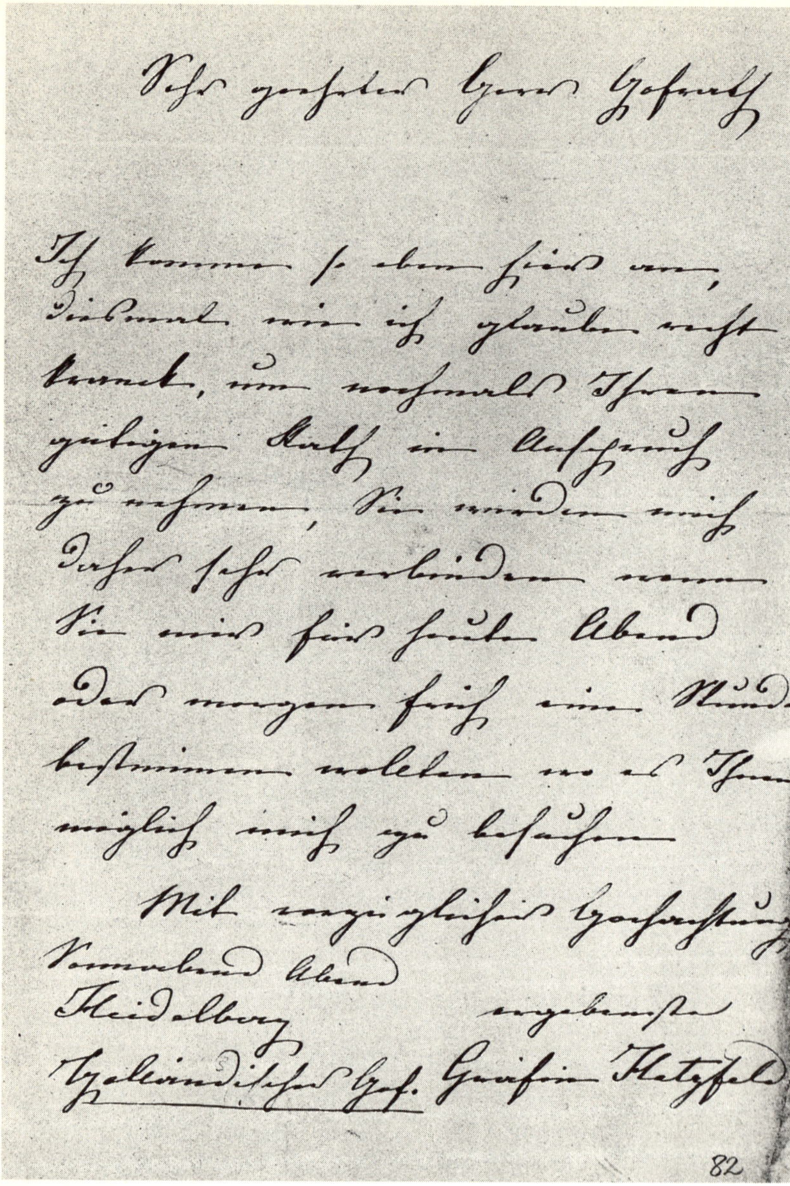

Sehr geehrter Herr Hofrath

Ich komme so eben hier an,
dießmal wie ich glaube recht
krank, um nochmals Ihren
gütigen Rath in Anspruch
zu nehmen, Sie würden mich
daher sehr verbinden wenn
Sie mir für heute Abend
oder morgen früh eine Stunde
bestimmen wollten wo es Ihnen
möglich mich zu besuchen

Mit vorzüglicher Hochachtung
Sonnabend Abend
Heidelberg ergebenste
Holländischer Hof. Gräfin Hatzfeld

82

Brief der Gräfin

gen und durchgelesen, als ich mich auch schon zu seiner Beantwortung niedersetze. Es ist wirklich häufig schon ein Genuß, Briefe von Ihnen zu empfangen, und man empfindet nur das Bedauern, sie nicht sofort in die Druckerpresse schicken zu können. Seit Goethe hat kein Mensch so Briefe geschrieben, und Goethe hat lange nicht diese Wärme und Lebendigkeit des Stils gehabt. Da ist so viel Natur darin und die Naivität eines Kindes und ein Erguß des Herzens und so viel Geist und Gescheitheit und doch wieder so viel liebliche und interessante rührende Dummheit mitten darunter, daß es einem ganz nahe geht und denselben rührenden Eindruck macht, wie unschuldige kleine Kinder in weißen Kleidern und mit Rosengirlanden . . .

Es gäbe wirklich nichts Gescheiteres für Sie, als Schriftstellerin zu werden. Sie bringen sich um einen großen Triumph und unsere Literatur um eine große Zierde, wenn Sie es nicht noch tun! – Das heißt schreiben! Haben Sie doch mich steifen Pedanten fast zu einer Rhapsodie hingerissen . . . Wie kann man nur solche Briefe schreiben können und dann noch mit sich selber unzufrieden sein? . . . Wie kann man solche Briefe schreiben können und dann nicht ruhig und seelig um sich thronen, gleich den olympischen Göttern?«

Die über zweihundert erhalten gebliebenen Briefe zwischen Sophie von Hatzfeldt und Ferdinand Lassalle zeigen ihre einmalige und einzigartige Beziehung in vielen Details, oft finden sich in Nebensätzen Bekenntnisse und Eingeständnisse. Sie kämpfen umeinander mit unterschiedlichen Mitteln, aber keiner kann und will ohne den anderen leben. Lassalle schreibt, wie er lebt: immer drängend, stürmend, bestimmend, fordernd! Und Sophie, behutsam, auf ihrer beider Bindung bedacht, spendet ihm neidlos Beifall und übt milde Kritik. Und auch, wo sie ihm nicht folgen kann, will sie ihn doch nicht aus den Augen verlieren.

Es gab im Verlauf der zehn Jahre, die ihr Briefwechsel umfaßt, Zeiten, in denen sie einander sehr nahe waren, und andere, in denen sie sich voneinander entfernten, ja vorübergehend trennten. Doch in allen Krisen, die ihre Beziehung durchmachte, stand die innere Bindung der Freunde niemals wirklich in Frage.

»Denn so fest ist mir doch nichts ans Herz gewachsen«, schrieb Lassalle, »daß ich mich deshalb von Ihnen trennen sollte. Das stimmt zu meiner Art von Freundschaft nicht.« Und an anderer Stelle: »Wir haben doch wahrhaftig beide nicht so viele Menschen, die uns lieben, daß jeder das eine und beste, was er hat, von sich fern halten sollte.«

Wenige Tage vor Lassalles Tod noch schreibt die Gräfin: »Immer steht Ihr Gesicht, wie ich es aus dem Waggon sah, vor mir . . . Ich kann sagen, daß ich für Sie das Gefühl habe, als wenn Sie mit einem materiellen Band an mein innerstes Sein gebunden wären, das durchgeschnitten die Verblutung herbeiführen muß.«

Zur Beantwortung der Frage, ob es Liebe war, was die beiden verband, wird immer wieder der Brief Lassalles vom 8. und 9. September 1860 herangezogen, in dem er den vielzitierten Satz schrieb: »Auch die einzige Person, die ich je geliebt habe, sind doch Sie gewesen, und das habe ich besonders im Jahre 1848 in meiner Kölner Haft sehr deutlich gefühlt!«

Dieser Satz kann sowohl als Beweis wie auch als Gegenbeweis einer Liebesbeziehung gewertet werden. Einen wirklichen Liebesbrief der beiden Freunde gibt es nicht. Die Erinnerung Lassalles liegt hier zwölf Jahre zurück. Und nun, da er das schreibt, ist er gerade einer schönen jungen russischen Adligen begegnet, die »seiner Liebe unbeschreiblich würdig« wäre. Er berichtet der Gräfin davon, um anschließend festzustellen: »Aber ich weiß nicht, ich kann keine Leidenschaft mehr in meinem vom Feuer zerstörten Herzen aufbringen.«

Und dann kommt der Satz, in dem er über seine Liebe spricht, aber sehr spät und ziemlich nebenher. Ein ähnlicher Satz findet sich in einem Brief vom November 1856, als Lassalle vom Tod seines Freundes Arnold Mendelssohn erfährt, eines der Musketiere vom Kassettenraub. Da schreibt er der Gräfin: »Mir ist sehr weh, sehr wehmütig. In meinem ganzen Leben habe ich außer meinem Vater nur zwei Menschen geliebt, Sie und Arnold ... Gräfin! Es lastet eine große Liebesschuld auf Ihnen. Mein Arnold ist tot! Sie müssen mir alles an Liebe und Freundschaft ersetzen, was ich durch seinen Untergang verloren habe. Wenn ich auch Sie einst verlieren sollte, so wäre ich der steinunglücklichste der Menschen! Ach, wie leer und nichtig sind alle Freuden und Genüsse neben dem einen und wahren Genuß, den man in der echten gediegenen Liebe edler Wesen findet. Erhalten Sie sich, schonen Sie sich, erhalten Sie sich für mich ... Es zieht mich große Sehnsucht nach Ihnen zurück. Arnold ist tot, ist elend untergegangen. Es drängt mich um so mehr nach Ihnen, auf die ich jetzt auch die Liebe übertrage, die ich für ihn hatte.«

Und 1863 bestätigt er ihr in einem Streit: »Ach ja, ich habe Sie immer sehr geliebt ...«

Die Begriffe Freundschaft und Liebe sind für Lassalle im Laufe der Zeit immer mehr Synonyme geworden, die er abwechselnd verwendet für den gleichen Inhalt. So schreibt er Weihnachten 1858:

»Jeder Mensch und darum auch ich braucht eine Person, die er liebt. Und wie sollte mir irgend jemand jemals die Ihrige ersetzen? Sie sind ein Stück Lebensgeschichte von mir geworden, Sie stellen meine besten zehn Jahre dar. Sie allein kennen mich ganz, verstehen mich ganz. Sie verstehen die Dinge, die mich interessieren; durch langen gegenseitigen Gedankenaustausch haben Sie meine eigene Weltanschauung im allgemeinen angenommen, haben Interesse und Verständnis für alle Ideen bekommen, die mich beschäftigen. Sie sind mein zehnjähriger Zelt- und Kriegskamerad gewesen, wir haben Unglück und Elend, unerhörte Situationen und unerhörte Prouessen gemeinschaftlich durchgemacht, – wie soll ich von alledem nur den hunderttausendsten Teil bei andern Leuten wiederfinden? Jedes, selbst männliche, Freundschaftsverhältnis, das ich jemals eingehen werde, bleibt mir äußerlich und gleichgültig gegen meinem Verhältnis zu Ihnen . . .«

Im November 1856 legt Sophie ihre Ansichten über die Freundschaft dar: »Man kann die wahrste Freundschaft füreinander haben, ohne über alles gleich zu denken . . . Jedenfalls ist dies aber sicher, daß ich für Sie eine so tief und stark gewurzelte Freundschaft hege, daß Mißstimmungen und Reibungen wohl die Oberfläche trüben, aber niemals den Kern derselben auch nur berühren können . . . Wissen Sie denn nicht, daß eben dieses unerschütterliche Vertrauen die notwendige Basis und der stärkste Halt aller Freundschaft ist, und daß, wo diese aufhört, die Freundschaft selbst schon erschüttert und das Glück, welches man darin findet, aufhört? Diese Gewißheit ist es ja eben, die die Freundschaft so viel höher wie die Liebe stellt.«

Auf diesen Satz reduziert sich in letzter Konsequenz die Ansicht Sophie von Hatzfeldts über Freundschaft und Liebe, ihr Verhältnis zu Lassalle, das Krisen durchlief, aber alle anderen von beiden zwischenzeitlich eingegangenen Bindungen überlebte, ja, an dem alle Beziehungen zu Dritten letztlich scheiterten. Mit diesem Satz beantwortete Sophie von Hatzfeldt auch die Frage nach der Beziehung zu Lassalle. Eine Liebe, die sie Freundschaft nannten, oder eine Freundschaft, die so viel höher steht als die Liebe.

Was der einzelne höher einschätzt, die Freundschaft oder die Liebe, das hängt wohl immer von seinen persönlichen Erlebnissen ab, von dem, was ihm Freundschaft und Liebe im Leben gegeben haben. Für die Gräfin Hatzfeldt stand die Freundschaft am höchsten, und es war die eine, einzige, einzigartige Freundschaft zu Lassalle, mit der sie die tiefsten Empfindungen und das höchste Glücksgefühl verband.

Auch für Ferdinand Lassalle stand die Freundschaft über allen anderen Beziehungen, die er oft flüchtig einging. Als er 1858 in Zürich einen traurigen Brief von der Gräfin erhielt, war er so tief erschüttert, daß er ihr schrieb: »Meine Tränen flossen unaufhaltsam, obwohl Sie wissen, wie selten und schwer ich weine, und als ich mit meinen Gefühlen auf einem Nachen den See hinunter fuhr, war es mir von neuem, so sehr ich gegen kämpfte, unmöglich, den unaufhaltsam fließenden Strom stiller Tränen zurückzudrängen. Ich glaube, das ist alles gesagt, denn ich glaube nicht, daß Sie sich erinnern, mich in den zwölf Jahren mehr als etwa zweimal weinen gesehen zu haben. Ich kenne bloß zwei starke Neigungen, die sich in mein Herz teilen und die alles erschöpfen, was ich an innerem Leben habe, zwei Neigungen, unwandelbar, die dauern werden, solange ich lebe und ohne welche mein Herz ein trostlos ausgebrannter Krater sein würde.

Es ist meine Leidenschaft für die große Sache, und meine leidenschaftliche Freundschaft für Sie. Individuell glücklich kann ich mich nur mit und bei Ihnen fühlen. Ich will Sie mir nicht entreißen lassen, und wenn keine Halbheit in Ihnen ist, wenn keine Rücksicht auf angeblichen ›Schaden‹ in Gesellschaft und bei der Familie Sie teilt und hemmt, wird es dem Unterschied des Alters und allem was Sie hierüber zu sagen wissen, niemals gelingen, mich von Ihnen zu trennen. Können Sie nicht mehr, wie Sie sagen, Schritt mit mir halten, so will ich sehr gern meinen Schritt zu dem Ihrigen herunterstimmen.«

Und er fährt fort: »Ich will alles tun, selbst, wenn Sie es wollen, Berlin verlassen, nur von Ihnen will ich mich nicht trennen lassen. Jeder Mensch braucht doch einen Punkt individuellen Glückes und für mich ist alles, was ich an individuellem Glück und wirklicher Herzensfreude haben und hoffen kann, in Ihnen eingeschlossen.«

Die Gräfin hatte ihm vom Tod ihrer Schwester Clara Nostitz geschrieben, die im Januar gestorben war, und ihre Erinnerung daran, wie die Tote plötzlich kalt, regungslos, unerreichbar war. Lassalle antwortete: »Aber ist das nicht eben eine um so größere Aufforderung, sich um so fester an die noch lebenden Freunde anzuschließen . . . Denken Sie doch, daß einmal auch der Moment kommen muß, wo einer von uns beiden den andern in jener Lage sehen und wissen wird, kalt, regungslos, unerreichbar. Ich zittere und weine heftig, indem ich diese Worte ausschreibe, und fast bin ich so egoistisch, zu wünschen, daß Sie es sein mögen, der dieser Schmerz zuteil werde. Aber welcher von uns beiden es auch sein mag, einer muß es doch sein nach dem unentrinnbaren Gesetze der Notwendigkeit, und nun denken Sie, wie hart sich der übrig gebliebene jede Minute vorwerfen wird der Trennung, jede Minute, wo er den unerreichbar gewordenen treuen Freund noch erreichen konnte und nicht erreicht hat!«

Und er schließt mit den Worten: »Nun adieu, mein liebes gutes Kind, meine beste Freundin, mein einziger Freund!«

In anderen Briefen redet Lassalle sie mit »liebe gute Gräfin«, »gute Gnädige«, »Gnädigste«, »meine gute Gnädigste«, »liebes Kind«, »mein lieber guter Engel« und »Oh, mein gutes Wesen« an. Er bleibt für sie immer »mein liebes Kind«.

Immer wieder bestätigen die Freunde einander, wie sehr einer den anderen braucht: »Es ist mir sehr, sehr, ganz unbeschreiblich bange nach Ihnen. Ich bin doch auch nur ein Mensch . . .« (Lassalle, 18. Februar 1857) »Ich bin Ihnen ja so gut und sehne mich so nach Ihnen . . .« (26. Februar 1857)

»Es ist nicht nur meine Pflicht, aber auch mein Wunsch, alles, was ich kann, zu tun, um das, was Sie für Ihr Glück ansehen, zu befördern . . . daß meine Freundschaft zu Ihnen eine recht wahre devouierte ist.« (Sophie von Hatzfeldt, 31. Mai 1857)

In solchen Sätzen wird die ganze Einmaligkeit und auch Ausschließlichkeit ihrer Beziehung deutlich. Jeder ist »dem andern gegenseitig das größte Bedürfnis«, erklärt Lassalle im Brief vom 20. Juli 1858. »Je mehr andere Menschen ich kennenlerne, in je mehr Beziehungen und Verhältnisse der engsten und liebsten Art ich trete, desto mehr fühle ich, wie gut ich Ihnen bin. Denn gerade am Vergleiche mit neuen Freunden und Freundinnen kommt mir regelmäßig immer wieder zum Bewußtsein, wie doch kein Individuum jemals mir auch nur entfernt, entfernt das sein wird, was Sie mir sind!«

Und umgekehrt schreibt die Gräfin, »daß niemand jemals Ihre Stelle bei mir einnehmen wird und kann, daß dies ebenso absolut unmöglich als gegen meine Absicht ist und daß ich mich zu allen anderen ganz anders verhalte und stets verhalten werde als zu Ihnen«.

Nach alldem mag es erstaunen und verwundern, daß es in dieser immer wieder beschworenen Freundschaft und engen Bindung Krisen, ja ernste Zerwürfnisse gab, in denen sich die beiden Freunde voneinander entfernten und in ihren Briefen gegenseitig mit heftigen Vorwürfen überschütteten. Dieser Streit, solche Szenen, harte Auseinandersetzungen waren nicht einmal selten. Sie führten zumindest bei Lassalle immer sofort zum Äußersten, zur Ankündigung der vollständigen Trennung, die jedoch nie eintrat. Bei der Gräfin führten sie zu melancholischer Trauer. Doch sie beschädigten nie das Empfinden für den anderen. Auch im Streit blieb ihre Freundschaft erhalten, indem jeder für sich beschwor, sie nicht zu verletzen.

Die Anlässe für die Freundschaftskrisen lagen in verschiedenen Bereichen ihres Zusammenlebens. Hauptsächlich entzündeten sie sich an Lassalles Vorhaben, 1857 unbedingt nach Berlin zu ziehen, wo er seine Karriere aufbauen wollte.

Die Gräfin befürchtete aus mehreren Gründen, daß dieser Schritt, der sie aus der stillen Gemeinsamkeit von Düsseldorf in das bewegte Leben der preußischen Hauptstadt führte, ihren Beziehungen schaden, ja sie töten könnte. Lassalle sah dort eine Aufgabe, für sie gab es in Berlin keine, außer der, dem Meister durch ihre Anwesenheit zu nutzen. Sie befürchtete, daß »unsere Lebenswege auf längere Zeit auseinandergehen«. Aber Lassalle ist entschlossen: »Ich erkläre Ihnen, daß ich ebensowenig ohne Sie in Berlin sein wie mit Ihnen in Düsseldorf bleiben will. Eines ohne das andere nützt mir gar nichts, will ich, mag ich nicht.« Diese Rigorosität des Alles oder Nichts kennzeichnet viele seiner Entschlüsse. Sophie aber befürchtet nicht zu Unrecht, daß es zu neuen Problemen mit ihrer Familie und auch mit ihrem Sohn Paul kommen wird, wenn das Freundespaar gemeinsam in Berlin lebt, sich zusammen in der Öffentlichkeit zeigt und zum Stadtgespräch wird.

Der Mann ihrer Schwester Clara ist immerhin Kavalleriegeneral und Generaladjutant des Königs. Lassalle schreibt böse: »... heiraten will ich weder Sie, noch Paul, noch die Nostitz. Und wenn mich Ihre Familie also darin nicht stört, was ich allein will, gleichzeitig mit Ihnen in Berlin zu sein, so ist es gut und ich weiß von keinem Konflikt.«

Der Konflikt aber bestand. Die Königin schaltete sich ein und ließ die Gräfin im Frühjahr 1857 wissen, es sei unerwünscht, daß Sophie von Hatzfeldt sich öffentlich mit Herrn Lassalle zeige, daß sie ihre Freundschaft zur Schau trügen. Lassalle ist aufs äußerste empört. Zu Recht wohl, denn was geht das alles die Königin von Preußen an. Er schreibt: »Wie? Ich soll mich wegen der Madame Königin nicht öffentlich mit Ihnen zeigen? Darauf kann ich nur sagen: Auf solche Leisetretereien lasse ich mich nicht ein ... Der Engländer sagt: I am a free man in a free country. Letzteres kann ich nun freilich nicht sagen. Aber das kann ich sagen: Ich bin vor allem ein freier Mann, und das erste vor allem ist mir somit, daß ich in meinen persönlichen Beziehungen, in meiner Freundschaft usw. mir keinen Zwang antue und nicht auf unserer Königin Nase, sondern lediglich auf die meinige sehe.«

Lassalle hat natürlich juristisch und menschlich völlig recht, und seine Haltung ehrt ihn. Sie zeigt aber auch, daß er die inneren Strukturen der preußischen Monarchie, die Macht des Kreises um die königliche Familie und den Einfluß der Hofschranzen, der Potsdamer Kamarilla noch nicht durchschaute.

Für die Gräfin Hatzfeldt, aus fürstlichem Hause, war die Königin natürlich eine andere Autorität als für den Sozialisten Lassalle. Sophie weiß wohl, daß der Wunsch der Königin keine Gesetzeskraft besitzt. Er ist ein moralischer Appell, mehr die weibliche Form einer Duellforderung, eine Art königlichen

Bannstrahls, der sie treffen würde. Keine Dame bei Hofe und aus der besseren Gesellschaft Berlins würde es wagen, mit jemandem Kontakt zu halten, der den Willen der Königin mißachtet hatte.

Doch auch damit wurde Sophie fertig. In einem ausführlichen Brief vom 31. Mai 1857 schreibt sie: »Ich habe meiner Familie ganz offen erklärt, welche Bande nicht nur der Dankbarkeit, aber der verdientesten Freundschaft, mich an Sie knüpften, wie ich, um das Domizil in Berlin zu erlangen, wohl viele Rücksichten auf die Öffentlichkeit nehmen könne, aber niemals diese Pflichten verletzen könne und wolle.«

Ist das nun Liebe, Freundschaft, Liebesfreundschaft? Was sind Worte bei so starken Gefühlen, bei so von Herzen kommenden Empfindungen?

Liebe Gräfin, guter Engel

Der Briefwechsel zwischen der Gräfin Hatzfeldt und Ferdinand Lassalle ist mehr als ein fortlaufender Bericht über ihre Beziehungen und Erlebnisse in den acht Jahren ihres Zusammenlebens. Erst durch ihn lernen wir die Menschen kennen, über deren Geschichte, fast könnte man sagen, deren Roman so viel geschrieben wurde. Nirgends öffnen sie so ihr Innerstes wie in diesen Briefen. Auch in keinen anderen Briefen etwa an Emma Herwegh, an Mathilde Anneke, an Wilhelm Rüstow, an politische Freunde, zeitweilige Parteigänger oder Geschäftspartner zeigt die Gräfin ihre Gefühle so unretuschiert wie hier. Die Briefe an Lassalle in Verbindung mit seinen an sie gerichteten sind der Schlüssel zum Verständnis dieser Frau. In diesen Briefen steht die Gräfin wie nirgends in den zahlreichen Büchern und Lassalle-Biographien neben ihm in gleicher Größe, oft ihn überragend in ihrer stillen Menschlichkeit. Die Lektüre dieser Briefe ist wie ein Gang durch das Labyrinth ihres Lebens.

Da ist die Gräfin, Prinzessin aus fürstlicher Familie, von dieser verfolgt und verstoßen und doch in ihrem Innersten nicht von ihr getrennt. Immer wieder, nicht nur in Rückblikken auf die Kindheit und die schmerzlichen Ehejahre, am Kranken- und Sterbebett der Schwester Clara und am Grabe ihres Bruders Maximilian, des preußischen Gesandten in Paris, kommt die Bindung an die Familie, ihre ständige Annäherung und Entfernung, ihr Schmerz und ihre Trauer über das unglückliche Verhältnis zum Ausdruck. Sie kann diesem Spannungsfeld nicht entrinnen, das durch die Freundschaft zu

Lassalle nur noch verstärkt wird. »Jedesmal«, schreibt Lassalle, »wenn Sie bei Ihrer Familie stecken, werden Sie ganz rätselhaft und unbegreiflich.«

Es ist für ihn unbegreiflich, daß sie der Familie wegen nicht mit ihm zusammenziehen will. Bei allem Gemeinsamen ihrer geistigen Haltung, ihrer kulturellen Vorstellungen, ihrer politischen Überzeugungen, für diesen ihre Seele spaltenden Konflikt fehlt Lassalle das Verständnis, was ihr Zusammenleben häufig stark belastet.

In den Briefen an den vertrauten Freund versucht sie, sich diesen ihr Leben überschattenden und ihr Glück so oft trübenden Konflikt von der Seele zu schreiben. Da ist das Kapitel ihrer Mutterliebe, das sie sich bemüht ihrem Freund verständlich zu machen – ein Teil ihres Lebens. Viele Jahre hat sie um Paul, den letzten ihr verbliebenen Sohn, gekämpft, nun, da er sie verlassen hatte, andere Wege ging, seine politische Haltung aufgab und den Anstand ihr gegenüber grob verletzte, blieb sie immer in ihrer Mutterrolle verhaftet. Sie sorgte für ihn, oft ohne sein Wissen, half ihm bei seiner Karriere, räumte ihm schweigend aus der Ferne Hindernisse aus dem Weg, ohne jemals Dank dafür zu erwarten, ohne auch nur den Respekt zu erhalten, der ihr gebührte. Bei allen Enttäuschungen, die sie erfährt, bleibt sie immer die sorgende Mutter. Nur dem Freund kann sie davon erzählen. Bei ihm hofft sie – leider oft vergebens – auf Verständnis. Und sie beklagt immer wieder, daß sie weder ihre Liebe zu Paul noch ihre Freundschaft zu ihm ändern kann und daß sie beide festhalten muß, auch wenn sie von keinem der beiden verstanden wird.

Die Briefe geben uns einen Einblick in die Kultur dieser Frau, ihre Bildung und ihr geistiges Format. Sie ist gelegentlich mit Charlotte von Stein verglichen worden, der adligen Freundin des Weimarer Dichters, der er neben anderen die Ausbildung seiner kulturvollen Lebensführung verdankte. Menschenkenntnis zeigt Sophie in Fällen von Lassalles Bekanntschaften, Lebensart in Situationen, wo sie mit seinen Gespielinnen und Geliebten konfrontiert wird, menschliche Größe, wo er in seinem ungestümen Leben in ständig neue Schwierigkeiten kommt. In diesen Briefen wird deutlich, was der spätere Führer der Arbeiterpartei an der gebildeten und besonnenen Gräfin hatte. In ihrem Gedankenaustausch gewann er jenes Mindestmaß an Selbstbeherrschung, Takt und Zurückhaltung, das für sein Auftreten in der Gesellschaft unerläßlich war. Von ihr erwarb er die innere Sicherheit im gesellschaftlichen Umgang, lernte er, sein Temperament zu zügeln. Durch sie begriff er die inneren Mechanismen der herrschenden Klasse im preußischen Staat, die zu bekämpfen sein Lebensziel war.

Obwohl die politischen Fragen ihrer Zeit in dem Briefwechsel nur eine Nebenrolle spielen, offenbart die Gräfin auch hier ihren Sachverstand und ihre Fähigkeit, Vorgänge genau zu analysieren und zutreffend einzuschätzen, ob es sich um die Ereignisse des Österreichisch-Piemontischen Krieges von 1859, um die Vorgänge in Berlin während der fünfziger Jahre oder später um die Entwicklung des Allgemeinen Deutschen Arbeitervereins handelte. Schneller und sicherer als Lassalle erkennt sie die Methoden seiner Feinde und warnt ihn, wo er noch keine Gefahr wittert. Besser und genauer sieht sie die Größe und die Grenzen Garibaldis, wenn sie im August 1860 schreibt: »Er (Garibaldi) ist ein Held, aber leider kein Staatsmann und hat zu wenig persönliche Ambition. Auch eine Tugend kann zum Fehler, vorzüglich zum Hindernis werden . . .«, und im Oktober 1862: »Man . . . muß ihn behandeln wie eine Geliebte, über deren Fehler man zwar im Klaren, die man aber trotzdem nicht aufhören kann zu lieben.«

Früher als mancher andere erkennt Sophie von Hatzfeldt die wachsende politische Bildung der einfachen Leute in den sechziger Jahren und die Möglichkeiten einer politischen Organisation, die Lassalle sich bemüht mit dem Allgemeinen Deutschen Arbeiterverein aufzubauen. Ihr Optimismus hilft ihm oft über Hoffnungslosigkeit und Verzweiflung, ja über Resignation wegen des zu langsamen Wachsens der Arbeiterpartei hinweg. Niemals ist sie zu jener Zeit mit ihren Ansichten an die Öffentlichkeit getreten. Allein aus ihren Briefen an den Freund lernen wir diese Seite ihrer Persönlichkeit kennen.

Nur aus diesen Briefen wissen wir, daß die Deputation der schlesischen Weber, die im Mai 1864 bei Bismarck war, danach die Gräfin Hatzfeldt besuchte. Dabei erfuhr sie aus erster Hand, daß Bismarck sich nach der Arbeiterbewegung in Sachsen erkundigte und den Webern das Koalitionsrecht auch für Preußen in Aussicht stellte. Die Gräfin empfahl den Webern, nicht vereinzelt und nach eigenem Gutdünken zu operieren, sondern sich sofort an Lassalle mit der Sache zu wenden. »Sie würden gewiß zu jeder Hilfe bereit sein, er solle ihre Schriften lesen und verbreiten, den ausgesprochenen Anschluß an den Allgemeinen Deutschen Arbeiterverein bewirken«, schreibt sie an den Freund.

Aus diesen Briefen erfährt man auch, wie oft sich Lassalle in politischen Fragen bei der Gräfin Rat holt, wie sehr er sie als Mitkämpferin und erste Kritikerin braucht. Als er einen Vortrag in Berlin halten soll, bittet er sie, ihm ein oder mehrere Themen vorzuschlagen: »Sie wissen, wie gern ich Sie in solchen Dingen um Rat frage und welchen Wert ich auf den Ihrigen lege.«

Auch für seine erste große politische Aktion, das »Offene Antwortschreiben« an das Leipziger Zentralkomitee, in dem er seine Auffassungen über Weg und Ziel der deutschen Arbeiterbewegung darlegte, »über die Mittel, welche die gegenwärtige Arbeiterbewegung zu ergreifen hat, um die Verbesserung der Lage des Arbeiterstandes in politischer, geistiger und materieller Beziehung zu erlangen«, bat er um ihre Meinung. »Ich bin neugierig zu hören, ob Sie es billigen werden oder nicht. Billigen Sie es nicht, so ist es mir lieb, daß Sie nicht dagewesen sind. Denn abhalten hätte ich mich doch nicht lassen, und so hätte es mir nur mehr Kampf gemacht.«

Bedenken wir, daß die beiden Freunde in vielen entscheidenden politischen Situationen zusammen lebten und keine

Briefe über ihre politische Kooperation Aufschluß geben, so können wir allein aus den vorliegenden Sophie von Hatzfeldt den Status einer Art von politischem Berater für den Führer der deutschen Arbeiterbewegung in den frühen sechziger Jahren des vorigen Jahrhunderts zubilligen. Eine Frau ohne Amt, aber nicht ohne Einfluß bei der Wiedergeburt der jungen deutschen Arbeiterpartei.

Wir sind hier den Ereignissen etwas vorausgeeilt, um die wichtige Seite im Leben der Gräfin, den politischen Kampf, aus ganz persönlichen Mitteilungen zu zeigen. Die Briefe belegen aber zugleich, wie die Gräfin von Jahr zu Jahr an Selbstbewußtsein gewinnt, wie sie sich emanzipiert auch von den Launen und Diktaten des Freundes, wie sie aus seinem Schatten tritt und eigenes Profil gewinnt. Darin liegen nicht wenige ihrer Konflikte begründet. Es stimmt, daß sie sich zunächst nach den Prozessen ganz unglücklich, unselbständig und hilflos fühlte. Doch in dieser Verfassung konnte sie auch den Freund nicht halten. »Aber einfach und ruhig bitte ich Sie«, schrieb Lassalle, »in sich zu gehen und sich selbst Beschaffenheit, Natur, Veranlassung und Verlauf all unsrer Szenen aus Ihrem diesmaligen Aufenthalt ... vor Ihrem Geiste vorzuführen und sich zu fragen, ob das zu ertragen sei? ... Sie sind nie mit mir zusammen gewesen, ohne zu klagen, zu jammern, zu zanken ... So verdüstert Sie auch lange schon gestimmt sind – Sie hatten doch früher auch gute und heitere Stimmungen.«

Sicher war die Gräfin in den Jahren nach dem Prozeß oft depressiv, trug sich mit Selbstmordgedanken, war verzweifelt und fiel in Untätigkeit und Resignation.

Doch in dem schwer nachvollziehbaren Streit um ihre Übersiedlung nach Berlin, wo sie einmal kommen und einmal nicht kommen sollte, aus allen möglichen, vielleicht sogar berechtigten taktischen Erwägungen Lassalles heraus, setzt sie ihm zum ersten Mal Widerstand entgegen. Er hatte ihr befohlen, ja befohlen, an einem bestimmten Tag nach Berlin zu kommen. Er verlangte »pünktlichen und blinden Gehorsam, sonst ist es mit unserer Freundschaft entschieden aus. Ich mag keine Leute, auf die ich mich nicht verlassen kann! ... Ich bin sehr aufgebracht, und bei der geringsten Schwierigkeit, die Sie etwa machen, oder Nichtbefolgung, entschlossen, Sie dem Kultus Ihrer Familiengötter ganz und gar zu überlassen. Parole Lassalle!«

Das ging ihr dann doch zu weit, »wahrlich zu weit«, wie sie 1857 schrieb, »und daß alle Sachen, die ich nicht nur diese letzten Monate, sondern seit zehn Jahren (also von Beginn ihrer Freundschaft – M. G.) erduldet habe, nur einem Narren wie mir passieren können, der sich dahin bringen läßt, jeden eigenen Willen und Zweck, jede Persönlichkeit aufzugeben, und ferner, wie ich das Ihnen schon oft gesagt, daß es Ihnen sogar mir gegenüber, sobald es Ihre Heftigkeit gilt, Ihnen irgend etwas nicht nach Ihrem Sinn geht oder ich nicht sklavisch genug, blindlings genug gehorche, auf die Wahrheit nicht ankommt ... wenn ich mich nicht wie ein Automat in alle Ihre Ideen sogleich füge, mit Brechen aller Freundschaft und Umgang, mit Verachtung sogar bedroht! Diese immerwährenden Gemütsbewegungen, in die mich Ihre Heftigkeit, Despotismus und wirkliche Rücksichtslosigkeit versetzen, reiben wirklich meine Kräfte auf und machen mich so melancholisch ...«

Zum ersten Mal bietet sie dem Freund Paroli, wenn sie schreibt: »Sie verlangen von mir pünktlichen und blinden Gehorsam, sonst sei es mit unserer Freundschaft aus. Wollen Sie einmal sich die Frage stellen, wenn Ihnen immer eine solche Alternative gestellt würde, was Sie dazu sagen, was Sie tun würden und welche Größe von Dankbarkeit Sie vermögen würde, sich in eine solche Stellung zu fügen?«

Die Gräfin bestätigt ihm auch hier, daß sie, abgesehen von aller Dankbarkeit, eine wahre Freundschaft für ihn habe, die niemand erschüttern kann, doch sie fordert ihn zugleich auf: »Aber mißbrauchen Sie nicht die Gewalt, die Sie über mich erlangt haben, um mich unglücklicher zu machen, als es die Verhältnisse nötig machen.«

Sophie schreibt Lassalle eindeutig: »Ich kann verlangen, daß

Sie mich wie einen vernünftigen Menschen behandeln ... nur von einem Kinde kann man blinden Gehorsam verlangen.« Sie ist kein Kind mehr. Das muß Lassalle begreifen. Sie ist nicht sein weißer Neger, wie sie sich manchmal fühlt und sogar nennt. Das einzusehen fällt Lassalle bei seiner – auch in der späteren politischen Arbeit – immer wieder sichtbaren Geringschätzung gegenüber Frauen ebenfalls sehr schwer. Und hier liegt schließlich die letztlich entscheidende Quelle ihrer Krisen und Streitpunkte: Zu Beginn ihres gemeinsamen Kampfes empfand sie sich als das verängstigte und gejagte Wild, das in Lassalle und seinen Freunden Beschützer fand, in deren Hände sie sich vollkommen begab. Während der Prozesse bestimmte selbstverständlich der Jurist, was zu tun und wann etwas zu tun war. Sie fügte sich. In der Revolution war Lassalle einer der anerkannten Führer der rheinischen Demokraten, sie stand an seiner Seite und natürlich in seinem Schatten. Danach stieg er auf zu neuen Höhen, und sie blieb zurück.

Nun aber begann sich der gute Engel, wie er sie 1860 anredete, auf ihre eigene Persönlichkeit zu besinnen, sie wünschte sich ein Leben, gleichberechtigt und gleichgeachtet an seiner Seite; er aber verstand unter einer solchen Bindung den Gehorsam der Frau gegenüber dem Manne. Denn er, der Mann, hatte die Konflikte zu lösen und das Weib ihm zu folgen. Wenn er sie »mein Freund« nannte, war diese männliche Form eine Auszeichnung. Er stellte sie dann über andere Frauen, neben die Männer, aber noch nicht neben sich.

Lassalle hatte die inneren Wandlungen der Gräfin nicht bemerkt, nicht verstanden oder bewußt übersehen. Die Briefe offenbaren uns die Veränderung. Wo einst zwei Schwache gemeinsam gegen eine Übermacht von Geld und Gesetz kämpften, sind in den schweren Jahren zwei starke Persönlichkeiten herangewachsen, die nun einen neuen Weg zueinander finden müssen oder voneinander wegtreiben. Lassalle ist nicht mehr der einundzwanzigjährige Nobody von 1846, er ist ein Mann von dreißig Jahren, dessen Selbstbewußtsein seine wirklich großen Fähigkeiten noch bei weitem überragt. Und auch die Gräfin ist nun nicht mehr die vom Ehetyrannen Hatzfeldt gedemütigte, von der Familie verstoßene, von vielen bedauerte arme unglückliche Prinzessin. Ja, sie hat gelernt, daß man um alles im Leben kämpfen muß, auch um das Glück einer Freundschaft.

Sie ist bereit, alles für Lassalle zu geben, nur nicht ihre Selbstachtung. Nie mehr wird sie sich einem Manne bedingungslos ausliefern. Wenn Lassalle eine Partnerin sucht, und die braucht er eigentlich, wird er sie in der Gräfin immer finden. Sucht er ein gehorsames Weib, das bedingungslos seinen Weisungen folgt, dann ist er bei ihr an der falschen Adresse.

»Mein Charakter war von jeher sehr weich, wenn man mich mit Liebe behandelt, aber verhärtet gegen Zwang; jahrelange Kämpfe, wo ich den Mut und die Tragkraft eines Mannes entwickeln mußte und Sie selbst jede Äußerung der Weiche und Empfindung mit Gewalt in mich zurückgetrieben, haben mich hart gehämmert, und ich habe mir dadurch recht teuer das Recht erkauft, daß man mich in dieser Beziehung auch wie einen Mann behandle und auf dem Fuß der Gleichheit und gegenseitigen Rücksichten basiere.«

Ihre Spannungen wuchsen in dem Maße, wie die Gräfin sich emanzipierte, wie der gute Engel sein Selbstbewußtsein entfaltete und dem Herrn und Gebieter den Gehorsam verweigerte. Doch sie hielt es nicht lange durch, hatte noch nicht genügend Kraft für einen Kampf mit ihm, und es tat ihr am Ende immer leid, sich mit Lassalle zu entzweien. Aber sie hatte ihm zum ersten Mal die Stirn geboten, hatte den Aufstand geprobt. Es werden noch Jahre vergehen, bis sie feststellt, daß die tiefere Ursache ihrer Konflikte in der Tatsache zu suchen ist, »daß unsre Charaktere grade vielleicht in manchen Dingen zu gleichartig sind«. Diese Gleichartigkeit ist das Ergebnis einer fünfzehnjährigen Verbindung, einer engen, unauflösbaren Freundschaft, in der sie so viel Gleiches erlebten, gleich dachten und gleich handelten, daß sie allmählich, ohne es zu bemerken, einander immer ähnlicher wurden. Darauf folgt der kuriose Schluß, daß ihre Trennungen aus zu großer Nähe resultierten und daß die Quelle ihrer gelegentlichen Feindschaften in ihrer übergroßen Freundschaft lag.

Liebesgrüße aus Berlin

Das Jahr 1857 war für die Gräfin ein trauriges, unglückliches und einsames Jahr. Ihr Freund Lassalle war nach zehn gemeinsamen Jahren seiner Karriere wegen nach Berlin gegangen, von wo er ihr enthusiastische Briefe schrieb. Ihre eigene Umsiedlung in die preußische Hauptstadt hing noch von vielen Unwägbarkeiten ab. Zunächst fürchtete die Regierung, mit einem gemeinsamen Aufenthalt des Freundespaares einen Hort revolutionärer Ideen und Pläne in die Mauern der Hauptstadt zu bekommen. Die schon erwähnten familiären Probleme kamen hinzu, so daß die Gräfin ziemlich hilflos den Ereignissen gegenüberstand.

Außerdem verlor sie in der Wirtschaftskrise von 1857 einen großen Teil ihres eben erst im Vergleich mit dem Grafen gewonnenen Vermögens. Sie schreibt von 67 000 Reichstalern, einer wirklich stattlichen Summe, die sie durch den Zusammenbruch der Bank in Köln einbüßte.

Immer wieder kommt ihr zum Bewußtsein, was ihre Lage von der des jungen Freundes unterscheidet: »Sie haben große Kämpfe und Unglück bestanden, aber in der frühesten Jugend, wo Ihre moralische wie physische Kraft noch ganz frisch, Sie früher kein Unglück gehabt hatten. Die Kämpfe haben daher auch für Sie zur rechten Zeit geendet, wo Sie das Leben noch vor sich hatten. Sie haben seit der Zeit keine Sorgen, keinen Kummer, eine Sie ausfüllende Tätigkeit, Erfolge, Freunde, Familie, was fehlt Ihnen? Sie konnten leicht die Vergangenheit abschütteln und ihrer nicht mehr gedenken. Für mich haben die ernsten Kämpfe und Unglück angefangen, als ich schon viele Leiden ertragen, nicht mehr also das ganz ungetrübte Gemüt mitbrachte, sie haben geendet, wie ich das Leben schon hinter mir hatte, meine Gesundheit dahin war, und mir nichts mehr blieb als das Zurücksehen auf ein langes, leidensvolles, verfehltes Leben, in dem nicht ein einziger lichter Punkt, voller Haß und Schmähungen, die mich bis an mein Grab begleiten, vor mir nichts als Krankheit, dadurch den andren zur Last zu sein und endlich die Ruhe.«

Sophie versucht, dem Freund die Unterschiede ihrer Situation in kräftigen Farben auszumalen. Die Prozesse, die für ihn ein harter, aber doch wesentlich juristischer und teilweise politischer Kampf waren, waren für sie eine seelische Belastung. ». . . mein Herz hat sich fast verblutet«, schrieb sie, »und diese Wunden, wenn auch vernarbt, schmerzen noch heftig, wenn unsanft berührt, was mir doch häufig von allen Seiten geschieht.«

Ihr einziger Lichtstrahl am Horizont ist das Ziel, möglichst bald und für immer mit dem einzigen Freund in Berlin vereint zu sein. An dieser Hoffnung richtet sie sich auf. Und gelegentlich treffen sie sich in den Bädern, die Sophie in diesen Jahren reichlich, ja überreichlich besucht: Wildbad, Schlangenbad, Heidelberg, Neustadt an der Haardt – und manche davon mehrmals. Doch ihr Wohlbefinden sprudelt nicht aus den Quellen der Badeorte, die einzige wirkliche Quelle ihrer Freude bleibt das Zusammensein mit dem Freund. Und umgekehrt, kommt ihre Krankheit von der Trennung von ihm und aus der Angst, ihn zu verlieren. Ich »fühle es«, schrieb sie aus Wildbad, »als wenn auch Sie mir fremder würden, sich mehr meiner entwöhnten und mein Platz in Ihrem Leben immer kleiner wird. Sie wissen, welch ganz unaussprechlich traurigen Eindruck es mir stets macht, mich so allein unter den vielen Menschen zu finden, wie mir dies stets die lange Kette von Unglück und Unrecht, die mein Leben so vernichtet hat, so lebhaft wieder vor Augen führt und sie mir neu wieder durchleben und durchfühlen läßt.«

Das Leben und Treiben in den Bädern, das Konversieren mit halbkranken und halbgebildeten Menschen ist ihr ein Grauen. Immer dieselben Gespräche, dieselben Gewohnheiten, dieselben Wege. Was ihr mit dreißig noch manches Pläsier brachte, die Gesellschaft und Geselligkeit mit anderen, vorzugsweise jungen Männern, ist ihr mit fünfzig zuwider. Sie wäre lieber in tiefster Einsamkeit als in der Gesellschaft von Leuten, die es sich leisten können, teure Badeorte zu besuchen. »Ich bin weder physisch noch geistig alt genug, um diese Stellung mit Gleichgültigkeit anzunehmen, und ich bin nicht mehr jung genug, um mit fröhlichem Mut mich über diese unverdiente Reprobation hinwegzusetzen.«

Sie hat eine Mauer um sich errichtet, die sie von allem abschirmt, sie selbst wie hinter einer Dornröschenhecke in einem Zustand, der dem der Märchenfigur ähnlich ist, einer Art Halbschlaf der Gefühle, von außen unerreichbar. »Es setzt mich immer wieder in neues Erstaunen«, schreibt sie dem Freund aus einer Badekur, »wie arg es ist, daß selbst die Leute, denen ich am besten gefalle und die es am liebsten vermöchten, es nicht wagen dürfen, den Kreis, der mich von allen abschneidet, zu überschreiten.«

Sophie befolgt die Verordnungen genau, nimmt von Jahr zu Jahr mehr und längere Bäder, ohne daß die erhoffte Besserung ihres Gesundheitszustandes eintritt. Doch es ist wohl weder die Galle noch die Leber noch sonst ein Organ, das ihre Beschwerden verursacht, es sind die Erinnerungen, in denen sie täglich spazierengeht, die Gedanken, die sich drehen und drehen und doch immer auf dem gleichen Platz bleiben. Haß und Rachegedanken bewirken ihre Unrast und ihre Beschwerden. In dieser Lage sind die Briefe Lassalles für sie die einzigen Worte wirklicher Freundschaft und Teilnahme, die sie hört.

Aber auch Lassalle wartet mit Sehnsucht auf das Ende dieses für beide unerträglichen Zustandes einer dauernden Trennung. »Ich habe hier Gesellschaft genug und mehr, als ich will. Die Leute sind mir auch alle recht gut und sind recht lieb.

Aber sie sind mir innerlich doch nicht nahe genug.« Es sind die gleichen Gefühle wie die der Gräfin. Keine noch so angenehme Gesellschaft, kein Mensch, sei er noch so lieb und gut, kann ihnen die Nähe, das Gespräch, das Zusammenleben mit dem Freund oder der Freundin ersetzen.

»Wenn man mit jemand so innerlich verwachsen ist wie ich mit Ihnen«, schreibt er ihr nach Wildbad, »so fühlt man dies am meisten erst durch den Vergleich mit der relativen Äußerlichkeit, in der einem die anderen Menschen bleiben. Man kann sich mit ihnen amüsieren und zerstreuen, aber sie füllen nicht aus. Und das ist nicht mein Genre!«

Mit Spannung, mit Wehmut und mit bangen Befürchtungen für ihre Zukunft erwartet die Gräfin jeden Brief von Lassalle, den sie ständig ermahnt, öfter zu schreiben. Wie sehr sie um ihn besorgt ist, der nun nach langer Zeit zum ersten Mal wieder ohne sie, ganz allein auf sich gestellt, in der großen Stadt lebt, zeigen ihre Briefe. Sie ist von seiner Hilflosigkeit in allen praktischen Fragen überzeugt und fürchtet, er könnte die einfachsten Dinge übersehen. Ganz offensichtlich hat sie bisher in seinem Leben viel geregelt, ihm viele Arbeiten abgenommen und ihn dadurch auch in eine gewisse Unselbständigkeit gebracht. Der Umgang mit Dienstpersonal zum Beispiel war immer ihre Domäne. Nun gibt sie ihm Hinweise für die Behandlung seines Dieners, den er zu Ordnung und Sparsamkeit erziehen soll. Der Diener soll ein Buch einrichten, in dem er täglich seine Ausgaben einschreibt und das er ihm jeden Morgen mit dem Frühstück zur Kenntnis vorlegt. Überhaupt rät die Gräfin dem Freund, »sich selbst ein Ausgabebuch zu halten«. Es sei doch nicht so schwer, und: »Sie glauben wirklich nicht, von welchem großen Nutzen es ist, weil man dadurch allein einen Überblick über das, was man ausgibt und ausgeben kann, behält.« Und sie mahnt ihn: »Machen Sie jetzt keine Anschaffungen in Berlin, vorzüglich nicht, ohne es mir gleich zu schreiben, damit ich mich hier danach richte . . .«

Im März 1857 war Lassalle in Berlin eingetroffen, noch immer nur mit befristeter Erlaubnis für die Hauptstadt, um sein erstes großes wissenschaftliches Werk über Heraklit hier zu publizieren. Zunächst wohnte er in einem Chambre Garnie, einem Hotelzimmer einfacher Art. Erst Ende Mai fand er eine passende Wohnung, die er der Gräfin sogleich genauestens beschreibt.

»Ich habe also gemietet«, teilt er glücklich am 12. Mai 1857 mit, »Potsdamer Straße Nr. 131 hautparterre. Vor dem Hause ein kleines Gärtchen; in dieses geht der Balkon (sehr schöner breiter Balkon) meiner Zimmer, und vom Balkon führt eine kleine eiserne Treppe in den Garten. Das Haus reizend schön, Portier, verschlossen. Das Parterre hoch genug, um nicht sehr feucht zu sein. Entree. Unmittelbar nach diesem ein Zimmer nach vorn, zweifenstrig, ziemlich groß (wird mein Salon sein), ein anderes zweifenstriges (beide nach vorn) daneben (mein Arbeitszimmer). Aus diesem geht es in ein leider beinahe kleines Schlafzimmer und aus diesem wieder in ein ungeheuer kleines und schmales Alkovchen, aus welchem eine Treppe in den Souterrain führt, wo meine Küche ist, die auch sehr klein. Wo soll«, fragt er die Gräfin, »ich nun den Diener schlafen lassen? Entweder im Souterrain (der Küche) oder dem Alkovchen. Beides ist sehr mißlich. In der Küche nämlich ist es feucht. Und im Alkovchen erstens ungeheuer eng und dann sehr unangenehm – da er an mein Schlafzimmer stößt –, den Diener so auf der Nase zu schlafen haben.«

Wir wissen nicht, wie er das für ihn offensichtlich ernste Problem gelöst hat. Ein Antwortbrief der Gräfin ist nicht erhalten, und so kennen wir auch ihre Ratschläge in dieser delikaten Angelegenheit nicht. Im Kellerraum und auf dem Boden, der zur Wohnung gehört, kann der Diener auch nicht schlafen. »Das Ganze ist eine Nußschale, für die ich 285 Rt. (Reichstaler) Miete und 12 Rt. für Gasbeleuchtung des Flurs zahle.« Das ist für die Mitte des vorigen Jahrhunderts eine Menge Geld. Die Vorteile der Wohnung sind für ihn ganz subjektiver Art: Sie liegt nämlich genau der Druckerei gegenüber, in der sein Buch gedruckt wird, so daß er jederzeit hin kann, mit dem Setzer reden, Abzüge kontrollieren, Korrekturen lesen usw., alles für einen Autor von großem Vorteil. Und das scheint ihm den doch recht hohen Mietpreis wert zu sein. Außerdem liegt die Wohnung im Zentrum, und das ist für Freunde und Besucher, die alle nicht weit gehen oder fahren müssen, günstig.

Im Juni kommt die Gräfin auf einen kurzen Besuch nach Berlin, bevor sie nach Wildbad im Schwarzwald zur Kur fährt. Sie findet den Freund hier schon etwas verändert. Der junge attraktive Mann mit dem krausen dichten Bürstenhaar, mit dem dünnen, blonden Schnurrbärtchen war dabei, sich einen neuen Freundeskreis aufzubauen, mit dem er der Gräfin die Umsiedlung nach Berlin erleichtern und schmackhaft machen wollte. Und er fand schnell Kontakte.

Die Gräfin, die in Düsseldorf – wohl in der Hoffnung, bald nach Berlin ziehen zu können – ihre Wohnung aufgegeben hatte, als sie ihre sommerliche Kurreise antrat, sah es nicht nur mit reinem Vergnügen, obwohl er ihr immer versicherte: »Nun beruhigen Sie sich etwas, mein liebes gutes Kind. Wenige Monate noch – und Sie sollen hier das angenehmste und schönste Leben führen von der Welt, haben Sie nur etwas Vertrauen und Folgsamkeit . . . Für alles andere lassen Sie mich sorgen, der ich zwei Arme habe, und für Sie, wenn es sein muß, so viele wie der hundertarmige Riese Briareus! Je ferai tout! . . . Ich werde alles aufbieten, Ihr Leben angenehm zu machen.«

Die Gräfin befürchtet, daß sie in die Gesellschaft, wie sie Lassalle in Berlin umgibt, nicht hineinpaßt. Einer zweiundfünfzigjährigen Dame, für deren Auftreten sich die Königin interessiert, sind da schon Schranken gesetzt. Lassalle versucht, ihre Bedenken zu zerstreuen. Im August schildert er der Gräfin seinen neuen Freundeskreis: »In dem Cercle hier, mit dem ich umgehe, befindet sich eine gewisse Gräfin Kalckreuth, die Tochter des alten Generals Kalckreuth.« Lassalle kennt sie und ihre Familie schon aus den Jahren 1846 durch Graf Keyserling, bei dem er der Gräfin Hatzfeldt begegnete. Er stellt diese Bekanntschaft wohl auch deshalb an den Anfang seines Berichts, obwohl sie nicht zu den engsten Freunden zählte und auch sonst kaum erwähnt wird. Er schildert sie als »prononciert royalistisch und noch mehr religiös«, um der Gräfin zu beweisen, wie seriös seine Bekannten in Berlin sind. »Ihre Brüder haben hohe Chargen im Heer!« Und sie sei außerdem noch eine Spezialfreundin des großen Augenarztes Albrecht von Graefe.

Dann erzählt er von einer Landpartie nach Tegel, die er mit zwei Freunden, ihren Damen und Hedwig Dohm, der Frau des Herausgebers der satirischen Zeitschrift »Kladderadatsch« Ernst Dohm, unternahm: »Wir kamen zwölf Uhr nachts erst zurück und waren recht guter Laune. Da machte ich den Vorschlag, den Nachttrunk bei mir zu nehmen. Aber es dachte auch keine von den Damen daran, irgend etwas dagegen zu haben. Jetzt in der Nacht 12½ Uhr begab man sich in meine Wohnung und trank bis zwei Champagner. Ein andermal waren wir im Theater und hatten dann im Freien soupiert. Die Nacht war schön. Ich schlug vor, auf meinem Balkon Kaffee zu nehmen, und wieder begaben sich die Damen ohne Anstand zu mir und blieben bis zwei Uhr.«

Mit dieser Schilderung wollte Lassalle der Gräfin zeigen, daß niemand Anstoß nehmen würde, wenn sie Lassalle besuchte. Eine Gräfin, eine Adlige und die Frau eines angesehenen Verlegers fanden nichts dabei, einen Junggesellen zu besuchen. »Übrigens mache ich diese Vorschläge und traktiere die Leute mit Champagner und Mokka immer nur in Rücksicht auf Sie, um es zu etwas ganz Gewöhnlichem zu machen, daß Damen des besten Genre mich zu jeder Tageszeit besuchen. Aus demselben Grunde sind die Damen auf morgen fünf Uhr nachmittags bei mir zum Kaffee eingeladen. Man wird auf dem Balkon bei aufgezogener Markise sitzen!«

Doch die Gräfin ist alt genug, um den Unterschied zwischen den jungen Damen in Berlin und sich, der zweiundfünfzigjährigen geborenen Prinzessin von Hatzfeldt, zu kennen. »Es ist ein nicht zu beseitigendes Vorurteil«, schreibt sie Lassalle,

»daß jemand, eine Frau vorzüglich, die aus einer Schicht der Gesellschaft austritt, in der andren nicht wohlgelitten ist; bei mir kommt hinzu, daß ich eine zu bekannte, vielleicht hervorragende Persönlichkeit bin.« Jahre später wird sie sich noch mit diesem Problem beschäftigen.

Aus Berlin indessen berichtet ihr der Freund eitel und freudig über seine neuen Freunde und den Kreis, den er um sich versammelt, um der Gräfin ein neues Zuhause in der besten Gesellschaft der Hauptstadt zu schaffen, wie er immer wieder versichert. Wohl aber auch, um sich, Ferdinand Lassalle, zu einer Mittelpunktfigur der Intellektuellen Berlins zu erheben. Allein die Liste seiner Freunde und der Teilnehmer seiner Soireen und Gesellschaften hört sich respektabel an. Er schreibt der Gräfin, daß er das meiste Geld dafür ausgibt, solche Abende zu arrangieren. »Nächsten Winter will ich alle vier Wochen ein Souper geben, außerdem aber alle acht Tage einen jour fixe haben, der dann nur in bezug auf die Gesellschaft glänzend, sonst bescheiden sein soll.« Zu seinem Bedauern kann Lassalle in seiner Wohnung nur sechzehn Personen zu Tische setzen und er möchte vierundzwanzig, wenigstens aber zwanzig einladen können.

Zu seinen Gästen gehören nicht wenige Personen aus der Politik, der Wissenschaft und Kunst, deren Namen in die Geschichte eingegangen sind. Da war der damals schon über siebzig Jahre alte Karl August Varnhagen von Ense, Diplomat und Geschichtsschreiber, der verwitwete Gatte Rahel Varnhagens. Der Maler Ludwig Pietsch, der auch zu diesem Kreis zählte, schildert ihn als einen Mann, dessen ganze Erscheinung, Sprache, Manieren noch immer wie vom Dunst der Zeit des Wiener Kongresses umweht waren. Lassalle berichtet der Gräfin von einer Begegnung mit dem alten General Ernst von Pfuel, den er schon aus dem Hotel und von den Kaffeegesellschaften Varnhagens kannte. »Er trat auf mich los und fragte mich: ›Also sagen Sie, die Geschichte mit dem Grafen Hatzfeldt haben Sie, höre ich, ganz siegreich zu Ende gebracht?‹ – ›Ganz siegreich‹, erwiderte ich mit übermütigstem Lächeln und Nachdruck. ›Der wird sein Lebtag an mich denken.‹ – ›Das ist mir äußerst lieb‹, sagte Pfuel . . . ›Da haben Sie wirklich eine große Tat getan . . .‹ – ›Jawohl‹, replizierte ich möglichst laut, um von so vielen Umstehenden als möglich gehört zu werden, ›ich wenigstens rechne sie mir weit höher an als den Heraklit.‹«

Einer der häufigsten Gäste Lassalles war der »Kladderadatsch«-Redakteur Ernst Dohm, ein Landsmann aus Breslau, der, obwohl er aus jüdischer Familie kam, protestantischer Theologe wurde, ein Mann von hoher klassischer Bildung, mit glänzendem Sprachempfinden und schneidender satirischer Schärfe. Dazu seine zierliche dunkelhaarige Gattin Hedwig Dohm, die die Feste Lassalles mit dem Zauber ihrer fremdartigen Schönheit schmückte, einem Zauber, der den Gastgeber später auch ganz persönlich erfaßte, so daß er mit Hedwig Dohm engere Beziehungen unterhielt.

Lassalles langjähriger und ihm treu ergebener Freund, der Botaniker und Beamte Dr. August Pritzel, ein Mann von stillem, behaglichem Humor, war ebenfalls dabei. »Sonst gefällt es mir hier sehr gut. Dr. Pritzel – mein alter Freund –, den ich zwölf Jahre nicht gesehen, war neulich bei mir; wir plauderten von abends sieben bis zwei Uhr nachts! . . . Er ist Archivarius der Kgl. Akademie und Kustos der Kgl. Bibliothek und will deshalb heiraten.«

Sehr bald macht Lassalle die Bekanntschaft des Ägyptologen Heinrich Brugsch, der zu einem seiner intimsten Freunde wird. »Gestern war ich bei dem großen Ägyptologen Dr. Brugsch«, schreibt er im Mai 1857 der Freundin. »Ich habe einen ganz erstaunlich liebenswürdigen Mann in ihm kennengelernt. Obwohl es der erste Besuch war, plauderten wir von elf Uhr bis zweieinhalb Uhr. Heute kömmt er zu mir. Schade, daß ich alle meine Aegyptiaca in Düsseldorf habe. Noch tausendmal mehr schade, daß Brugsch grade in acht Tagen nach Ägypten geht. Das wäre ein Mann gewesen, wie er mir konveniert vor hundert andern.«

Brugschs ägyptische Forschungsreise war außerordentlich erfolgreich und erhob den noch jungen Mann in die erste Reihe der Ägyptologen, zu einer europäischen Autorität in dieser Wissenschaft. Dennoch fehlten ihm jegliche, einem deutschen Professor nachgesagte Weltfremdheit und Pedanterie. Er hatte etwas von der Gelassenheit der Menschen im Orient, von ihrer Ruhe und ihrem Gleichmut.

Brugsch liebte das heitere Treiben und alle Genüsse des Lebens ebenso wie die ernste Forschung und strenge Arbeit. Darin kam er Lassalle sehr nahe, dessen Wahlspruch es war: »Jedes von den Göttern geschickte Ungemach ertragen können und keinen von den Göttern gewährten Genuß, dessen Möglichkeit sich eben nur bietet, sich entgehen lassen.«

In der Tafelrunde trafen sich Menschen ganz unterschiedlicher Couleur: der ehemalige Steuerverweigerer aus der preußischen Nationalversammlung und zeitweilige enge Lassallefreund Lothar Bucher, der aus der politischen Emigration in England zurückkam und später unter Bismarck eine staatsmännische Karriere machte; der Rittmeister im 2. Gardedragonerregiment, Baron von Korff, einer der schneidigsten Reiteroffiziere und zugleich einer der gescheitesten und geistreichsten Köpfe der preußischen Armee; der patriotische, königstreue Dichter Christian Friedrich Scherenberg, der den Revolutionär Lassalle ebenso schätzte wie der Reiseschriftsteller und Gartenkünstler Fürst Pückler-Muskau, der, auf seinen schwarzen Stock gestützt, oft in Lassalles Haus zu treffen war.

Lassalle berichtet darüber: »Er war äußerst freundlich gegen mich, schüttelte mir als einem alten Bekannten beim Kommen und Gehen herzlich die Hand und erkundigte sich sehr angelegentlich nach Ihnen.«

Aus dem Berliner Kunstleben gehörten dazu Reinhold Begas, der uns die schönen Brunnen geschaffen hat, und der Schlachtenmaler Georg Bleibtreu, zu dem Lassalle wohl schon in der Düsseldorfer Zeit Beziehungen hergestellt hatte und dessen Bilder über die Freiheitskriege, besonders die Schlacht

Ferdinand Lassalle

bei Waterloo, er bewunderte, obwohl er sonst wenig Beziehung zur Kunst hatte. Begas modellierte später Lassalles Büste für die Gräfin, das beste plastische Bildnis seines Kopfes, das erhalten blieb und ihn so zeigt, wie er nach Aussagen von Freunden und Zeitgenossen damals wirklich aussah.

Schließlich traf man hier den späteren Reichstagsabgeordneten und Begründer der berühmten Maschinen- und Gewehrteilfabrik in Berlin, Ludwig Löwe, Sohn eines kinderreichen jüdischen Lehrers aus Heiligenstadt im Eichsfeld. Gern gesehene Gäste waren die Schriftstellerin Fanny Lehwald mit ihrem Mann Adolf Stahr, der Musiker und Komponist Hans von Bülow, der schon in jungen Jahren ein gefeierter Klaviervirtuose war und der sich Lassalle mit enthusiastischer Begeisterung anschloß. Dazu kam dessen extravagante damalige Frau Cosima, die Tochter Franz Liszts und spätere Gattin Richard Wagners. Die Musik Wagners, dessen Tannhäuser- und Lohengrin-Aufführungen damals einen leidenschaftlichen Streit in Berlin entfachten, war die einzige, für die Lassalle Verständnis aufbrachte, was ihm, vielleicht nicht zu Unrecht, als Ausdruck eines mangelnden Musikverständnisses angekreidet wurde. Bleibt noch die ganz Berlin bezaubernde jugendliche Liebhaberin des Königlichen Schauspielhauses, Fräulein Lina Fuhr, zu nennen, der von den Gästen der Tafelrunde jederzeit die Aufmerksamkeit gewiß war und der die Höflichkeit erwiesen wurde, die sie sich in jeder Hinsicht verdient hatte.

»Herumzulaufen habe ich genug«, schrieb Lassalle an die Gräfin, »auf morgen abend bei Fräulein Fuhr. Auf einen andern Abend beim Redakteur des ›Kladderadatsch‹ . . .«

Zu den liebsten Gästen gehörten sein Verleger, der liberale Politiker Franz Duncker, und dessen Frau Lina, mit der Lassalle später auch in einem engen Verhältnis stand. Bei Duncker erschien der Heraklit, der Lassalle in der ersten Berliner Zeit hauptsächlich beschäftigte. Die Dunckers besuchten ihn so häufig, wie er in ihrem Haus zu treffen war.

So war der dreißigjährige Lassalle schnell zu einer strahlenden Persönlichkeit geworden, einer in den Salons bekannten Erscheinung, die den Ton in allen gesellschaftlichen Runden angab. Zu seiner geistreichen Art, seinem – wohl auch von der Gräfin abgeguckten – formvollendeten Auftreten kam der Hauch von Abenteuer, der Schimmer von Romantik und der leise Ruch eines ihn umgebenden Geheimnisses, was seine Anziehungskraft nicht nur auf die Damen, sondern auch auf die Männer ausmachte. Selbst die bekanntesten Professoren der Berliner Universität, der Philosoph Karl Ludwig Michelet, der Physiologe Jakob Moleschott, der Philologe August Boeckh und auch der alte Alexander von Humboldt, konnten sich seinem Charme nicht entziehen. Voller Eitelkeit beschreibt Lassalle der Gräfin jeden Besuch, jede neue Bekanntschaft, die er in der Berliner Gesellschaft macht, besonders wichtig war ihm die Begegnung mit Alexander von Humboldt, der in Berlin schon so etwas wie eine Institution darstellte.

Humboldt hatte sich im Dezember 1857 ausführlich mit dem jungen Lassalle unterhalten und seinen Heraklit ein »wundervolles Buch« genannt, in dem er schon die dritte Nacht las, was er nicht als Arbeit, sondern als einen Genuß bezeichnete. Bei Humboldt privat empfangen zu werden, das war fast wie eine Audienz beim Papst. Der über Achtzigjährige hatte die höchsten Verbindungen bis zum König, und alle Wissenschaftler sahen auf ihn wie auf den Nestor. Die Verbindungen Humboldts zum Herrscherhaus hat Lassalle später noch bei seiner Eingabe an den Prinzregenten Wilhelm genutzt. Zunächst aber lobte Humboldt den Autor des Heraklit gegenüber seinem besten und vielleicht einzigen Freund Varnhagen. Und die verliebte Ludmilla Assing berichtete Lassalle eiligst davon, wie Humboldt von ihm geschwärmt habe: »Welch merkwürdige Natur das ist! Ich finde das so schön von ihm, wie er sich geteilt hat zwischen Heraklit – und der Gräfin Hatzfeldt, und keins von beiden aus den Augen verloren, jedem genügend.« Die Äußerungen Humboldts, für deren Verbreitung Ludmilla natürlich gehörig sorgte, waren eine ebensolche Empfehlung für Lassalle wie seinerzeit der Brief Heinrich Heines.

Bei seinem aufwendigen gesellschaftlichen Leben dachte Lassalle, wie er in allen Briefen immer wieder betonte, an die Gräfin. So schreibt er am 5. Dezember 1857, »daß die teuersten und hauptsächlichsten Ausgaben, die ich mache, alle von dem Gedanken an Sie geleitet sind und diktiert werden von der Stellung, die ich mir machen will, um Ihnen Annehmlichkeiten bereiten zu können«. Und an anderer Stelle beschwört er sie: »Jeden Lorbeer und jede Palme, die ich mir in meinem Leben pflücken werde – und ich denke, es werden deren viele sein – werde ich ewig zu Ihren Füßen hinlegen und Sie dann bekränzen! ... Jeden Menschen, den ich kennenlerne, berechne und taxiere ich nur nach der Annehmlichkeit und dem Werte, die er für Sie haben könnte!« Und er versichert ihr: »Weder bei Männern noch Frauen, die diesen geistig lebendigen Kreisen angehören, würden Sie auf andere Gefühle stoßen als die der Bewunderung, des Interesses und Respekts.« In einem Brief über die Aufnahme seines Heraklit-Werkes berichtet er: »So bin ich denn ... über Nacht zu einer großen gelehrten Autorität ... geworden.«

Offenbar hat sein Werk über den griechischen Philosophen Heraklit, mit dem sich Lassalle als gelehriger und wohl auch gelehrter Schüler Hegels erwies, in der damaligen Berliner Geisteswelt großes Aufsehen erregt. Marx, dem Lassalle das Werk geschickt hatte, war weniger davon angetan. An Engels schrieb er am 1. Februar 1858: »Er führt es nur im Detail aus, was natürlich in 2 Druckbögen vollständig genügend hätte geschehn können. Noch weniger fällt es dem Burschen ein, irgend kritische Gedanken über die Dialektik selbst zu verraten. Wenn man alle Fragmente des Heraklit zusammen druckt, so werden sie hardly einen halben Druckbogen füllen. Nur ein Bursche, der Bücher auf Kosten des schrecklichen ›Mensch‹ (gemeint ist Sophie von Hatzfeldt) druckt, kann sich herausnehmen, 2 Bände von 60 Bogen auf solchen Vorwand hin in die Welt zu schicken.«

Bei dieser Einschätzung spricht sicher auch ein bißchen Neid mit von einem Mann, der wichtige Bücher nicht drucken konnte aus reinem Geldmangel. Einen Monat später fand Marx, daß der Heraklit, »obwohl hunz schlecht geschrieben, immer noch besser als irgend etwas, dessen sich die Demokraten rühmen könnten«. Und er schrieb dem Autor: »Ich glaube, daß mehr Kondensation in der Darstellung möglich war, ohne den Inhalt zu gefährden. Ich hätte ferner gewünscht, in dem Buche selbst *kritische* Andeutungen über Dein Verhältnis zur Hegelschen Dialektik zu finden.«

Auch Lenin schrieb zum Heraklit: ». . . aus den 850 Seiten Lassalles müßte eine Quintessenz von 85 Seiten gezogen und ins Russische übersetzt werden.« Das wären zwar dann fünfeinhalb Bogen anstelle der von Marx vorgeschlagenen zwei, aber viel wäre es auch nicht. Und es gäbe noch keine Veranlassung, daß Gelehrte von Weltruf wie Humboldt und Boeckh unter anderen in Verzücken gerieten und die Erscheinung eines neuen Hegel, wenn nicht mehr, aus dem Werke entnahmen. Tatsächlich aber bedeutete das Erscheinen des Buches 1857 eine kleine Sensation. Lassalle war es gelungen, aus den buchstäblich überlieferten und verstreuten Fragmenten des griechischen Philosophen Heraklit ein geschlossenes philosophisches System herzustellen, so daß er nun häufig als Doktor Lassalle tituliert wurde.

Der Gräfin schrieb er regelmäßig von seinen Erfolgen, die sie auch als die ihren empfinden sollte. Man darf ihr glauben, wenn sie mehrfach versichert, daß sich niemand so über seine Erfolge freue wie sie. »Sie sind ja die einzige Person, der gegenüber ich mich gern rühme«, schrieb er am 17. November 1857, zwei Wochen, nachdem das erste Autorenexemplar des Buches in seiner Hand war. »Wie Sie wissen, hat jeder persönliche Erfolg für mich nur dann einen Wert, wenn er auf irgendeine Weise mit Ihnen in Verbindung steht. – Dies ist nun bei dem Heraklit hinreichend der Fall. Jeder Mensch sagt: ›Wenn dieser Mensch ein so ausgezeichnetes Werk zehn Jahre unediert lassen konnte ... um dieser Frau willen, was muß das für eine wunderbare Frau sein!‹«

Doch Lassalle wollte seinen Erfolg mit dem Buch noch auf eine andere Weise ausbeuten. Da die Gräfin, wenn sie nach Berlin käme, gern die Gesellschaft von Damen aus guten Kreisen hätte, nahm er den Heraklit auch zum Anlaß, einen solchen Damenkreis zu schaffen, dem neben der Schriftstellerin Ludmilla Assing Hedwig Dohm, Lina Duncker und Fräulein Fuhr angehörten. Auf Vermittlung von Varnhagen und seiner Nichte wurden sie alle im Haus Lassalle zum Souper eingeladen, was er seinen Grand coup social nannte. Der Gräfin versicherte er: »Ich denke nur an Sie, beziehe alles nur auf Sie, achte und schätze alles nur, insofern es sich mit Ihnen kombiniert.«

Der Maler Ludwig Pietsch zeichnet uns in seinem Buch »Wie ich Schriftsteller geworden bin« ein Bild von Lassalles Wohnung, in der alle diese Soupers und Soireen stattfanden. Auch wenn die Gräfin hier nie wohnte und nur kurz zu Besuch war, so hatte sie sie doch in den Gedanken an den Freund immer vor Augen gehabt, und im Geiste sah sie ihn dort sitzen, vor orientalischen Waffen, die er von seiner Reise mitgebracht hatte, unter Bildern von der Französischen Revolution, zwischen den ausgewählten antiken Marmorarbeiten, die er in Paris und Italien erworben hatte. Den größten Raum in der für seine Verhältnisse kleinen Wohnung nahm die für einen Privatmann außerordentlich umfangreiche Bibliothek ein. Dekorationsstücke, wie man sie zu dieser Zeit in den Wohnungen wohlhabender Leute fand, fehlten hier ganz. Es gab weder orientalische Teppiche noch farbenreiche Vorhänge, weder Wandbekleidungen noch prächtige in Ton und Mustern aufeinander abgestimmte Möbelbezüge.

Von einem Abend im Spätherbst 1857 wird berichtet, als Lassalle mit einigen Freunden spät nach Hause kam. Der Diener wartete noch. Die Gaskronen und Kerzen brannten im Salon und im Arbeitszimmer. Im Kamin glühten die Kohlen.

Lassalle fragte, welche Weine die Gäste trinken möchten, denn dafür hatte er mehr Sinn als für teure Möbelstoffe. Der Keller bot alles, was die Herren sich nur wünschen konnten. In einem Brief an die Gräfin schreibt er von einem seiner geselligen Abende: »Freilich hatte ich wieder einmal fest an meiner Theorie gehalten, daß auch bei den gescheitesten Leuten (wenn ich nach mir urteilen darf, grade bei solchen) doch um das vollständige Vergnügen herzustellen, erforderlich sei, das liebe Herz, wie Homer sagt, an Speise und Trank zu erfreuen in ganz andrem Maß, als dies sonst in den Abendgesellschaften hier üblich ist.«

»Die Leute schwammen im Amüsement«, berichtet er. »Wir waren ... dreizehn und ein Kind und tranken fünf Flaschen Bordeaux, vier Flaschen Steinberger Kabinett und acht Flaschen Champagner, also siebzehn Flaschen auf dreizehn Personen, worunter mehrere Damen noch dazu.«

»Der ... Abend war«, wie er schrieb, »in dem Interesse, das ich für Sie verfolge, ein ganz entscheidender ... Ich kann Ihnen jetzt, sowie Sie herkommen, die Elite unserer Berliner Welt, alle unsere Berühmtheiten versammeln und Ihnen die beste Gesellschaft machen, die es hier überhaupt gibt, sowie den interessantesten Frauenkreis, den ich hier getroffen habe.« Er zählt ihr auf: die Gattin von Professor Michelet, eine sehr gebildete Frau, Fanny Lehwald und Ludmilla Assing, zwei bekannte Schriftstellerinnen, Madame Duncker und Frau Dohm, interessante Persönlichkeiten, Cosima von Bülow, die Tochter von Franz Liszt, Frau Doktor Gneist, die Schwiegertochter von Boeckh, eine der schönsten und geistreichsten Frauen Berlins.

»Es gibt niemanden in Berlin, der Ihnen jetzt eine bessere, zahlreichere und glänzendere Gesellschaft zu bieten vermöchte als ich. ... Ohne Mühe ist es freilich nicht gegangen. Ich habe die Zeit über gar manches und manches tun müssen. Aber ich tat es, so wenig ich es sonst getan, für Sie, glauben Sie mir das, es ist keine Berühmerei von mir! Ich warf mein

Geld auf die Straße, ennuyierte mich manchen Abend, schluckte manchen Ärger ein, riskierte manche falsche Position Ihretwegen. Denn ich wollte Ihnen hier einen glänzenden und zahlreichen Zirkel machen können, was ich jetzt kann ... ich habe, was ich für Sie wollte und Ihnen versprach.«

Die Affäre Fabrice

Während die Gräfin noch immer zwischen Düsseldorf, Wildbad und Baden-Baden hin und her reiste, um ihre in den Jahren des Prozesses verlorene Gesundheit zurückzugewinnen, entwickelte sich der Freund in Berlin mehr und mehr zu einem Salonlöwen, der überall neue Kontakte anknüpfte und in seiner wachsenden Eitelkeit in jedem Salon den Ton anzugeben wünschte. Da ihm alle sportlichen Eigenschaften und Fähigkeiten abgingen, er weder reiten noch rudern, noch segeln konnte, was man von einem jungen Mann in der Gesellschaft erwartete, ja nicht einmal Schlittschuhlaufen gelernt hatte, verwandte er seine ganze Energie auf geistreiche Gespräche. Er war, wie Pietsch ihn schildert, »ein jugendlicher Held des Worts und der Feder, ein Löwe der Gesellschaft, ein vielgeliebter und gefürchteter Frauensieger und Volksführer, der sich, zwischen tüchtigen unermüdlichen und begeisterten Schlittschuhläufern und -läuferinnen im Stuhlschlitten sitzend von einem dazu gemieteten Mann über die Eisfläche schieben lassen« mußte.

Abends aber lebte Lassalle auf, war er wieder Mittelpunkt. Er veranstaltete spiritistische Sitzungen, hypnotisierte seine Gäste mit Gesten, die einem Schauspieler alle Ehre gemacht hätten, und freute sich, wenn seine Experimente Erfolg hatten und die Hypnose so gelang, daß das Medium willenlos seinen Befehlen folgte.

Häufig konnte man Lassalle, der der Gräfin hauptsächlich über seine Erfolge in der wissenschaftlichen Gesellschaft schrieb, auch in dem damals bekannten Biergarten an der Südostseite der Potsdamer Straße an der Ecke des Kanals treffen. Das war besonders im Frühjahr und im Sommer 1858 der allabendliche Sammelplatz der Leute, mit denen er vorwiegend verkehrte, Künstler, Gelehrte, Schriftsteller, die alle im Potsdamer Viertel zwischen Brandenburger und Anhalter Tor wohnten. Laubengänge aus gut verschnittenen Linden, deren Kronen ein gewölbtes Dach bildeten, durchzogen den Garten vom Tor in der Potsdamer Straße bis zur Grabenstraße. Die Holztische am Bierausschank waren an heißen Tagen umlagert. Die vier von allen Besuchern wegen ihrer mädchenhaften Schönheit gerühmten Töchter der Wirtin mögen ein übriges für die Attraktivität des Bierlokals getan haben.

So feierten die Stammgäste auch im Winter hier Maskenfeste. Von einem wird berichtet, daß Lassalle in von seinen Reisen mitgebrachten orientalischen Seidengewändern in stolzem Wohlgefallen an seinem eigenen Aussehen und in richtigem Paschawürdebewußtsein daherwandelte.

Doch Lassalle wäre nicht er gewesen, wenn er sich nicht bald wieder in eine Affäre verstrickt hätte, die diesmal nicht von ihm ausging. Überall beliebt, wie er glaubte, war er nämlich nicht. Viele sahen in ihm einen Abenteurer, einen Blender, der wie ein Komet am gesellschaftlichen Himmel Berlins aufgestiegen war und den Schein anderer Sterne überstrahlte. Auch fühlten sich manche, besonders adlige preußische Offiziere, durch das Auftreten des immerzu redenden und gestikulierenden jungen Juden aus der Provinz in ihrer Wirkung auf die Damenwelt beeinträchtigt, was bei einigen über Abneigung bis zum Haß führte. Einer davon war der Intendanturrat Fabrice, der schon seit einigen Jahren im Hause der Familie Duncker verkehrte und sich durch Lassalle in den Hintergrund gedrängt fand. Eines Abends im März wollte er bemerkt haben, daß Lassalle über ihn gelächelt hatte, und fortan blieb er der Gesellschaft fern.

In den folgenden zwei Monaten müssen sich die Kreise eingeschaltet haben, die Lassalle, den Revolutionär, aus Berlin weghaben wollten und die in seinem Daueraufenthalt in der preußischen Hauptstadt eine Gefahr für den Staat sahen. Denn plötzlich, nach zwei Monaten, erhielt Lassalle eine Herausforderung auf krumme Säbel. Als damals prinzipieller Gegner des Duells lehnte er es ab, weil es ihm gar nicht eingefallen sei, über den Herrn Fabrice zu lachen. Das Komplott gegen ihn aber war schon geschmiedet. Als Lassalle an einem der letzten Maiabende auf seinem gewohnten Gang zum Hotel war, wo er täglich zu Abend aß, zwischen Lennéstraße und Brandenburger Tor, stand plötzlich, begleitet von einem jungen Offizier, jener Fabrice, eine Reitpeitsche schwingend, vor ihm. »Verfluchter Judenbengel, willst du dich nun mit mir schlagen oder nicht?« schrie er Lassalle an, und im selben Augenblick schlug er ihn mit der Reitpeitsche ins Gesicht. Im nächsten Moment aber drehte Lassalle seinen Spazierstock herum und hieb mit dem Knauf auf den Angreifer ein, daß dieser blutend zu Boden ging. Als dann der Begleiter des Herrn Fabrice noch eingriff, war die schönste Schlägerei im Gange, bei der sich Lassalle gegen die beiden Angreifer wacker schlug. So wälzten sich die drei im Sande, bis herbeieilende Schutzmänner die Kampfhähne trennten.

Lassalle trug, wie er der Gräfin versicherte, nur ein paar nicht der Rede werte Beulen davon, während der Herr Fabrice ein Loch im Kopf behielt. Im Brief an Sophie schreibt der stolze Kämpfer: »Der Hieb war furchtbar und so stark, daß der goldene Knopf meines Stockes sofort vom Stock abbrach, obwohl es sehr fest angelötet war. (Ich schlug ihm nämlich den goldenen Griff aus aller Kraft in die Stirn; sein ganzes Gesicht war sofort von einem Blutstrom überschossen.)« Das aber reichte Lassalle noch nicht. Jetzt erst setzte er seine eigentlichen Waffen ein, die ja nicht aus Stockschlägen bestanden. Er bediente sich der Presse. Stolz erklärte er der Gräfin, daß er ihr in den letzten Tagen nicht schrieb, lag daran: »Ich bin nämlich der Herr L., dem der Überfall passiert ist, den die Berliner Zeitungen melden.« Dunckers »Volkszeitung«, aber auch die »Nationalzeitung«, die »Vossische« und die »Spenersche Zeitung« berichteten von dem Vorfall, und Lassalle tat nicht wenig, um die Angelegenheit publik zu machen. Selbst den alten General Friedrich von Wrangel, den Oberbefehlshaber in den Marken, dessen Militärgerichtsbarkeit die beiden Offiziere unterstanden, informierte er ausführlich.

In einigen Blättern wurde er aber auch der Feigheit geziehen, weil er nun nicht seinerseits den Herrn Fabrice zum Duell forderte. So tat er, was er immer tat, wenn er wirklich Rat und Hilfe suchte: Er fragte die Gräfin. »Ich hätte einen immensen Genuß«, schrieb er, »die Bestie jetzt auf Pistolen zu fordern; er würde meiner Kugel schwerlich entgehen. Ich schäme mich nur, dabei, wenn auch nur ganz ausnahmsweise, von meinen Grundsätzen abzugehen. Was meinen Sie zu der Idee? Ich habe Sie niemals als Frau, sondern immer als Mann behandelt. Schreiben Sie mir also als solcher Ihre Meinung.«

Zu gern hätte Lassalle sich mit dem Intendanturrat geschossen. Es wäre ihm ein »Seelengaudium« gewesen, und er litt darunter, seiner Prinzipien wegen den »Trieb meines Blutes zu unterdrücken. Diese Idee rappelt ... gewaltig in mir ...«

Viel klarer als der große Politiker durchschaute die Gräfin aus der Distanz die wirklichen Zusammenhänge dieser Affäre. Es ging gar nicht darum, ob Lassalle gelächelt hatte oder nicht, es ging nicht einmal um den bedauernswerten Fabrice und seinen Kompagnon, die zu ihrer Prügel auch noch in einem Disziplinarprozeß zu mehrmonatiger Festungshaft verurteilt wurden, womit ihre Karriere beendet war, die für beide hoffnungsvoll begonnen hatte. Die Gräfin erkannte sofort, daß die Beschimpfung Lassalles als Feigling, wie es in einigen Zeitungen zu lesen war, »nichts anderes (ist) als ein montierter Coup von einer gewissen Clique, deren Ärger und Wut daß Sie es fertig gebracht, in Berlin zu bleiben und sich dort eine so geachtete Stellung zu machen, ... grenzenlos ist. Man will Sie entweder zwingen, sich zu schlagen, und dann würde es bei dem einen nicht bleiben, oder Ihnen den Aufenthalt in Berlin wenigstens so verleiden, daß Sie fortgehen.« Aus seinem letzten Brief entnahm die Gräfin, daß der Freund begann, »wankelmütig zu werden, und nicht viel daran fehlt, daß Sie in die Falle gehen«, die sie sofort erkannt hatte. Sie warnt ihn rechtzeitig, denn, so schreibt sie in Anspielung auf seinen Satz, daß er sie als Mann frage, »zugleich habe ich für solche Dinge einen männlichen Geist und Auffassung für solche Sachen«. Sie rät ihm, auf keine Duellforderung einzugehen, noch selbst eine auszusprechen, denn sie sähe darin »unbedingt eine Partei- und Prinzipiensache«. »Treten Sie mit Ihrer gewöhnlichen Entschiedenheit und Stolz auf . . . Aber verraten Sie nicht die geringste Unsicherheit, seien Sie fest und entschieden; aber auf der andren Seite, ich kann Sie nicht genug darum bitten, seien Sie äußerst vorsichtig, sowohl für Ihre eigene persönliche Sicherheit als jedes unnütz provokatorische Auftreten zu vermeiden, denn Sie kennen ja den militärischen und Junkerkastengeist, wovon Hinckeldey das Opfer wurde.« (Der Berliner Polizeipräsident Karl Ludwig Hinckeldey war 1856 im Duell erschossen worden, weil er sich bei der feudalen Partei unbeliebt gemacht hatte.)

Die Gräfin kennt also ihre Pappenheimer, sie kennt sich aus im Kastengeist der Junker, und sie erkennt den politischen Kern der Angelegenheit. Sie erinnert Lassalle daran, daß Herr Fabrice sich von Anfang an gegen seine politischen Ansichten gewandt hatte: »Also ist der wahre Grund des Hasses die politische Meinung und der jetzt angegebene nichtige Vorwand nur ein bei den Haaren herbeigezogener. Der Vorfall geht ebensowenig allein von Herrn Fabrice aus, sondern ist ein montierter Haß und Parteicoup«, hinter dem vorzüglich »Militärs« stehen, wie sie schreibt. Deshalb »muß der Sache ihre wirkliche politische Färbung sofort gegeben« und gesagt werden, »daß Herr Fabrice seinen Widerwillen . . . gegen Sie sofort beim ersten Begegnen, basiert auf Ihre politischen Tendenzen hatte kundgegeben . . .«. Dies sei die Hauptsache, ohne diesen Aspekt verlöre die Sache die Bedeutung, würde unerklärlich kindisch und eine Jungenrauferei wegen der lächerlichsten Nichtigkeiten genannt werden können.

Dennoch wurde Lassalle, obwohl an der ganzen Affäre schuldlos, wegen des Skandals aus Berlin ausgewiesen. Damit war der politische Hintergrund erhellt, und es bestätigte sich, was die Gräfin erkannt hatte. Lassalle wandte sich nun über Humboldt und Boeckh schließlich sogar mit dem für einen Sozialisten fragwürdigen Schritt an den Prinzen von Preußen, den Kartätschenprinzen von 1848. Dennoch mußte er Berlin im Juli verlassen und kehrte erst im Oktober zu Varnhagens Beerdigung in die preußische Hauptstadt zurück. Die liberale Handhabung der Gesetze durch den Prinzregenten Wilhelm, die sogenannte Neue Ära, erlaubte ihm zu bleiben. Aber erst 1859 erhielt er endgültig das Recht, in Berlin zu wohnen. Und nun konnte auch die Gräfin nach Berlin kommen.

Lassalle war 1859 in eine neue große Wohnung in der Bellevuestraße umgezogen. »Ich habe vor einigen Tagen eine neue Wohnung vom 1. April ab gemietet«, schrieb er schon im Januar der Gräfin, »für – fünfhundert Reichstaler! Aber welche Pracht. Bellevuestraße. Hautparterre. Vier große Salons, die ineinander gehen, in einer Suite! Erst ein immenser blauer Salon, Bosserie, vergoldete Plafonds usw., dann Speisesaal, wo ich dreißig Personen bequem setzen kann, und prachtvoll dekoriert. Dann großes Bibliothekzimmer, dann kleineres Arbeitszimmer, dessen Glasfenster auf ein Treibhaus stoßen, so daß ich stets die Palmen vor mir habe. Gebe ich ein Fest und öffne die vier Türen, sieht man vom Salon bis ins Treibhaus, das ich, wenn es mir auch nicht gehört, doch benutzen kann. Seitwärts Schlafzimmer. Im Souterrain Küche, Keller, Dienerwohnung. Ich kann, wenn ich will, hundert Personen bei mir sehen. Sie glauben vielleicht, daß ich verrückt bin. Ach nein! Ich denke nur, daß ich nur einmal lebe und daher mir nichts abgehen lassen will.«

Und der Gräfin rät er: »Seien Sie kein Narr, leben Sie! Leben Sie! Was würden Sie hier schon für Vergnügen durch mich haben ... Also seien Sie keine Eule, keine Eule! Leben Sie mit mir, wie ich, statt dort zu sitzen und zu rechnen.« Er zitiert Goethe in etwas abgewandelter Form:

»Hör auf mit Deinem – Geld zu spielen,
Das wie ein Geyr Dir an der Leber frißt,
Die schlechteste Gesellschaft läßt Dich fühlen,
Daß Du ein Mensch und unter Menschen bist.«

Im Oktober 1859 kommt die Gräfin nach einer Sommerreise mit Lassalle nach Berlin, und wir können sie uns in dieser noblen Wohnung in der Bellevuestraße vorstellen, wie sie oft und viel mit dem Hausherrn zusammen ist. Sie selbst mietet eine Wohnung im Schleicherschen Haus in der Grabenstraße. Die Gräfin versammelt schnell und leicht fast den gleichen Kreis von Personen um sich, wie sie bei Lassalle verkehren. Er hatte ihre Ankunft allen Freunden mitgeteilt und dabei den schönen Vers des alten Simon Dach benutzt:

»Der Mensch hat nichts so eigen, so wohl steht ihm nichts an, als daß er Treu erzeigen und Freundschaft halten kann.«

Jeder kannte Lassalles Wahlspruch in bezug auf die Gräfin Hatzfeldt: »Wer nicht für sie ist, ist gegen mich.« Wenn auch manche gutsituierte Familie heimlich überlegte, wie sie sich der Gräfin gegenüber verhalten sollte, deren Leben, auch seine kritische Seite, bis in alle Einzelheiten durch die Prozesse in der Öffentlichkeit bekannt war, so wagte es doch niemand, sie zu brüskieren und sich damit Lassalle zum Feinde zu machen. Die meisten kannten Sophie von Hatzfeldt nur aus den Berichten über die Gerichtsverhandlungen, die Klagen und Gegenklagen. Nun waren alle erfreut und angenehm berührt von der Erscheinung der Gräfin. Sie war noch immer eine imposante Frau, der man die einstige Jugendschönheit ansah und die, was alle Chronisten einschließlich Marx immer wieder beschäftigte, die Kunst der Toilette, des Schminkens beherrschte wie kaum jemand außer den Theaterleuten zu ihrer Zeit. Wer etwa befürchtet hatte, daß die Gräfin »durch freie Sitten« die moralischen Philister, aber auch die vorgeblich freien Geister um Lassalle schockieren würde, fand sehr bald, daß er dem üblichen Klatsch zum Opfer gefallen war, der über sie verbreitet wurde.

Nie verlor sie die Contenance, den ruhigen, natürlichen Ton der vornehmen Dame, und nie verleugnete sie die tadellosen Umgangsformen. Der Maler Pietsch berichtet noch einmal: »Selbstverständlich herrschten dieselben auch in ihren Mittags- und Abendgesellschaften, wenn man sich auch in der Unterhaltung im Bekennen der verwegensten Anschauungen und Meinungen in Sachen der Politik, Religion und Moral nicht den geringsten Zwang aufzuerlegen hatte.«

Die Gräfin teilte nunmehr ihr Leben zwischen ihrer Wohnung und der Lassalles. Dort war sie fast noch mehr als bei sich selbst zu Hause. Nun konnte sie sich wieder um ihn kümmern und mütterlich um ihn besorgt sein. Und sie wollten sich auch nie mehr für längere Zeit trennen, nahmen sie sich vor.

Am Nachmittag und am Abend war die Gräfin gewöhnlich in der Wohnung Lassalles. Sie aßen gemeinsam, denn nun zog Lassalle nichts mehr ins Hotel de Rome, sie saßen, debattierten und rauchten, er Zigarren und sie große Mengen Zigaretten. Später präsidierte sie »in großen pompösen Toiletten, in enormen und nicht vergeblich decolletierten modernsten Reifrockroben bei seinen großen Diners und wußte ihre etwa durch junge Frauen und Fräulein, die ihm nicht gleichgültig erschienen, erweckten Eifersuchtsregungen, so energisch zu unterdrücken oder so geschickt zu maskieren wie Madame de Pompadour«. Pietsch, der diese etwas sarkastische Schilderung gibt, zeichnet die Gräfin in dieser Zeit, was für den Zeichner eine fesselnde und lohnende künstlerische Aufgabe war. In den mehrstündigen Sitzungen lernte er die für ihn merkwürdige und geheimnisumwitterte Frau näher kennen, richtiger beurteilen und schätzen. Sie machte auf Männer noch immer einen starken Eindruck, der auch dadurch nicht beeinträchtigt wurde, daß ihre kosmetischen Künste großen Anteil an ihrer

Erscheinung hatten. Es war vor allem die Art, wie sie sich selbst in der Gesellschaft zurücknehmen konnte, um dadurch in den Hintergrund zu treten. Einer aus der Gesellschaft schrieb sogar ein Gedicht für sie zum Geburtstag, in dem die am 10. August 1805 Geborene besungen wurde.

Du wardst, die Tochter hoher Ahnen,
doch aller Hoheit Glanz und Lust
schloß nie des Geistes freiste Bahnen
dem Kind des Zehnten im August.

Zum Schluß nennt er sie »der Freiheit schönes Sonntagskind«. Das war sie nun wahrlich nicht, ein Sonntagskind, dem alles gelingt. Dennoch war diese Zeit in Berlin eine im wesentlichen glückliche Zeit für Sophie von Hatzfeldt. Sie konnte mit dem Freund zusammen leben, hatte viele Freunde und sah, wie Lassalle, seit sie hier war, ausgeglichener und ruhiger wurde und viel arbeiten konnte, was für ihn auch Glück bedeutete. Er schrieb, oft noch nach den geselligen Abenden von Mitternacht bis zum Morgen, an seinem »System der erworbenen Rechte«, mit dem er kommenden Revolutionen eine theoretische und rechtsphilosophische Grundlage geben wollte. Als überzeugter Anhänger Hegels geht er von dem idealistischen Standpunkt einer unveränderlichen Rechtsidee aus, vom Glauben an das absolute Recht, was Engels als »starken Aberglauben« bezeichnet. Aber es war schon eine Leistung, innerhalb weniger Jahre ein philosophisches Buch, den Heraklit, das Drama »Franz von Sickingen« und ein zweiteiliges juristisches Werk zu schreiben. Die Gräfin war stolz auf ihn und half ihm in der Bibliothek und wo sonst sie konnte. Dennoch war sie nicht restlos glücklich mit diesem Leben, den vielen Gesellschaften und fremden Menschen. Es kam immer wieder zum Streit mit dem Freund, der ihr Bedürfnis, sich aus dem allzu großen Trubel der Feste und lauten Abende zurückzuziehen, nicht verstand. Bei einigen der Gäste spürte sie auch, obwohl sie es sich nie anmerken ließ, Feindseligkeit, was ihr große Zurückhaltung auferlegte. Und sie findet, daß ihre Erziehung und Haltung in der Gesellschaft so verschieden ist, daß nicht alles zusammengehen kann. »Ich kann mich nur noch ganz auf den Umgang ganz einzelner geistreicher und vorurteilsfreier Leute beschränken«, schreibt sie. ». . . unterhalten Sie sich, so gut es geht, . . . es wird mich herzlich freuen . . . Wir werden dann ruhig und freundschaftlich nebeneinander leben, und die Leute, die sonst noch mich aufsuchen wollen, werde ich gewiß mit Freundlichkeit empfangen.«

Einer davon kam schon im nächsten Jahr. Im August 1861 besuchte Karl Marx aus London das Freundespaar in Berlin.

Besuch aus London

Als Marx im April 1861 nach Berlin kommt, wo Lassalle und die Gräfin alles zu seinem Empfang vorbereitet haben, fällt ihm das luxuriöse Leben des Freundes auf, zumal er selbst in London noch immer in den elendesten Verhältnissen lebt.

Die Wohnung Lassalles war nach der Schilderung von Sophie Sontzew, einer jungen Russin, eine »Mischung des verfeinertsten Komforts und Dilettantismus mit strengem Gelehrtentum«. In seinem Arbeitszimmer war alles einfach, ernst und geschmackvoll. Am Tisch ein bequemer Arbeitsstuhl, alle Wände des Zimmers bis zur Decke mit Regalen bedeckt, vollgestopft mit Büchern, teuren Folianten, altertümlichen Papyri, Atlanten und dergleichen.

Hinter dem Arbeitszimmer befand sich ein im orientalischen Geschmack eingerichteter Raum mit niedrigen, von teuren orientalischen Seidenstoffen bedeckten türkischen Diwanen, Etageren, Tischchen und Taburetts, angefüllt mit Rauchutensilien, türkischen Pfeifen mit enormen Bernsteinspitzen. Von diesem Zimmer ging es in einen kleinen Wintergarten, der mit schönen Pflanzen angefüllt war. Der Salon, zugleich auch Speisezimmer, war mit guten Bildern und seltenen Stichen geschmückt. Mehrere bekannte Statuen, darunter eine sehr gut ausgeführte Kopie der Venus von Milo, standen um einen prachtvollen Flügel. Schließlich gab es noch ein ziemlich großes Gesellschaftszimmer mit den Fenstern nach der Straße, das mit teuren Teppichen, samtenen Drapierungen und luxuriösen Möbeln, großen Spiegeln, japanischen und chinesischen Vasen ausgestattet war. Lassalle verstand es, wohl auch von der Gräfin beraten, sein nicht unerhebliches Einkommen mit Geschmack auszugeben.

Für den ständig in sehr beengten Verhältnissen lebenden Marx war das alles ein unvorstellbarer Luxus, der sich ihm als Lebensstil eines Bourgeois darstellte. So schreibt er am 10. Mai an Engels in Manchester: »Zu seinem eignen Leibesschaden lebt unser Lazarus (Lassalle) nun so luxuriös wie sein Gegenbild, der reiche Mann, und das halte ich für ein Haupthindernis seiner Kur. Er hat sich überhaupt zu sehr vervornehmt und würde es für einen Raub halten, zum Beispiel in eine Bierkneipe zu gehn.«

Friedrich Engels, der nie in eine engere Beziehung zu Lassalle trat, hat schon früher vor dessen Hang zum bürgerlichen Lebensstil gewarnt. Obwohl auch er das große Talent Lassalles lobt (und ihn später gegen unberechtigte Angriffe verteidigen wird), kritisiert er dessen »Sucht, sich in die vornehme Welt einzudrängen, de parvenir (emporzukommen), wenn auch nur zum Schein«, und seine Herkunft »mit allerhand Pomade und Schminke zu übertünchen«.

Sowohl Lassalle als auch die Gräfin hatten Marx in Berlin außerordentlich freundlich empfangen. Nachdem sie die ersten Stunden nach der Ankunft verplaudert und Marx seine Reisemüdigkeit überwunden hatte, brachte ihn Lassalle gleich ins Haus der Gräfin Hatzfeldt. Jeden Tag um vier Uhr nachmittags kam die Gräfin zu Lassalle, um mit ihm zu essen und den Abend mit ihm zu verbringen.

Marx schreibt seiner Cousine Antoinette Philips nach Zalt-Bommel von seinen ersten Erlebnissen in Berlin und gibt dabei ein ziemlich frivoles Bild der Gräfin, die in den Jahren seit der Revolution, in all den Kämpfen und Enttäuschungen mehr gealtert war, als der Gast aus London erwartet hatte. In seiner Erinnerung lebte eine vierzigjährige Frau, die er aus Düsseldorf kannte und für deren Schönheit und weibliche Ausstrahlung sich damals junge Revolutionäre in jede Händel stürzten. Nun stand vor ihm eine Mittfünfzigerin, und in einem Brief an die hübsche junge Cousine kann er den Sarkasmus, der ihn oft in der politischen Polemik auszeichnet, nicht unterdrücken. Was er hier über die alte Freundin aus den Kölner Tagen schreibt, klingt nicht gerade charmant, aber es ist wohl nicht so böse gemeint, wie es auf den ersten Blick erscheint. »Ich fand ihre Haare so ›blond‹ und ihre Augen so blau wie früher, aber im übrigen las ich in ihrem Gesicht die Worte eingeprägt: zwanzig und zwanzig macht siebenundfünfzig. Da sind tatsächlich Falten voller ›Spuren der Schöpfung‹, Wangen und Kinn verraten eine Fülle, die, wie Kohlenlager, lange Zeit braucht, um sich zu bilden, und so fort. Was die Augenbrauen angeht, so war ich sofort von dem Umstand überrascht, daß sie sich verbessert statt verschlechtert hatten, so daß die Kunst die Natur bei weitem übertroffen hatte. Bei späteren Gelegenheiten habe ich festgestellt, daß sie ausgezeichnet die Kunst versteht, sich herzurichten und in ihrer Schminkdose die Farbtöne zu finden, die ihr Blut nicht mehr erzeugt.« Das alles wirkt wenig freundlich, ja in hohem Maße kränkend. Die offenbar starke Verwendung von Kosmetik, die Marx von seiner häuslichen Umgebung in London nicht gewohnt war, forderte seinen Spott heraus. Es wird auch von anderen, vorzüglich von Frauen, aus den Kreisen der achtundvierziger Revolutionäre berichtet, daß sie der in ihrer Zeit noch ungewöhnliche Gebrauch von Puder und Schminke an der Gräfin auf den ersten Blick erschreckte. Sie war eine Frau, die vor allem Männer zuerst verwirrte, ehe sie sie faszinierte. »Alles in allem«, schrieb Marx weiter, »erinnerte sie mich an einige griechische Statuen, die sich noch einer schönen Büste rühmen . . .« Und nachdem er spürt, daß die Gräfin auf den zweiten Blick mehr Gewinnendes zu bieten hat, als ihm anfangs an Äußerlichkeiten aufgefallen war, fährt er fort: »Um jedoch nicht ungerecht zu sein, sie ist eine sehr distinguierte Dame, kein Blaustrumpf, sie besitzt viel natürlichen Intellekt und ist sehr lebhaft, an der revolutionären Bewegung stark interessiert und von einer aristokratischen laissez aller (Lässigkeit), das den pedantischen Grimassen der professionell femmes d' esprit (geistreichen Damen) sehr überlegen ist.«

Es darf wohl angenommen werden, daß die letztgenannten Eigenschaften in den Augen von Marx wesentlich höher standen als die eingangs bespöttelten äußerlichen Attribute. Dennoch war es gerade diese äußere Erscheinung in Verbindung mit ihrer hocharistokratischen Herkunft, die es Sophie von Hatzfeldt oft so schwer machte, den richtigen Kontakt mit den Menschen zu finden, die ihr geistig und gefühlsmäßig nahestanden. Das für ihre Zeit ungewöhnlich exaltierte Auftreten der Gräfin war nicht nur für Lassalle als Arbeiterführer eine Belastung, es versperrte ihr selbst auch oft den Zugang zu Menschen, zu denen sie sich hingezogen fühlte. So schreibt ihre spätere intime Freundin Mathilde Anneke über einen Besuch der Gräfin in der Schweiz: »Die Frau Gräfin mit ihrem Gefolge, dem sich eine Reihe Schöngeister angeschlossen hatten, setzte die friedliche Alpenwelt durch ihr Auftreten in roten Garibaldihosen in Bewegung.« Frau Anneke findet die Gräfin weder schön noch geistreich, sie erscheint ihr »wie Leichenduft, wie eine geschminkte weibliche Ruine«. Doch schon wenige Tage später ändert sie ihr Urteil radikal, und sie schreibt ihrem Mann: »Sie (die Gräfin) gewinnt, besonders wie sie heute erscheint, ohne arge Schminke. Schönere Formen habe ich freilich noch bei keinem Weibe gesehen. Ich muß gestehen, daß wir unsere Meinung über sie sehr geändert haben. Es ist merkwürdig, eine Frau von sechsundfünfzig Jahren und noch in dieser blendenden Schönheit.« Und an anderer Stelle heißt es: »Sie ist die Herzensgüte in Person.«

Zu Ehren von Karl Marx gaben die Gräfin Hatzfeldt und Lassalle ein Diner, zu dem viele berühmte Leute eingeladen wurden, der alte General von Pfuel, der Schlachtenmaler Bleibtreu und Hofrat Friedrich Christoph Förster, ein bekannter preußischer Geschichtsschreiber. Marx saß bei Tische zwischen der Gräfin und Ludmilla Assing, der Nichte Varnhagens von Ense, über die er übrigens ebenso respektlose Bemerkungen machte wie über die Gräfin.

In einem Brief vom 13. April 1861 berichtet Marx aus Berlin, daß die Gräfin Hatzfeldt alles versuchte, um seinen »Aufenthalt in der Metropole von Tschakos ohne Köpfe zu verlängern«, und er gibt seiner Cousine ein Gespräch mit Sophie wieder, das zeigt, wie die beiden Intellektuellen miteinander umgingen.

»Sie: ›Das ist also der Dank für die Freundschaft, die wir Ihnen erwiesen haben, daß Sie Berlin verlassen, sobald es Ihre Geschäfte erlauben?‹« (Marx war gekommen, um seine Wiedereinbürgerung in Preußen zu erwirken.)

»Ich: ›Ganz im Gegenteil. Ich habe meinen Aufenthalt hier über Gebühr verlängert, weil Ihre Liebenswürdigkeit mich an diese Sahara fesselte.‹

Sie: ›Dann werde ich noch liebenswürdiger werden.‹

Ich: ›Dann bleibt mir nichts anderes übrig, als wegzulaufen. Sonst würde ich niemals mehr nach London zurückkehren können, wohin mich meine Pflicht ruft.‹

Sie: ›Das ist ein sehr schönes Kompliment, einer Dame zu sagen, daß ihre Liebenswürdigkeit derart ist, Sie zu vertreiben.‹

Ich: ›Sie sind nicht Berlin. Wenn Sie mir die Aufrichtigkeit Ihrer Liebenswürdigkeit beweisen wollen, so laufen Sie mit mir zusammen weg.‹

Sie: ›Aber ich fürchte, Sie werden mich auf der ersten Station verlassen.‹

Ich: ›Ich bin nicht ganz sicher, ob ich nicht auf der nächsten Station das Mädchen zurücklasse. Sie wissen, daß, als Theseus mit der griechischen Schönheit entflohen war und sie auf der einen oder anderen Station verließ, sofort Gott Bacchus vom Olymp herabstieg und die Verlassene in seinen Armen zu der Stätte ewiger Freuden trug. Nun, ich zweifle nicht, daß ein Gott schon auf der ersten Eisenbahnstation hinter Berlin auf Sie wartet, und ich wäre der grausamste aller Sterblichen, Ihnen ein solches Rendezvous zu vereiteln.‹«

Der Ton, in dem die beiden miteinander umgingen, zeigt, daß ihre Beziehungen auf beiden Seiten nicht ohne Sympathie waren. Marx befand sich in diesen Apriltagen 1861 in einer ziemlich schlechten Verfassung. Er hatte den Kopf voller Sorgen, sein Leberleiden machte ihm zu schaffen, und er war manchmal schlechter Stimmung, weil seine Bemühungen, nach Berlin umzuziehen, schließlich doch scheiterten. Dennoch bestätigt er Lassalle: »Die Hauptsache aber bleibt, daß wir viel zusammen gelacht haben. Simia non ridet (Der Affe lacht nicht) . . .«

Offenbar hatte die Gräfin dem Gast aus London ein Bild von ihr versprochen, denn in einem Brief an Lassalle vom 8. Mai 1861 mahnt Marx das an: Die Gräfin »hatte mir versprochen, daß ich in Zalt-Bommel ihr Porträt und einen Brief von ihr vorfinden sollte. Da keins von beiden geschah und ich strenge am jus vindictae (Recht der Rache) halte, schrieb ich auch nicht.«

Dann aber hat er ihr wohl doch geschrieben, aber bedauerlicherweise ist der Brief nicht auffindbar. So haben wir nur indirekt Kenntnis davon, aus einem Brief von Marx an Lassalle vom 29. Mai 1861, in dem er dem Freund mitteilt: »Ich habe der Gräfin . . . Näheres und *Exakteres* über Bonapartes Infamie gegen Blanqui (den französischen Sozialistenführer) geschrieben, überhaupt über den whole case (die ganze Angelegenheit). Sie wird Dich wohl informiert haben. Grüße sie bestens von mir. Ich hoffe, daß ihr Gesundheitszustand sich verbessert hat.«

Marx bat dann die Gräfin, die Herausgabe einer Broschüre über den Blanqui-Prozeß finanziell zu unterstützen. In dieser Zeit äußerte er sich auch gegenüber Engels über Sophie, so im Juni 1861: »Die Beurteilung der Berliner offiziellen Demokratie durch die Hatzfeldt ist ganz richtig. Mit dem eigentlichen Volk kommt sie natürlich nicht zusammen und kennt natürlich auch den Ton in den Kneipen nicht, der besser ist.«

Marx erkannte bald, daß die Gräfin einen wirklichen politischen Sinn hatte, und er sah ihre Oppositionslust gegenüber Lassalle und ihre Emanzipationsgelüste. Aus den Briefen an Marx, in denen Sophie von Hatzfeldt um »Instruktionen« und politische Argumente bittet, kann man auch ein Interesse ihrerseits an einem politischen Kontakt zu Marx in London herauslesen.

Im Juli 1861 bekommt Karl Marx einen sechzehn Seiten langen Brief von der Gräfin, die sich mit Lassalle in einem Bad in der Nähe von Frankfurt am Main aufhält, bevor sie in die Schweiz und von dort weiter nach Italien geht. Marx berichtet davon an Antoinette Philips, die Gräfin »fühlt sich sehr ennuyée (gelangweilt) und glaubt, daß sie bemitleidet werden müßte, weil sie nichts anderes zu tun hat, als sich zu amüsieren. Das ist in der Tat ein übler Zustand für eine aktive, bewegliche und ziemlich ehrgeizige Frau, für die die Tage des Kokettierens vorüber sind.«

So ist auch Marx wie viele andere, die der Gräfin begegnen, in seiner Meinung über Sophie von Hatzfeldt hin- und hergerissen. Er bestellt ihr regelmäßig Grüße, verspricht ihr (am 28. April 1862) einen Spezialbrief und hofft, »daß sie durch solche Kleinigkeiten wie Nichtschreiben niemals sich hat beirren lassen und meiner steten Anhänglichkeit und Bewunderung für sie sicher ist«.

Lassalles Liebesverhältnisse

Die Beziehungen zwischen Lassalle und der Gräfin hatten in den fünfziger Jahren solche Einmaligkeit für beide erreicht, daß auch Verhältnisse, die Lassalle mit anderen Frauen einging, ihrer Lebensgemeinschaft nichts anhaben konnten. Lassalle hatte nach Beendigung der Prozesse in den letzten zehn Jahren seines Lebens zu verschiedenen Frauen intime Beziehungen, die für ihn in keinem anderen Zusammenhang mit einer Bindung an die Gräfin standen, als daß er von allen diesen Frauen erwartete, ja forderte, daß sie die Einmaligkeit seiner lebenslangen Freundschaft zu Sophie von Hatzfeldt akzeptieren und die Gräfin wie eine Mutter lieben sollten. So sie dazu nicht bereit waren, endete auch ihre Beziehung zu Ferdinand Lassalle.

Aus der Literatur sind eine Reihe zum Teil hoch angesehener Frauen bekannt, mit denen Lassalle zeitweilig Umgang pflegte und mit denen er ohne schlechtes Gewissen und ohne tiefere Emotionen geschlafen hat. Seine verschiedenen Biographen haben das verschieden interpretiert, haben es je nach Zeit und Umstand mehr oder weniger kritisch behandelt. Für ihn selbst war es kein Problem, er hätte nicht verstanden, warum die Nachwelt davon so viel Aufhebens macht. Ob die Gräfin seine Affären ebenso gelassen hingenommen hat, wissen wir nicht, denn sie wäre in jedem Fall viel zu stolz gewesen, darüber auch nur ein Wort zu verlieren.

Lassalle hat vor jeder dieser Frauen eine Generalbeichte abgelegt, in der er sein Leben vor der Geliebten ausbreitete und jede seiner Handlungen ausdeutete. Keine hat er über seine tiefen Gefühle zur Gräfin Hatzfeldt im unklaren gelassen. Sein Verhältnis zu Frauen beruhte auf seiner Haltung zur freien Liebe, wie es sie nur noch einmal in der modernen Geschichte in den ersten Jahren nach der Oktoberrevolution in Sowjetrußland gab.

Der alleinige Sinn der Liebe ist für ihn die körperliche Vereinigung. Die volle Hingabe an den anderen, das Ineinanderaufgehen ist für ihn das Sittliche, die Zurückhaltung, das Sichverweigern betrachtet er als unmoralisch. Am schlimmsten ist für ihn das Kokettieren der Frauen. Alle seine Liebesbriefe gipfeln in dem Verlangen nach Hingabe, nie hat er einer Frau Treue oder Dauerhaftigkeit seiner Gefühle versprochen, eher das Gegenteil. In allen seinen oft seitenlangen und philosophisch verbrämten Elaboraten über die Liebe hat er die Liebe immer mit dem Beischlaf gleichgesetzt. »Das Weib, das stärker ist als ihre Liebe, ihre Liebe meistern und berechnen kann, das ist Fastenspeise, die mag ich nicht. Ein Weib, das sich schrankenlos hingibt ihrer Liebe, das ist der leibhaftige Gott auf Erden«, so schreibt er an Lonni Grodzka, die Freundin seines Freundes Dr. Arnold Mendelssohn, die auch seine Geliebte war. Und er macht ihr mit diesen Worten keineswegs einen Heiratsantrag, vielmehr bemüht er den lieben Gott, der zur Erde herabstieg und seinen eingeborenen Sohn zeugte. Daraus schlußfolgert er: »Eine Frau, die liebt und sich nicht hingibt, ist im Zustand der Sünde, denn sie ist zerrissen in Wollen und Sein.«

Sicher haben Männer bei ihren Geliebten, Angebeteten vor dem Schlafzimmer schon andere Überredungskünste angewandt, um zum Ziel ihrer Wünsche zu kommen. Lassalle aber hat ein philosophisches System entwickelt, das auf dem Liebesverständnis seiner historischen Vorbilder, der alten Griechen, fußte.

Hatten sich seine radikalen Gedanken in der Zeit der Hatzfeldtschen Prozesse auch mit den Wünschen der Gräfin nach Abschaffung aller gesellschaftlichen Hindernisse für die freie

Verfügung über ihren Körper getroffen, so litt sie später wohl doch unter seinen Liebesverhältnissen. Bei dem engen Zusammenleben im Hatzfeldtschen Hause in Düsseldorf spielten sich sein Privatleben und sein Liebesleben vor den Augen der Gräfin ab, die immer häufiger in die Bäder fuhr, um nicht miterleben zu müssen, was sie nicht nur in ihrem Stolz verletzte, sondern auch ihre Beziehungen belastete, mehr, als sie zugab. Lassalle berichtete später von vier Frauen, mit denen er in der Düsseldorfer Zeit intime Beziehungen unterhielt, darunter mit Lena Bürgers, der Schwester des Kölner Redakteurs Heinrich Bürgers, mit dem er befreundet war und der in der »Neuen Rheinischen Zeitung« über seinen Prozeß berichtete. Agnes Denis-Street, die Tochter des Geheimrates Klindworth, lernte er nach dem Ende der Prozesse kennen, und sie wurde bei ihm Sekretärin. Daneben wird sie seine Geliebte und bekommt von ihm ein Kind, die schon erwähnte kleine Fernande.

Lassalle mutete der Gräfin viel zu und scheint selbst den Konfliktstoff, der sich im Hause Hatzfeldt ansammelte, nicht im geringsten bemerkt zu haben, weil er immer viel zu sehr auf sich selbst fixiert war.

Die Gräfin leidet nicht nur einfach darunter, daß der Mann, mit dem sie acht Jahre aufs engste zusammen gelebt hat, nun mit einer Jüngeren schläft, und das in ihrem eigenen Haus. Die Selbstverständlichkeit, mit der Lassalle allen Beteiligten dieses Leben zumutet, und die Vermischung von Liebe, Freundschaft, Arbeit und Geschäft belastet die Gräfin. Und es ist nicht Eifersucht, sondern es steckt schon Menschenkenntnis dahinter, als die Gräfin an Lassalle schreibt: »Ich glaube . . ., daß wir uns in der Agnes auch etwas geirrt. Sie ist von einem angenehmen Umgang und ist auch, glaube ich, gutmütig, aber von jener charakterlosen Gutmütigkeit, die sie immer so sein und reden läßt, wie die Leute, mit denen sie ist.« Zu diesem Zeitpunkt ist Agnes, die schon einen Sohn hat, bereits von Lassalle schwanger.

Lassalle hat es auch danach nicht an Liebesverhältnissen gefehlt. Ohne Zweifel sah er seine Liebschaften immer in erster Linie unter dem Aspekt der Entspannung nach harter geistiger Arbeit. So schreibt er 1864 an seine geliebte Schwester: »Ich bin durch furchtbarste Überanstrengungen, durch riesenhafte Anstrengungen, durch alles aufreibende Kräfte, welche Wissenschaft, Politik, Leidenschaft und Ärger in sich tragen, so erschöpft, daß ich schlechterdings Erholung haben muß. Und unter Erholung verstehe ich absolument nur einen Kreis schöner Frauenzimmer.«

Freimütig und in aller Offenheit, die ihm in diesen Fragen eigen ist, bekennt er in seinem Werbebrief an die junge Russin Sophie von Sontzew seine bisherige Beziehung zu Frauen: »Bis jetzt war meine Liebe nur ein verzehrendes Feuer für die Frauen, welche sich darein stürzten. Ich kenne kein Weib, welches, auch nur einen Augenblick überzeugt, daß der Gedanke an eine Verbindung mir erträglich sein könnte, nicht eiligst mich zu fesseln bemüht sein würde. Ich sage Ihnen, daß ich deshalb junge Mädchen immer vermieden habe. Zweimal nur sprach ich von Liebe mit jungen Mädchen, die mich leidenschaftlich liebten und die in mir den Wunsch erweckt hatten, sie zu besitzen. Und in beiden Fällen fing ich mit dem Geständnis an, daß ich sie nie heiraten würde! Außer diesen zwei Ausnahmen hielt ich mich nur an verheiratete Frauen, deren ›verzogenes Kind‹ ich war, wie sie es einmal nannten, und von denen mich einige wirklich liebten. Sie wissen, daß Frauen, wenn sie lieben, die Gewohnheit haben, immer Fragen zu stellen. Und es gab nicht eine, der ich nicht mit gewohnter Offenherzigkeit geantwortet hätte, daß, auch wenn sie frei wäre, ich sie doch nicht heiraten würde, und trotzdem, oder vielleicht auch gerade infolgedessen, wurde ich heftig geliebt! Ich wollte nehmen, aber mich nicht selbst geben.«

Als Kavalier verschweigt Lassalle selbstverständlich die Namen der Damen. Doch nach 125 Jahren ist es wohl keine Indiskretion mehr, wenn wir uns ihrer erinnern, zumal es durchweg kluge und angesehene Frauen waren. Einen Platz in seinem Leben hat ohne Frage die gleichaltrige Lina Duncker eingenommen, die Frau von Lassalles Verleger Franz Duncker. Die intime Freundin war eine gebürtige Rheinländerin, eine Tochter des Dichters Heinrich Laube, und in ihrem Haus trafen sich prominente Künstler und Politiker, der Musiker Hans von Bülow, seine Frau Cosima, das Ehepaar Herwegh und der spätere Freund der Gräfin Hatzfeldt, Oberst Rüstow, ein Veteran aus der Achtundvierziger Revolution, und viele andere. Doch die Beziehung zu Lina Duncker zerbrach an der Tatsache, daß Lassalle sich, seinen privaten Lebenswandel betreffend, über alle Konventionen hinwegsetzte.

Auch an sein Verhältnis mit der acht Jahre jüngeren Schriftstellerin Hedwig Dohm, der Frau des »Kladderadatsch«-Redakteurs Ernst Dohm, wird er bei seiner Beichte vor Sophie von Sontzew gedacht haben. Sie war ebenfalls eine solche »spezielle Beziehung«, wie er es nannte, an denen es ihm nie gefehlt hat.

Zu den jungen Mädchen, denen er von Liebe sprach, zählt sicher auch die Berliner Bankierstochter Minna Lilienthal. Sein berühmter »Brief an eine Liebende über Liebe« ist 1860 in Aachen datiert und nicht an Minna gerichtet, aber er könnte ihr ähnliches gesagt haben wie dieser unbekannten Geliebten. Darin gibt er ein Credo ab, das ihn als einen Mann kennzeichnet, für den alle schönen Reden über die Emanzipation nicht für die Frauen galten, mit denen er schlafen wollte, ja überhaupt eigentlich nur für eine Frau, die einzige, der er die Emanzipation zugestand, für die Gräfin Sophie von Hatzfeldt. Also hier Lassalle: »Nun aber will ich Dir sagen, wie ich die Liebe verstehe. Wenn mich ein Weib lieben will, so gibt es sich mir *ganz* hin, geht *ganz* in mich auf und erhält dafür – nur eine *Stelle* in meinem Wesen, erhält mich, obwohl sie sich ganz hingegeben hat, *nicht ganz* dafür zurück, sondern erhält zum Austausch nur einen Theil meines Innern zurück! Ein ungleicher Tausch, wirst Du sagen! Mag sein! Aber dies ist, wenn Du nur ein wenig darüber nachdenkst, die allgemeine und nor-

Lina Duncker

male Grundverschiedenheit in der Liebe des Mannes und des Weibes.«

Lassalle geht davon aus, daß der Mann in Politik und Wissenschaft, in Staat und Beruf einen Teil seines Wesens einbringt, in Dingen also, die nach seinem Verständnis die Frauen nichts angehen, die sie den Männern überlassen sollen. Aus solchen philosophisch umschriebenen Ideen entstehen schließlich die Grundzüge einer gegen die Gleichberechtigung der Frauen gerichteten Politik bei Lassalle und seinen späteren Anhängern in der Arbeiterbewegung.

Allen Frauen, denen er Liebesbriefe schreibt, empfiehlt er, eine Stelle in seinem nie aufgeführten Drama zu lesen. Es ist die Passage, in der Ulrich von Hutten der Sickingentochter Maria, die ihn über alles liebt, erklärt, daß eine solche Verbindung sein persönliches Empfindungsleben stören würde.

»Willst Spaltung in den ein'gen Busen bringen
. . .
Den innern Zwiespalt willst Du mir erregen
Der einzig wahren Unglücks Quelle ist.«

Maria entscheidet, so wie Lassalle es wünscht, ja erwartet. Sie zeigt Demut und fügt sich Hutten-Lassalle.

»Will meines Busen selige Befried'gung nicht
Auf Kosten Eurer Kraft, um Eures Elends,
Um Euerer Verzweiflung Preis erkaufen.
– Es sei so, Ulrich, wie Ihr sagt . . .«

Und so schreibt er der Liebenden weiter: »Wer mich also lieben will und von mir geliebt sein, wer ein Theil meines Wesens ausmachen will, der muß sich in absolute Einheit mit mir setzen, ganz in mich aufgehen, lieben, was ich liebe, denken, wie ich denke etc., sich mir durch eine absolute Übereinstimmung der Gedanken- und Gefühlswelt ... verbinden ... Meine Liebe wird daher etwas Verzehrendes haben. Sie wird das Wesen, das mich lieben will, wenn es nicht von Haus aus mit mir einig ist, umschmelzen und sich ganz und gar aneignen müssen.«

Er gab offen zu, daß es kein großer Genuß, keine sehr lohnende Rolle für ein Weib sei, ihn zu lieben. Einen geistigen Verzehrungsprozeß nannte er seine Art zu lieben: »Wie Semele schmilzt in den Armen Jupiters (Jupiter ist er), so muß ein Weib hinschmelzen in mein Inneres, wenn ich sie lieben, sie als eine mich Liebende betrachten soll.«

Diese Borniertheit, diese Arroganz bezeichnet Lassalles Verhältnis zu Frauen – mit einer einzigen Ausnahme: Sophie von Hatzfeldt. Ihr schreibt er: »Soll man seinen ganzen Menschen hingeben, so muß man ebenso einen ganzen Menschen dafür zurückbekommen . . .« Das galt für ihn, als er befürchtete, daß er die Gefühle der Gräfin mit ihrem Sohn Paul teilen müsse. Für andere Frauen galt das nicht. An dieser männlichen Blasiertheit scheiterten auch seine Bemühungen, einen Menschen ganz für sich zu gewinnen. All sein Verlangen nach einer Frau, die nur ihn liebt, der er seine Trophäen, die er im Kampf erbeutet, zu Füßen legen kann, bei der er ausruhen und seine Kräfte sammeln kann, erfüllt sich nicht.

Es spricht für die Frauen seiner Zeit, daß sie sich auch von einem Ferdinand Lassalle, dem bekannten Wissenschaftler, dem berühmten Redner, dem Volkstribun und Politiker, dem Helden der Berliner Salons, nicht – zumindest nicht auf Dauer – auf die Ebene einer solchen Beziehung erniedrigen lassen, wie er sie den Frauen zugedacht, die er zu besitzen wünscht. Diese Feststellung gilt ebenso für die Töchter aus adligen Häusern wie für die Damen aus Berliner Intellektuellenzirkeln, für die Frauen seiner Freunde wie für flüchtige Affären mit Mädchen aus der Arbeiterklasse, wie seiner Sekretärin Mathilde. In letzter Konsequenz haben sie alle über ihn triumphiert, sich von ihm gelöst oder sich ihm verweigert. Und es war nicht die Gräfin, die seine Beziehungen zu jüngeren, zum Teil viel jüngeren Frauen hintertrieb. Es war seine eigene, selbstzerstörerische Anmaßung, die ihn im Umgang mit Frauen, auf den er sich so viel einbildete, zum Verlierer machte und an der er schließlich zugrunde ging. Sophie von Hatzfeldt hat es geahnt, gefühlt, gesehen – aber sie hat es nicht verhindern können.

Eine zweite Sophie

Eine besondere Rolle in den Liebesaffären Lassalles spielt die Beziehung zu Sophie von Sontzew, einer jungen russischen Adligen, der er im Herbst 1860 in Aachen begegnete, wo sie sich mit ihrem Vater zu dessen Kur aufhielt und wo Lassalle ebenfalls Kurgast war. So berichtet er der Gräfin im September 1860 vom Grafen Sontzew und von einem Kreis von Russen, die er kennenlernte und deren Bildung und Kenntnis der europäischen Kultur ihn überraschte. »Fast würde ich mich in die Tochter verliebt haben«, schreibt er. Sophie muß einen großen Eindruck auf ihn gemacht haben, denn bald darauf warb er so stürmisch um sie, daß es fast komisch wirkte, wenn man seine sonst so herablassende Haltung gegenüber Frauen kannte. Er wollte sie heiraten, er war bereit, zum katholischen oder orthodoxen Glauben zu konvertieren und zu tun, was sie sonst noch von ihm verlangen würde. Doch gerade dieses Ungestüme an dem sonst so analytisch denkenden Mann erschreckte das Mädchen und führte dazu, daß sie ihn abwies. Die Affäre Sontzew, die eigentlich im erotischen Sinne gar keine war, wäre gewiß längst vergessen, wenn wir ihr nicht einen einmaligen, sechsunddreißig Druckseiten füllenden »Werbebrief« verdankten, in dem Lassalle dem Mädchen eine Art Seelenbeichte ablegte, die als ein Meisterstück von romantischer Liebeserklärung, geschliffener Argumentation und einem Feuerwerk von Wortkaskaden in die Literatur einging. Alle Sprachgewalt des Volkstribuns, alle Polemik des Gerichtsredners, alle Gedankenschärfe des Philosophen und alle Beschwörungsformeln eines bis zum Wahnsinn Verliebten legte er in diesen

Brief, der zugleich ein eindrucksvolles Selbstporträt darstellt wie von der Palette eines Malers.

Er beginnt mit dem Ausruf: »Ach, Sophie, um wie viel süßer wäre es, zu Ihnen zu sprechen! Aber unglücklicherweise ist es leichter für mich, Ihnen zu schreiben!« Dieser Brief, schreibt er, »soll Ihnen bleiben als eine Trophäe der Anziehungskraft Ihres Wesens, denn früher oder später wird die Zeit kommen, welche Ihnen bezeugen wird, daß es keine kleine und verächtliche Erinnerung ist, einem Manne meines Schlags das Gefühl der Liebe, den Gedanken an Vermählung eingeflößt zu haben«. Und dieser Mann stellt sich nun vor.

»Sie werden sehen, daß ich einem verzauberten Prinzen gleiche und daß man – wie in der Ihnen bekannten Mozartschen Oper ›Die Zauberflöte‹ – durch Wasser und Feuer hindurch muß, um mich zu bekommen. Das ist nicht so leicht wie mit andern Männern.« Dann zählt er alle Hindernisse auf, die einer Verbindung mit ihm im Wege stehen könnten, nur um sie sogleich mit geschliffenen Argumenten zu beseitigen. Da sind zuerst seine politischen Ambitionen, die 1860, als er den Brief schrieb, mehr aus Plänen und Absichten bestanden denn aus politischen Taten. Doch er sah es so:

»1. Vor allen Dingen, Sophie, ist reiflich zu überlegen, daß ich ein Mann bin, der seine ganze Existenz einer heiligen Sache, der Sache des Volks bis in ihre äußersten Konsequenzen gewidmet hat. Diese Sache ist bestimmt, noch in unserem Jahrhundert zu triumphieren, aber sie wird ihre Anhänger noch oft schweren Niederlagen und Gefahren aussetzen ... Indem Sie mich heiraten, bauen Sie Ihre Existenz, Ihr Haus auf die Höhe eines Vulkans! Werden Sie den Mut haben, im Falle des Mißlingens alles zu tragen: Verbannung, Gefängnis, Ruin, Armut und selbst den Tod? ...

2. Aber werden Sie auch den zweiten Schlag, den ich Ihnen zu erteilen habe, überwinden? Sophie, ich bin – ein Jude.«

Diese Tatsache hat Lassalle immer wieder sehr stark beschäftigt. Daß er sie hier an die zweite Stelle nach seinem politischen Bekenntnis setzt, zeigt, wie wichtig das für ihn war. Er hatte außer zu seinen Eltern keine Beziehung zum jüdischen Glauben, ja, er liebte seine jüdischen Glaubensgenossen nicht, obwohl er in einer orthodoxen jüdischen Familie aufgewachsen war. Er glaubte, daß sein Volk in den Jahrhunderten der Sklaverei die Eigenschaften von Sklaven angenommen hätte. Unter seinen Freunden befand sich kaum ein Jude.

Drittens stellt er fest, er sei »das Haupt einer Partei«, was ihm von vielen besonders verübelt wurde. In der Tat existierte 1860 keine solche Partei, und hätte sie existiert, wären wohl Marx und Engels als ihre Führer anzusehen gewesen. Wichtig ist eigentlich nur, daß er selbst sich so sah und fühlte, denn es war dies ebensowenig eine unbedachte Formulierung wie bloße Prahlerei. Er fühlte sich als der Beauftragte von Marx auf dem Kontinent, als sein engster Mitstreiter in Deutschland. Wenn Marx für die Anhänger seiner Lehre Allah war, so war Lassalle Mohammed, sein Prophet. Eines dürfen wir ihm nicht unterstellen, zu diesem Zeitpunkt wenigstens nicht, daß er sich über Marx erheben wollte. Was das alles mit einer Liebeserklärung zu tun hat? Das eben ist Lassalle. Dann ist er Dichter oder empfindet sich als solcher. »Oh, glauben Sie mir, Sophie, es gibt einsame Geschöpfe, denen kein glückliches Wesen sich nähern darf!« Und er verweist sie wieder auf sein Sickingen-Drama, in dem er in der Gestalt des Ulrich von Hutten allen Frauen alles über seine Einstellung zur Liebe gesagt hat. Er hat aus Hutten »den Spiegel meiner Seele« gemacht.

Nachdem er Sophie auch noch seine finanzielle Lage genauestens erklärt hat, erläutert er ihr den Triumph seines Lebens, seinen Lebensroman. Und dieser Lebensroman ist verknüpft mit dem Namen der Gräfin Hatzfeldt. Die Beziehung zu ihr ist in der Tat sein Schicksal. Keine Frau, mit der er in einen näheren Kontakt tritt, kann an diesem Schicksal vorbeigehen. »Es ist eine Frau, von deren Seelengröße ich Ihnen keinen richtigen Begriff geben kann. Aber so hoch auch der Adel ihrer Seele, so tief auch ihr Verstand ist, ebenso groß ist auch das Elend ihres Schicksals.«

Er schildert Sophie nun alle ihre Kämpfe, die Prozesse, die Demütigungen und Niederlagen und den schließlichen Sieg über den Grafen, alles, was wir inzwischen kennen. Er berichtet ihr von seinem Heraklit und dem Sickingen-Drama, um dann noch einmal auf seine Beziehung zur Gräfin einzugehen, die der Schlüssel zum Verständnis seines Lebens ist. »Sie haben gesehen, daß ich viel für diese Frau gekämpft habe. Jeder Kampf war mir immer angenehm, wenn es sich um sie handelte, und durch jeden Kampf, den ich für sie hatte, wurde sie mir immer teurer. Ich liebe sie auch mit der Liebe des zärtlichsten Sohnes, der je existiert hat; ich liebe sie wie eine Mutter, nein!, ich liebe sie noch dreimal mehr als meine zärtlich geliebte Mutter. Das kommt daher, daß sie mir weit näher steht durch Seelengröße und Gefühlsgröße, die ich noch bei niemand sonst gefunden habe, außer bei Ihnen ... Ja, Sie gleichen ihr sehr! Sie sind aus demselben Holze, von derselben Geistesrichtung, von demselben Enthusiasmus für alles, was es Hohes und Edles gibt ...

Ich liebe sie, wie ich Ihnen schon sagte, mit der Liebe eines Sohnes; ich liebe sie wie eine treue Waffengefährtin, die mit mir zehn Jahre des Kampfes und der Gefahren geteilt hat. Ich liebe sie endlich mit philosophischer Liebe, das heißt, ich liebe sie als den schönsten Typus des Menschengeschlechts, als den Typus der leidenden Menschheit ... Ich würde also mich nie glücklich fühlen, wenn ich sie nicht auch glücklich, zufrieden und froh sehen könnte.«

Die große Lebensbeichte ist noch nicht zu Ende. Er muß Sophie noch sagen, was er der Gräfin zu danken hat. Schließlich ist er, ein junger unbekannter und in juristischen Angelegenheiten völlig unerfahrener Mann, durch sie in die Gesellschaft aufgenommen worden. »Überdies habe ich ihr sehr viel zu danken, denn sie hat mich viel besser gemacht, als ich war.« Sie hat ihm die wilden Instinkte, seinen fürchterlichen Zorn, die grenzenlose Leidenschaftlichkeit gezügelt und abgewöhnt. Sie hat die guten Instinkte in ihm entwickelt, und so endet er: »Wenn ich jetzt so bin, daß Sie mit mir glücklich werden könnten, so ist das ihr Werk.« Und er erwartet von seiner Braut, daß »Sie, wenn Sie mich zum Manne nehmen, sie auch lieben müssen, wie eine wirkliche Mutter, mit der wahren Zärtlichkeit einer Tochter. Wenn nicht, so würde ich nicht glücklich sein.«

Und das ist letztlich sein Traum: »Ich hoffe sie (die Gräfin) bestimmen zu können, bei uns zu wohnen, und alle drei glücklich und vereint zu leben.«

Diesen Brief schrieb er im Oktober 1860, und es macht ihn nicht geringer, daß er ähnliches im August oder September einer anderen Liebenden mitgeteilt hatte. Beständig ist bei ihm nur das Gefühl gegenüber der Gräfin. Und das breitet er vor jeder neuen Geliebten umfassend und fast wortgleich aus. So schreibt er an die Liebende: »Ich konnte trotz dieser großen Freundschaft zur Gräfin glauben, daß Du mich würdest lieben können, lieben in meinem Sinne.«

Nachdem er dieser Liebenden ein Arrangement zu dritt versucht hat schmackhaft zu machen und sie – wer immer sie war – nicht darauf eingehen wollte, erklärte er ihr: »Wenn Du schreibst, Du siehst entschieden, ›daß es *nie* zu einem gütlichen Auskommen mit Euch *beiden* kommen kann‹, nun, so kann es auch mit *mir allein* nie zu einem solchen kommen.« Es war zu dieser Zeit für Lassalle völlig klar, daß er, bei aller Unrast, mit der er sich zu verheiraten suchte, nie eine wirkliche Trennung von der Gräfin in Erwägung zog. Ihre Beziehung war längst mit einem unauflöslichen Band zusammengebunden, es war, wie er es nannte, die »Identität des Charakters, des Gefühls und ihrer geistigen Anlage«. Im Laufe von fünfzehn Jahren hatte sich auch ein Gleichklang im Denken herausgebildet, einer war in den Gedanken des anderen zu Hause. Und: »Jeder hat dem andern in diesen Kämpfen so viel Treue und aufopfernden Edelmut bezeigt, wie sie hundert der rührendsten Romane, extra zur Verherrlichung dieses Themas gedichtet, nicht enthalten.« Die Gräfin ist seine eigene Geschichte geworden, sein eigenes, noch einmal verkörpertes Ich.

»Sie ist identisch mit allen Gefahren und allen Triumphen, allen Ängsten und allen schweißtriefenden Arbeiten, allen Leiden, Anstrengungen und Siegesgenüssen, kurz, mit allen Emotionen, die meine Seele je durchgemacht hat. Sie ist so identisch mit meiner Seele selbst... Sie ist also die erste und unerläßlichste Bedingung meines Glückes. Ja, noch mehr, sie ist Bedingung der Integrität meines Ichs. Man könnte mir Arm und Bein abschneiden, und ich würde mich nicht so in der Integrität meiner Person verstümmelt fühlen, als wenn ich die Gräfin verlöre. Ja, es folgt aus dem allen, daß sie mir nicht nur so teuer sein muß, wie mein eigenes Ich, sondern noch teurer; daß ich eine weit größere Weichheit und Zärtlichkeit für dieses mein anderes Ich haben muß als für das eigene. Denn, wie das Vorhergehende zeigt, kann ich auch von ihr sagen, wie Wallenstein von Max, sie steht vor mir, wie meine Jugend, wie jene ›ungestüme Jugend‹, deren ich mich so manchmal elegisch erinnere; sie ist das Denkmal und die Geschichte dieser Jugend, ihre lebendige Vergegenwärtigung für mich – und jeder Mensch bewahrt für diese Zeit seines Lebens am meisten Anhänglichkeit und Empfindung. Deswegen ist auch kein Zweifel, daß, solange ich sie haben werde, ich immer so ziemlich jung bleiben werde. Verlöre ich sie einst, so würde ich mir selbst abgestorben und ein ganz anderer geworden sein. Ferner liebt jeder sittliche, gutgeartete Mensch, wenn er sich in einem anderen wiederfindet, sich im anderen mehr als sich in sich selbst.«

Diese Sätze sagen mehr über die Beziehung Lassalles zur Gräfin Hatzfeldt aus, als Biographen später hineininterpretieren konnten. Es wird oft geschrieben, daß Lassalle die Gräfin nicht nur äußerlich aus dem Kreis von Menschen und Lebensgewohnheiten herausriß, aus dem sie kam, sondern sie vor allem aus der Gedanken- und Geisteswelt ihrer Gesellschaftsschicht in eine neue Richtung führte, daß sie sich seinen Lebensauffassungen anpaßte und daß sie in den geistigen Leistungen und der allgemeinen Anerkennung Lassalles die wichtigste Genugtuung ihres Lebens fand. Das alles mag stimmen. Aber die Gräfin Hatzfeldt ist deshalb nicht zu einer Kreatur Lassalles geworden. »Sie konnte sich immer sagen, und Lassalle hat es ihr oft gesagt«, wie ein Biograph schreibt, »daß alle die geistigen Leistungen Lassalles im gewissen Sinne Koproduktionen waren, daß sie an ihnen aktiven Anteil gewonnen hat.« Lassalle fand in Sophie von Hatzfeldt einen Menschen, mit dem ihn nicht nur Freundschaft verband, sondern einen, der zugleich sein großer Anreger und Mitstreiter wurde und sich lediglich aus großer Bescheidenheit im Hintergrund hielt: eine Nymphe Egeria, wie Marx sie nach der klugen Beraterin des sagenhaften Königs Pompilius nannte.

Da Lassalle, wie aus allen seinen Liebes-, Werbe- und Bekenntnisbriefen hervorgeht, von den geistigen Fähigkeiten der Frauen eine ziemlich schlechte Meinung hatte und der Ansicht war, daß es Frauen mehr zieme, sich aus Wissenschaft und Politik herauszuhalten, ernannte (oder bezeichnete) er die Gräfin Hatzfeldt als seinen männlichen Freund, »sie ist mein Freund, nicht meine Freundin«.

Das erklärt auch, daß er zwischen seinen Liebesaffären und seiner Beziehung zur Gräfin überhaupt keinen Zusammenhang sah, und es wäre ihm völlig unverständlich gewesen, daß die Gräfin, die ja auch eine Frau war und von sehr bewußter Weiblichkeit, davon gekränkt oder deshalb beleidigt sein könnte. Für ihn waren das ganz verschiedene Ebenen. Er bezog die Gräfin sogar stets in sein Liebeswerben um andere Frauen mit ein. Als sie ihm im August 1864 (im Monat seines tragischen Endes) schrieb, er solle doch bedenken, daß er ja eben erst in eine andere sterblich verliebt gewesen sei, antwortet er ihr: ». . . daß, erstens ›sterblich verliebt‹ sein bei mir zunächst überhaupt gar kein Begriff ist; zweitens aber, daß noch heute, sinnlich genommen, M . . . einen größeren Reiz für mich hat als Helene« (Dönniges). M. ist vermutlich seine Sekretärin Mathilde.

Unter diesem Aspekt ist auch verständlich, daß die Liebschaften von Lassalle ebensowenig wie die Verbindungen, die die Gräfin im Vormärz mit mehreren adligen Bewerbern und nach der Revolution mit bürgerlichen und proletarischen Männern einging, keinen irgendwie nachweisbaren Einfluß auf ihre »männliche Freundschaft« ausübten.

Freundschaft basiert für Lassalle und auch für die Gräfin auf der Gleichheit des Charakters, der Ideen, und sie ist deshalb von Natur aus beständig, während die Liebe, die für ihn vorwiegend auf die Erfüllung sexueller Wünsche gerichtet ist, unbeständig bleibt. Der Bruch einer Freundschaft ist für ihn ungleich schlimmer als die Beendigung einer Liebe. Bruch der Freundschaft ist immer Schuld; Liebe ist etwas ganz Spontanes, worauf man kein Recht hat. Eine Liebe zu beenden oder anders zu fühlen verdient keinen sittlichen Vorwurf. Mit dem einzigen Eingeständnis: Ich liebe dich nicht (oder nicht mehr), ist die ganze Argumentation des anderen beseitigt und jeder Vorwurf hinfällig. Aber gesteht er das Recht, frei zu wählen und frei zu lieben, auch der Gräfin zu?

Späte Liebe: Wilhelm Rüstow

Nach der Abreise von Marx und dem Scheitern des Projekts einer Neuauflage der »Neuen Rheinischen Zeitung« wollten Hatzfeldt-Lassalle nach Italien reisen, wo sich mit den Kämpfen Garibaldis ein neuer Aufschwung der europäischen Revolution ankündigte.

Sophies Sympathien für Garibaldi waren offensichtlich, wenn sie in der Gesellschaft mit den roten Hosen der italienischen Revolutionäre erschien. Schätzte sie auch Garibaldis Erfolgschancen realistischer, das heißt kritischer ein als Lassalle, so war sie doch mit dem Herzen ganz auf seiner Seite und brannte darauf, den Mann, von dem alle sprachen, persönlich kennenzulernen.

Die erste Station ihrer Reise war Zürich, wo einige ehemalige Achtundvierziger lebten, wie das Schriftstellerehepaar Herwegh, mit dem Sophie später eng befreundet war, und der Militärschriftsteller Wilhelm Rüstow, der als Oberst und Stabschef Garibaldi auf dem Zug nach Sizilien unterstützt hatte. Der war dann auch gleich bereit, die beiden Freunde nach Italien zu begleiten und sie den führenden Männern des italienischen Einigungskampfes vorzustellen.

Dabei ging es Rüstow offensichtlich nicht nur um den politischen Anlaß der Reise. Er verband damit auch ein persönliches Anliegen. Die Gräfin Hatzfeldt machte auf ihn einen tiefen Eindruck. Da er aus dem Umgang des Freundespaares Hatzfeldt-Lassalle ersehen konnte, daß sie keine erotische Beziehung hatten, daß Lassalle ihr Freund und Vertrauter, aber wohl nicht ihr Liebhaber war, fühlte er sich ermutigt, diesen

Platz in ihrem Leben einzunehmen. Ganz offen machte er Sophie den Hof, und sie, die auf diesem Gebiete in den letzten Jahren nicht gerade verwöhnt worden war und oft von Zweifeln an der Attraktivität ihrer Weiblichkeit geplagt wurde, empfand es mit Vergnügen. So blieb niemandem der Reisegesellschaft, natürlich auch nicht Lasalle, diese sich anbahnende neue Beziehung verborgen.

Doch der Mann, der so locker über die Liebe schreiben und ohne die geringsten Gewissensbisse ständig neue Liebesaffären beginnen und beenden konnte und der nicht müde wurde, zu bekennen, daß das auf seine Beziehung zur Gräfin Hatzfeldt keinen Einfluß habe, ja auf einem ganz anderen Blatt stünde, dieser Mann kann die vielleicht letzte Liebe der Freundin zu einem anderen Mann nicht ertragen.

Lassalle, der nicht verheimlichte, daß er sich seit einem Jahr mit Heiratsgedanken trug, die die Gräfin im ungewissen ließen, welchen Platz sie danach in seinem Leben einnehmen sollte und wollte, war tief gekränkt, beleidigt, in seinem männlichen Stolz verletzt, als ein anderer Mann in ihr Leben trat und für sie wichtig wurde.

Die neue Beziehung, die sich für Außenstehende wiederum als eine Dreierbeziehung darstellte – nur diesmal in anderer Anordnung –, empfand Lassalle als unzumutbar. Das belastete die Reisegesellschaft, der sich noch zwei Russinnen und Ludmilla Assing anschlossen. Sie trafen in Italien mit Lajos Kossuth, dem ungarischen Freiheitshelden, und auch mit Garibaldi zusammen, mit dem die Gräfin über den Besuch hinaus in Kontakt blieb. Sie hielt Garibaldi für eine große Persönlichkeit, wenngleich nicht für den Mann, der er hätte werden müssen, um sein Werk zu vollenden.

Für Sophie von Hatzfeldt begann am Ende des Jahres 1861 wieder eine aufregende Zeit. Sie waren alle drei nach Zürich zurückgekehrt und verbrachten in scheinbarer Harmonie das Weihnachtsfest gemeinsam. Doch der Schein trog. Sophie war inzwischen sechsundfünfzig Jahre alt und, wie wir von Ma-

Giuseppe
Garibaldi

thilde Anneke und anderen Zeitzeugen wissen, noch immer von anziehender Schönheit. Der sechzehn Jahre jüngere Rüstow gab ihr das Gefühl zurück, daß sie nicht nur als Freund und Gesprächspartner verehrt, sondern als Frau begehrt wurde, daß sie nicht nur wie eine Mutter geliebt, sondern wie eine Geliebte behandelt werden sollte. Aber kaum war sie sich dieses Gefühls bewußt geworden, als sie sich schon wieder im unentwirrbaren Knäuel einer Dreierbeziehung fand. So wie sie seit

Jahren ausweglos zwischen dem Freund und dem Sohn Paul hin- und hergerissen worden war, so litt sie nun unter dem Konflikt, daß die beiden Männer – jeder auf seine Weise – ihre Ansprüche auf sie erhoben und keine anderen gelten lassen wollten. Lassalle fühlte sich beleidigt und ausgestoßen. Alle seine schönen Worte aus dem Ehebrief über die Freiheit der Frau und ihr Recht auf die freie Verfügung über ihren Körper waren vergessen, wenn es ihn persönlich betraf. Er machte der Gräfin Szenen, wie es ein eifersüchtiger Ehemann nicht schlimmer hätte tun können, und fuhr schließlich wütend, enttäuscht und verbittert nach Berlin zurück.

Der Briefwechsel zwischen dem in diesen Wochen nur mit Einschränkung noch als Freunde zu bezeichnenden Paar wird entsprechend einer Vereinbarung nicht unterbrochen. Doch der Ton ist entschieden anders geworden. Sophie von Hatzfeldt erweist sich auch hier als der menschlich reifere Partner. Sie schreibt am 11. Januar, zwei Tage nach Lassalles Abreise, daß sein »Abschied oder vielmehr Nichtabschied« von ihr in Zürich aufgefallen war. »Mir scheint, daß ein solches Zurschautragen des Bruches (in diesem Grad) eines derartigen und so langen Freundschaftsverhältnisses weder Ihrer noch meiner würdig ist. Meinerseits wird dies auch nicht geschehen. Es kann niemand glauben, daß man in fünfzehn Jahren nicht den Gehalt eines Menschen erkannt hat und eine feste Meinung über ihn erlangt hat. Machiavell selbst wäre einer so langen und unter solchen Verhältnissen festgehaltenen Verstellung ganz unfähig. Es hat jeder Fehler im täglichen Leben – und machen Sie vielleicht darin eine Ausnahme? –, die das immerwährende oder zu häufige Beisammensein erschweren und modifizieren können. Allein die Anerkennung des ganzen Menschen kann es oder sollte es nicht aufheben, und Ihr jetziges öffentliches Benehmen gegen mich beweist das direkte Gegenteil. Ich will hier gar nicht von unsrem Bruch und dessen Ursachen reden; außer den Mißhandlungen, die diesmal gar zu heftig und rücksichtslos waren, haben Sie vorzüglich mir

Dinge gesagt ganz anderer Art, als es bis jetzt in Ihren Wutausbrüchen geschah. Sie reichten so weit, tief und klar und speziell in die Vergangenheit zurück, daß sie das Gepräge der völligen Wahrheit trugen ...

Ich wollte Ihnen nur noch sagen, daß außer in vorübergehenden Momenten des hervorgerufenen Zornes ich nichts als die wahrste Freundschaft für Sie habe und mich nur Ihrer großen und guten Eigenschaften erinnere und daß mich nichts an der Vergangenheit irre machen wird. Daß sich niemand mehr freuen wird, zu hören, daß Sie glücklich, sich unterhalten und von Freunden umgeben sind. Daß ich stets in meinem Innern Ihr bester Freund bleiben werde, und wenn in Ihrem Leben Augenblicke kommen, wo Sie einen solchen nicht bedürfen aber wünschen, so erinnern Sie sich meiner. Ich wünsche nicht, daß Sie mir auf den letzten Teil dieses Briefes irgend etwas antworten, wenn ich auch hoffe, Nachricht von Ihnen zu erhalten.«

Und er, der Gekränkte, er bemüht die großen Worte, seziert das Geschehene wie vor dem Assisengericht zu Köln. Er hat »die unwiderrufliche Notwendigkeit des gänzlichen Abbruchs jeder persönlichen Beziehung zwischen uns eingesehen«. So schreibt er am selben Tage an die Gräfin: »Nachdem ich einmal die Unmöglichkeit anerkannt, mich selbst im Falle einer momentanen Reue wieder zu versöhnen – ist es mir viel lieber, wenn Sie gar keine Reue empfinden; ist es mir somit viel lieber, wenn Sie sich gar nicht im Unrecht glauben, sondern dasselbe sogar innerlich auf mich wälzen. Sie werden den Verlust meiner, der ohnehin ein hinreichend großer Verlust für Sie ist, leichter tragen, wenn Sie ihn mir zur Last legen, sofern Sie sich überhaupt so sehr selbst täuschen können, als wenn ich Ihre Einsicht zwinge, sich an die Brust zu schlagen und auszurufen: mea culpa! mea culpa! Man öffnet sich nicht, wie ich während fünfzehn Jahre für Sie getan habe, täglich die Eingeweide für einen Menschen, ohne, wenn man dazu meine Gemütsart hat, immer ein gewisses Wohlwollen für diesen Menschen zu empfinden und ihn möglichst glücklich zu wünschen! . . .

Sie werden allerdings sehr gut tun, wenn Sie, falls irgend möglich, Berlin vermeiden. Denn ich werde mich aus keiner Rücksicht zu einer Scheinfortsetzung unserer früheren Beziehungen verstehen. – Kommissionen, die Sie mir erteilen, werde ich Ihnen, sofern ich kann, gern besorgen . . .«

Im März fuhr die Gräfin nach Berlin. Einerseits, um einige geschäftliche Dinge zu klären, andererseits aber und sicher hauptsächlich, um Zürich für eine Zeit zu verlassen. Ihre Beziehung zu dem in Zürich verheirateten Rüstow hatte offenbar für mehr Aufsehen gesorgt, als ihr lieb sein konnte.

Rüstow war nicht gerade vom Glück begünstigt gewesen. Er lebte in Zürich als Emigrant in ständigen wirtschaftlichen Sorgen. Seine Schriftstellerei brachte nicht so viel ein, daß er sich ein Leben, wie es die Gräfin und Lassalle führten, hätte leisten können. Seine Ehe war trotz zahlreicher Kinder nicht das, was er erhofft hatte. Der stolze Offizier war in die Kleinbürgerlichkeit gefallen. Aus seinen Träumen von Macht und Ansehen, Wohlstand und Einfluß war er enttäuscht erwacht. Sophie von Hatzfeldt war sein letzter großer Traum, aus dem er nicht erwachen wollte. Als seine angetraute Ehefrau im März 1862 erneut niederkam, ergriff Sophie von Hatzfeldt die Flucht, um »einige Zeit jetzt nicht hier zu sein, während des erwarteten événément im Hause R[üstow]. Es ist notwendig, ihn dabei in keine so große Verlegenheit zu setzen, denn er würde es nicht lassen können, ebenso viel zu mir zu kommen wie jetzt, und das wäre dann nicht gut.«

Bis Ende April bleibt Sophie in Berlin, ohne daß sie und Lassalle sich begegnen. »Ich habe keine Veranlassung«, schreibt Lassalle, »zu Ihnen zu kommen. Ich habe weder ein Bedürfnis dazu, noch dort etwas zu suchen; es geht gegen meine Grundsätze. – Wenn Sie mich zu sprechen haben, so bleibt Ihnen unbenommen, zu mir zu kommen. Nicht umgekehrt.«

Sophie antwortet nicht wenig enttäuscht. »Wenn Sie nicht einmal die Höflichkeit eines Besuches für mich haben, so ist unsre Verbindung durch Ihren Willen aufgelöst. Ich habe Ihnen öfter umsonst zu überlegen gegeben, ob diese Art Ihrer und meiner würdig sei. Daß es mir sehr wehe getan, mich überzeugen zu müssen, daß nichts in der Welt Bestand hat, sowie daß ich die Pietät gegen die Vergangenheit gern bewahrt hätte, hat jeder sich überzeugen können, der mich gesehen. Ich bin aber leider außerstande, irgend etwas zu ändern. Jetzt treten die politischen Ereignisse (der preußische Verfassungskonflikt – M. G.) ein, für die wir so lange zusammen gelitten und gekämpft und sie so oft zusammen herbeigewünscht, und wir sind jetzt Feinde; das ist wirklich eine Ironie des Schicksals. Das heißt, mein Feind sind nur Sie, der Ihrige werde ich nie sein.«

Am 11. April gratuliert ihm die Gräfin brieflich zum Geburtstag. Er verbringt ihn mit zwei Bekannten in »jener kalten und ruhigen Einsamkeit, auf die sich schließlich alles reduziert und aus der jeder stärkere Mensch sich eine Art von Zufriedenheit zu machen wissen muß«.

Lassalle, der sich wieder ganz in die Arbeit vertieft hat, die ihm am besten über seine persönlichen Probleme hinweghilft, schickt ihr sein soeben erschienenes politisches Pamphlet, die Auseinandersetzung mit dem Berliner Literaturkritiker Julian Schmidt.

Wenige Tage später berichtet er der Gräfin von seinem ersten Auftritt vor den Berliner Arbeitern. Er ist wieder ganz in seinem Element, dem politischen Kampf, den großen Reden, dem Beifall der Zuhörer, dem Erfolg des verwöhnten Advokaten. Doch den Weg zu seiner alten Freundin findet er nicht, auch wenn die letzten Briefe schon versöhnlicher klingen. »Sie haben recht, daß Sie nach Zürich gehen. Amüsieren Sie sich dort möglichst ... Mitte oder Ende Juli komme ich vielleicht auch nach der Schweiz.«

Ende April geht Sophie von Hatzfeldt wieder nach Zürich

zurück. Sie wohnt zunächst bei Mathilde Anneke und deren Freundin Mary Booth, einer amerikanischen Dichterin indianischer Abstammung. Im Zusammenleben mit den beiden lebensklugen und freundlichen Frauen, die, wie sie schreibt, »eine große Liebe zu mir gefaßt haben und mir auch sehr lieb sind«, kommt die Gräfin auch innerlich zur Ruhe. Ihre Briefe an Lassalle verlieren die Schärfe des ersten Trennungsschmerzes. Sie werden – obwohl beide sich bemühen, keine Gefühle zu zeigen – freundlicher. Sophie lobt seine politischen Vorträge über die Philosophie Fichtes und »Über den besonderen Zusammenhang der gegenwärtigen Geschichtsperiode mit der Idee des Arbeiterstandes«, kurz Arbeiterprogramm genannt, die er im April im Handwerkerverein der Oranienburger Vorstadt gehalten hatte. Sie nimmt wieder stärkeren Anteil an Lassalles Erfolgen: »Sie wissen, wie oft ich Ihnen früher gesagt, wie es mir lieb sein würde, wenn Sie nun, jetzt, nachdem Sie wirklich für jetzt genug für die eigentliche Wissenschaft mit Ihren beiden großen Werken getan, sich darauf verlegten, kleinere, aller Welt mehr zugängliche, die Fragen der Zeit behandelnde Schriften in die Welt zu schicken, die wie Taten gleich zünden.«

Lassalles Reise in die Schweiz verzögerte sich, denn im Juli fuhr er zunächst nach London. Es war wohl nicht, wie er der Gräfin schrieb, in erster Linie die Industrieausstellung und das Pflichtgefühl, London einmal zu sehen, sondern vielmehr der Wunsch, seine Pläne für die Gründung einer selbständigen, von den Liberalen unabhängigen Arbeiterbewegung mit Marx zu besprechen. Zu gern hätte er den immer noch verehrten Freund in London für sein Programm gewonnen, doch es zeigte sich bald, daß keine Übereinstimmung zwischen den beiden mehr zu erzielen war. Zu unterschiedlich waren ihre Vorstellungen von der zu schaffenden Partei, und keiner von beiden fand einen Weg zu einem Kompromiß, ja, keiner suchte auch nur nach einem solchen. Und was hätte unter Umständen die deutsche Arbeiterbewegung dabei gewinnen können!

So weit, wie es in den letzten hundert Jahren von beiden Seiten immer wieder behauptet wurde, waren Marx und Lassalle zu diesem Zeitpunkt aus heutiger Sicht nicht voneinander entfernt. Doch sie schieden unversöhnt, sie hatten alle Brücken zwischen sich abgebrochen.

Sicher hat auch die mißliche wirtschaftliche Lage von Marx, die ständigen Sorgen um die Existenz der Familie, die der von sich so überzeugte und menschlich wenig taktvolle Lassalle gar nicht wahrnahm, zu der Verstimmung beigetragen. Doch entscheidend waren letztlich wohl die politischen Meinungsverschiedenheiten über den Weg der Arbeiterbewegung, die immer größer wurden. Marx hat das später bedauert, aber zugleich bemerkt, daß es nicht durch seine Schuld geschah.

In seiner Enttäuschung über die Londonreise fuhr Lassalle im Sommer in die Schweiz, um sich endlich wieder mit der Gräfin auszusprechen und sich mit ihr zu versöhnen. Ihre Beziehung zu Rüstow scheint ihn nicht mehr zu interessieren, und die Gräfin lädt ihn nach Wildbad ein, versichert ihm nach dem kurzen Besuch: »Werden Sie denn nicht, wenn der Ort auch langweilig, gern eine Zeit mit Menschen sein, die es am besten auf der Welt mit Ihnen meinen? Vorzüglich nach mancher schlimmen Erfahrung, die Sie leider wieder in dieser Beziehung gemacht haben? Ich fühle das Bedürfnis, Ihnen zu sagen, daß ich in meinem Herzen unverändert für Sie dieselbe bin und bleiben werde, wie es auch kommen möge, daß keine neuen Freundschaften derjenigen, die ich in so langen Jahren und so bösen Tagen für Sie gehabt, irgend einen Abbruch tun könnten.«

Rückblickend analysiert Sophie ihren Streit und ihre Entfremdung im Frühling nun schon mit einem Abstand, der es ihr gestattet, auch eigene Fehler einzugestehen. Am 11. Oktober 1862 schreibt sie aus Neustadt an der Haardt: »Daß wir in den letzten Jahren nicht viel gegenseitig vielleicht zur täglichen Annehmlichkeit unsres Lebens beigetragen haben, ist eine Tatsache; unsere Charaktere sind grade vielleicht in manchen Dingen zu gleichartig, Sie waren noch viel schroffer geworden, und mein physisches und moralisches Leiden erforderte eine sehr weiche, zarte Hand. Ich wurde immer gereizter, nervöser, mißmutiger, was doch sonst meinem eigentlich von Natur heitern und im täglichen Leben facilen Charakter fremd ist. Diese schlimme Wechselwirkung war einmal gegeben und nicht mehr zu entwirren wie Ursache und Wirkung. Ich habe, glauben Sie mir, wenn Sie es auch nicht begreifen und ungerechtfertigt finden, auch oft recht schwer daran getragen, aber ebenso wahr ist es, daß es den eigentlichen Kern meiner Freundschaft für Sie nicht berührt hat. Und sollten Sie einmal wieder den Wunsch nach einer wahrhaft befreundeten Seele haben, die Freude und Leid, das Ihnen widerfährt, ebenso fühlt wie Sie, so werden Sie finden müssen, daß Sie nie einen besseren Freund gehabt noch haben werden als mich.«

Ende Oktober tritt ein Ereignis ein, das mit einem Schlag alle ihre Probleme auslöscht und allein die reine, hingebungsvolle Freundschaft offenbart. Am 21. Oktober 1862 stirbt Lassalles Vater Heymann Lassal, der auch der Gräfin in den Prozeßjahren mehrfach geholfen hatte. Die Kunde erreicht sie in Heidelberg. In großer Eile und wahrer Betrübnis schreibt sie dem Freund: »Wie soll ich Ihnen aber auch sagen, wie unendlich wehe es mir tut, gerade jetzt nicht bei Ihnen zu sein, und noch mehr, nicht einmal überzeugt zu sein, daß Sie es noch wissen, daß ich Ihr bester Freund bin und immer sein werde, daß nichts in der Welt Sie von Ihrem Platz bei mir verdrängen kann?« Lassalle ist verzweifelt und antwortet ihr: »Ach, Gräfin, was habe ich verloren! Was habe ich denn noch? Ich weiß, Sie sind mir gut, und ich bin Ihnen gewiß noch besser als Sie mir. Sie sind mir trotz allem und allem noch immer die liebste Person geblieben, die ich noch habe. Aber das alte Verhältnis zwischen uns ist dahin und wird und kann nie wiederkehren. Und jetzt ist er auch dahin. Ich komme mir selbst vor, wie vergangen und gewesen. Ich bin alt geworden. Ach, Gräfin, verzeihen Sie mir, wenn ich Ihnen das Herz schwer mache. Aber ich kann nicht anders. Sie sind die einzige Person, Sie wissen es, vor der es mir gegeben ist, mich zu zeigen, wie ich bin, und mein Gefühl auszuschütten. Und ich würde viel darum geben, wenn Sie in diesem Momente hier wären, um mich eine Stunde mit Ihnen auszuweinen.«

Die Gräfin fährt sofort nach Berlin, um dem Freund in diesen schweren Stunden beizustehen.

Rüstow, der allein zurückbleibt, kann oder will nicht verstehen, daß das, was die Gräfin und Lassalle miteinander verbindet, stärker ist als seine Leidenschaft und seine gewiß ehrlich gemeinte Liebe. Er kann es nicht begreifen, und er kann es nicht ertragen, daß diese beiden füreinander immer die wichtigsten Menschen bleiben und daß daran weder Streit noch Liebe etwas ändern werden. Am Unverständnis für diese Beziehung zerbricht schließlich die Verbindung der Gräfin mit dem Liebhaber, mehr als an seiner Eifersucht, mit der er sie auf Schritt und Tritt verfolgt. Fast täglich schreibt ihr Rüstow, bittet, fleht, fordert ultimativ ihre Rückkehr und droht mit Selbstmord, beschwört ihre Liebe, sieht sich im Kampf gegen den Einfluß Lassalles auf die Geliebte hin- und hergerissen zwischen wütenden Angriffen, reumütigen Bekenntnissen und rüden Beschimpfungen. So versucht er, seine Liebe und sein Lebensglück zu retten. Und es ergeht ihm wie allen, die fühlen, daß ihnen der geliebte Mensch entgleitet. Er macht alles falsch, alles noch schlimmer, und er hat im Grunde keine Chance, egal, was er tut oder was er läßt.

Sophie bemerkt, wie ihre Beziehung zerbröselt, wie sie auseinanderdriften, ohne selbst etwas dazu zu tun, und sie kann es nicht aufhalten, zu stark ist der Sog, der von Lassalle ausgeht, zu mächtig die Strömung, die sie fünfzehn Jahre getrieben hat.

Zwar verläßt die Gräfin Berlin Anfang Dezember, um mit Rüstow den Winter in Italien zu verbringen. Doch es ist nicht mehr die Reise zweier Verliebter wie im vorigen Jahr. Sie scheinen beide erkannt zu haben, daß es für einen Neuanfang für sie zu spät ist. Da war der allgegenwärtige Lassalle, der ihre Beziehung überschattete und dessen Anwesenheit beide immer spürten. Wenn er ihr am Weihnachtsabend schreibt, »wie leid es mir ist, Sie ferne zu sehen, und wie lieb ich Sie habe. Es geht mir sehr schlecht. Innerlich. Ich bin weich geworden und wie eine Tränendrüse, ich, der ich nie eine Träne weinen konnte!«, dann geht das nicht spurlos an ihr vorüber. Auch sie sitzt zur selben Stunde am Tisch und schreibt ihm: »Ach, liebes Kind, wir mögen uns noch so viel gezankt und entzweit haben, so viel steht mindestens fest, daß wir uns gegenseitig für andre verdorben haben; und das große Unrecht, das wir begangen haben, zu glauben, daß eine solche Vergangenheit und Freundschaft und Vertrauen sich beliebig zerreißen und vernichten lasse, mußte sich wenigstens vorübergehend rächen.«

Ständig gehen ihre Gedanken von dem anwesenden Rüstow zum abwesenden Lassalle, der längst wieder im Mittelpunkt ihres Lebens steht. Als sie ihm über Rüstow schreibt und vor dem Freund das Psychogramm des Geliebten enthüllt, ist die Liebe eigentlich schon zu Ende, innerlich der Bruch vollzogen: »Rüstow hat noch weit mehr, als es bei mir der Fall war – und ich glaube gewiß nicht mit mehr Grund, denn er leidet jedenfalls weniger lange –, ein verdüstertes und durch die Ungerechtigkeit des Schicksals, Nichtanerkennung, Unmöglichkeit [Gelegenheiten], sich zur Geltung zu bringen, seine unglückliche Ehe, die ihn äußerlich wie innerlich in eine ihm ganz unangemessene Lage bringt, ein ganz verbittertes Gemüt, unzufrieden mit der Welt, mit sich, mit allem. Es ist unendlich traurig mit anzusehen in einem so guten, so fähigen und tüchtigen Menschen und ihm nicht helfen zu können. Er ist mir so attachiert, wie es nur möglich ist, glaubt, nicht mehr leben zu können ohne mich, aber Erheiterung kann ich ihm doch nicht geben. Ich sage Ihnen dies, liebes Kind, unter dem Siegel der tiefsten Verschwiegenheit und bitte Sie, nie etwas davon merken zu lassen und diesen Brief gleich zu verbrennen.«

Das ist nicht mehr die Sprache einer liebenden Frau. Um einen Menschen so beschreiben, analysieren und einordnen zu können, muß man mehrere Schritte von ihm zurücktreten. Sophie von Hatzfeldt hatte Abstand von Wilhelm Rüstow gewonnen und war innerlich von ihm zurückgetreten.

Egeria und die Arbeiteragitation

Als Ferdinand Lassalle zu Beginn der sechziger Jahre die Arbeiterbewegung in Deutschland nach fünfzehnjährigem Schlummer zu neuem Leben erweckte, als er das Werk begann, für das er in die Geschichtsbücher eingehen sollte, da ist die Gräfin noch immer in Italien. Von ferne nimmt sie Anteil an seinen Kämpfen und bescheidenen Erfolgen. Im Januar 1863 schreibt er ihr: »Es ist wahr und unleugbar, mein eherner Tritt fängt an, langsam, langsam, aber unverwischbare Spuren zu hinterlassen und Erfolge leise, leise zu erringen! Aber Gott, wie langsam geht das, ehe aus diesen lumpigen Anfängen irgend etwas wird! Es ist wahr, ich gewinne, so sehr sich alle mit vereinten Kräften gegen mich stemmen, ich Einer gegen alle, beständig mehr Terrain! Aber so viel wie eine Schnecke! Es wird einmal ein Resultat haben – aber wer weiß, welche Reihen von Jahren noch vergehen, bis ich einen wirklichen Erfolg habe!«

Und im März teilt er ihr mit: »Ich stehe jetzt am ›Vorabend‹ eines sehr wichtigen Ereignisses für mich. Das Leipziger Zentralkomitee der Arbeiter hat an mich offiziell geschrieben, damit ich ihm in irgendeiner mir passend erscheinenden Form meine Ansichten ausspreche über die Mittel, welche die gegenwärtige Arbeiterbewegung zu ergreifen hat, um die Verbesserung der Lage des Arbeiterstandes in politischer, geistiger und materieller Beziehung zu erlangen. . . .

Ich habe nun geantwortet durch ein ›Offenes Antwortschreiben‹, welches sich bereits im Druck befindet und in ca. acht Tagen an das Leipziger Zentralkomitee abgehen und von ihm

– es wird in 10000 Exemplaren gedruckt – an sämtliche Arbeitervereine usw. verbreitet werden wird. Ich habe mich in diesem Manifest offen und unumwunden ausgesprochen. Die Schwierigkeiten waren immens! Ich konnte natürlich in einem Manifest nicht ein nationalökonomisches Werk schreiben. Sowohl der erforderlichen Kürze wegen, als weil es jeder Arbeiter verstehen muß. Und dennoch konnte das Manifest nichts nützen, wenn es nicht, an irgendeinen festen Punkt anknüpfend, den Arbeitern die ganze notwendige Hoffnungslosigkeit ihrer Lage von innen heraus theoretisch klar macht, sie gegen alle Illusionen und gegen jeden Versuch, meine Sätze bei ihnen zu bekämpfen, sicherte.

Es ist mir gelungen, diese wirklich fast unüberwindlichen Schwierigkeiten in ausgezeichneter Weise zu überwinden. Ist der deutsche Arbeiterstand nicht bis zum Entsetzen träge und schläfrig, so muß dieses Manifest, da es ohnehin in eine bereits vorhandene praktische Bewegung fällt, ungefähr eine Wirkung hervorrufen wie die Thesen an der Wittenberger Schloßkirche!«

Über die Rolle der Gräfin Hatzfeldt bei der Wiederaufnahme der sozialistischen Agitation nach den Jahren der Reaktionsperiode, als Lassalle »von neuem die sozialistische Fahne« in Deutschland aufpflanzte, über die Rolle seiner Egeria, gibt es sehr unterschiedliche Darstellungen.

Einer seiner Biographen geht so weit, den Einfluß der Gräfin Hatzfeldt hinter allen Handlungen Lassalles zu vermuten, die ihn angeblich schon im Herbst 1861 und erst recht nach dem mißglückten Besuch bei Marx in London bewogen haben soll, politisch hervorzutreten, und die den Freund ehrgeizig zur Tat aufrief.

Tatsächlich beginnt Lassalles aktive politische Agitation verstärkt nach den Gesprächen mit Marx im Herbst 1862. Schon im Frühjahr, genau am 12. April, hatte er auf einer Versammlung im Handwerkerverein in der Oranienburger Vorstadt vor Berliner Maschinenbauern dem Kern der jungen Arbeiterklasse seinen berühmten Vortrag gehalten, der als »Arbeiterprogramm« in die Geschichte einging. Nach den Jahren der Hatzfeldt-Prozesse und der wissenschaftlichen Arbeit, nach Jahren in den Berliner Salons wandte er sich nun wieder wie 1848/49 der Arbeiterbewegung zu. Diese politische Agitation Lassalles ist seinerzeit von Marx und Engels und später von ungezählten Historikern hinreichend gewürdigt worden. Was dabei stets oder doch fast immer ausgeklammert wurde, ist die Rolle der Frau, die seine Gedanken mitdachte und in der Tiefe seiner Seele lesen konnte: Sophie von Hatzfeldt.

Im Oktober 1863 kommt sie endlich nach Berlin zurück. Franz Mehring findet, daß es »nicht zum Heile Lassalles (war), daß ihm die Gräfin Hatzfeldt nach Berlin folgte«, weil der »stete Verkehr mit der gescheiten welterfahrenen Frau ... den um so viel jüngeren und trotz allen genialen Selbstbewußtseins um so viel naiveren Mann in eine nicht immer richtige Bahn« lenkte. Er räumt ein, daß die Gräfin sicherlich Lassalle nur zu dem leitete, was sie nach ihrer Überzeugung für sein Bestes hielt. Doch bleibt offen, ob es das wirklich immer war. »... die dankbare Huldigung«, schreibt Mehring, »womit sie ihn auf Schritt und Tritt umgab, förderte eher die schwachen als die starken Instinkte Lassalles«.

Das mag für die Jahre des Berliner Zusammenlebens stimmen. In der entscheidenden Zeit 1862, Anfang 1863 aber sucht er brieflich ihren Rat. Als sie an seine Seite zurückkehrt, hat Lassalle die ersten wesentlichen Schritte zur Wiederbelebung der Arbeiterbewegung getan. Am 4. Dezember 1862 hatten ihn die Vertreter des Leipziger Zentralkomitees für die Einberufung eines Arbeiterkongresses gebeten, sich an die Spitze der wiedererwachenden Bewegung zu stellen. Das Arbeiterkomitee, das zu jener Zeit jeden Dienstag in der Gastwirtschaft »Zur kleinen Quelle« tagte, hatte das »Arbeiterprogramm« gelesen und sich in seinem Sinne in der »Arbeiter-Zeitung« ausgesprochen.

Am 13. Dezember schon erklärt Lassalle in einem Brief sein

Einverständnis. An die Gräfin Hatzfeldt schreibt er am 20. Januar: »Ich bin sehr müde und abgehetzt ... Dann verlangen die Leipziger Arbeiter, ich solle ihnen eine Broschüre schreiben. Ich weiß nicht, wo mir der Kopf steht!«

Am 1. März ist das »Offene Antwortschreiben« Lassalles an die Leipziger fertig, das als das eigentliche politische Programm des Allgemeinen Deutschen Arbeitervereins gelten kann. In einem Brief von Anfang März 1863 erklärt er der Gräfin Hatzfeldt, welche Absichten er mit dieser Schrift verfolgt. Die Bourgeoisie, meint er, habe die Revolution und die Massen verraten. Die einzige Kraft, die sie noch vorwärtstreiben könne, sei eine organisierte Arbeiterpartei, die alle demokratischen Kräfte des Volkes um sich konzentriere. Hier werden Erkenntnisse aus den Jahren 1848/49 lebendig, die Linie der »Neuen Rheinischen Zeitung« wird sichtbar.

Solche Töne klingen auch – in typisch Lassalleschen Formulierungen – in seiner Rede vor Gericht Anfang Januar an, in der er sein Arbeiterprogramm verteidigt. Er geht davon aus, »das sittliche Prinzip des Arbeiterstandes ... zum herrschenden Prinzip der Gesellschaft zu machen ...« Und an anderer Stelle verkündet er: Die Sache des Arbeiterstandes »ist daher in Wahrheit die Sache der gesamten Menschheit; seine Freiheit ist die Freiheit der Menschheit selbst, seine Herrschaft ist die Herrschaft aller«.

Daß er neben dem Leipziger Chemiker Otto Dammer, dem späteren stellvertretenden Präsidenten des ADAV, und Gustav Levy, dem Mitbegründer und Kassierer der Partei, auch der Gräfin Hatzfeldt ausführlich die politischen Beweggründe seines Eintretens für die Wiederherstellung der Arbeiterbewegung erläuterte, ist doch wohl auch ein Ausdruck dessen, daß er in ihr über die persönlichen und geschäftlichen Beziehungen hinaus stets einen politischen Verbündeten, überhaupt einen politischen Kopf sah. Und in der Tat hat die Gräfin Lassalles Ideen wie kaum ein zweiter aufgegriffen und sich zu einem der entschiedensten Parteigänger des ADAV-Präsidenten entwikkelt. Wie sehr sie sich mit der politischen Linie ihres Freundes identifizierte, wurde erst nach dessen Tod sichtbar.

Da das Freundespaar ab Herbst 1863 wieder vereint ist, also keine Veranlassung mehr besteht, einander Briefe zu schreiben, haben wir auch keine schriftlichen Mitteilungen darüber, in welcher Weise beide die einzelnen Schritte bei der Herausbildung der neuen Arbeiterpartei beraten haben. Man kann aber wohl davon ausgehen, daß Sophie von Hatzfeldt als nächster und engster Vertrauter (männlicher Freund) von Lassalle sein erster Gesprächspartner in allen wichtigen Fragen war und daß er sie an seinen Handlungen direkt oder indirekt beteiligt hat.

Auf jeden Fall ist diese Frau aus dem neuen Anfang der deutschen Arbeiterbewegung nicht wegzudenken. Die Würdigung der historischen Leistung Lassalles schließt auch die Würdigung der Leistung Sophie von Hatzfeldts mit ein.

Am 23. Mai 1863 wird schließlich im Saal des »Pantheon« in Leipzig der Allgemeine Deutsche Arbeiterverein gegründet. Elf Städte sind durch insgesamt zwölf Delegierte vertreten. Herwegh hat sie mit den zwölf Aposteln verglichen, die das mächtige Rom zittern machten. Ob der Vergleich hinkt, sei dahingestellt. Im Moment zittert noch niemand vor ihnen. Lassalle wurde der Präsident, mehr noch, er wurde die Seele der Organisation, die ganz auf ihn, seine Person, seine Intuition, seine Ideen, seinen Führungsstil zugeschnitten war.

Am Abend dieses denkwürdigen 23. Mai fand in einer öffentlichen Sitzung mit sechshundert Arbeitern die feierliche Konstituierung der neuen Arbeiterpartei statt, die sich von der Bevormundung der Bourgeoisie gelöst hatte und als eigene Kraft auftrat. »Der erste Schritt«, auf den es nach Engels »in jedem neu in die Bewegung eintretenden Land ankommt«, »die Konstituierung der Arbeiter als selbständige politische Partei«, ist vollzogen.

Lassalle hinterläßt bei den Leipziger Arbeitern, wie auch in nun folgenden anderen Versammlungen, einen günstigen, ja einen bestechenden Eindruck. Er ist inzwischen achtunddrei-

Das »Pantheon« in Leipzig, Gründungsstätte des Allgemeinen Deutschen Arbeitervereins

ßig Jahre alt, von schlanker Figur, gepflegter Erscheinung, ein Mann, der immer weiß, zu welcher Gelegenheit er welchen Anzug tragen muß. Sein Haar ist schwarz, kraus und sehr dicht. Seine feingeschnittenen Gesichtszüge verraten den Intellektuellen, im persönlichen Umgang ist er liebenswürdig. Er besitzt die Gabe, im Gespräch andere Menschen zu gewinnen. Die größte Wirkung erzielt er mit seinen Reden, die er stets gewissenhaft ausarbeitet und einstudiert. Seine als Folge einer Kehlkopferkrankung etwas zu hohe Stimme wirkt fest und sicher, sobald er öffentlich auftritt.

Das Zerwürfnis mit der Gräfin ist inzwischen ganz überwunden, beide wissen, daß sie ohne einander nicht leben und nicht froh werden können. Ihre Freundschaft ist nun so fest und endgültig, daß keine äußeren Einflüsse sie mehr beeinträchtigen.

Die Gräfin ist bei ihm, sie ist für ihn da, sie glaubt an ihn und stärkt ihn. Wilhelm Rüstow, der zum Teil sehr berechtigte Einwände gegen Lassalles Agitation hat, spürt, daß er, obwohl er in dieser Zeit viel mit der Gräfin zusammen ist, keinen Einfluß auf sie gewinnen kann. Lassalle ist ihr Mann, ihr Herold, ja, er ist die Verkörperung ihrer Jugend. In ihrer Vorstellung ist er ihr Werk, ihre Schöpfung, auf die sie mit Wohlgefallen blickt. Und jeder Glanz und jede Glorie, die auf den jungen Arbeiterführer fällt, spiegelt sich auch in ihrem Leben wider. Es interessiert niemanden, mit wem Lassalle schläft, mit wem die Gräfin auf Reisen geht. Die Namen der Gräfin und des Arbeiterführers werden immer in einem Atemzuge genannt. Sie ist dabei, wenn er in verräucherten Lokalen vor den Arbeitern sein Programm erläutert, wenn er ihnen wie ein Prophet das nahe Zeitalter der Arbeiterherrschaft verkündet und die Sieghaftigkeit ihrer Sache beschwört. Sie ist für ihn da, wenn er, ständig in neue politische Prozesse verwickelt, mal wieder im Gefängnis sitzt. Am 25. November 1863 schreibt er darüber an seine Mutter: »Die gute Gräfin hatte sich wieder mit ihrer alten Energie und Tapferkeit benommen und wesentlich zu der unerhört schnellen Beendigung meiner Haft beigetragen. Sie ist wirklich viel energischer als ein Dutzend Männer.«

Die Gräfin geht neben ihm, als er am 29. Januar 1864 in einer belebten Straße Berlins von zwei Polizisten angehalten und verhaftet wird. Sie sitzt auf der Zuhörerbank im Gerichtssaal, als am 12. März vor dem Berliner Staatsgericht sein Fall verhandelt wird. »Was die Gräfin, die gleichfalls zugegen war, dabei gelitten hat, kannst Du Dir denken«, schreibt er an seine Schwester.

Sophie von Hatzfeldt war die erste, der er seine Erfolge meldete. Über die Kundgebung am 19. Mai in Wermelskirchen im Rheinland schreibt er ihr: »So was habe ich noch nie gesehen! ... Hier war nicht mehr von einem Parteifest oder von einer Parteiversammlung die Rede. Die ganze Bevölkerung war in einem namenlosen Jubel ... Ich hatte beständig den Eindruck, so müsse es bei der Stiftung neuer Religionen ausgesehen haben!«

Unmittelbar nach der Leipziger Gründungsversammlung, am 26. Mai, reiste Lassalle zur Gräfin nach Ems, wo sie sich gemeinsam erholten und sich auf seinen Prozeß vor dem Düsseldorfer Appellationsgericht vorbereiteten.

Ende Juni fuhr sie mit ihm nach Düsseldorf. Den Abend vor dem Prozeß verbrachten sie im vornehmen Hotel »Domhardt«. Sie macht ihm Mut für den nächsten Tag. Wie immer raucht sie ihre Zigarre und hört geduldig zu, wie Lassalle ihr das Verteidigungskonzept seiner Rede darlegt. Am nächsten Morgen saß sie in dem niedrigen Gerichtssaal, der höchstens für sechzig Zuhörer Platz bot und in dem sich mindestens einhundertfünfzig zusammengepfercht hatten. Außerdem waren die Korridore schwarz von Menschen, die bis auf die Straße standen, um Lassalle wenigstens beim Betreten des Gerichtssaales zu sehen. Wie immer kam er, kaum daß er seine zur Verteidigung benötigten Bücher abgestellt hatte, auf die Gräfin zu, um sie herzlich zu begrüßen. Ihre Anwesenheit im Gericht war ihm stets wichtig, sie gab ihm Kraft und Zuversicht.

Sophie von Hatzfeldt war aber nicht nur bei ihm, wenn er in zündenden Worten in Arbeiterversammlungen oder in geschliffener Rede vor den verschiedenen Gerichtshöfen für die Sache der Arbeiter focht, da, wo er politisch auf der Höhe seiner Aufgabe stand, wo er die Massen zum Kampf aufrüttelte. Sie ebnete ihm auch den Weg zum preußischen Ministerpräsidenten Otto von Bismarck. Durch die Vermittlung der Gräfin wurden Kontakte zum späteren Reichskanzler geknüpft, die Lassalle nicht als erster anstrebte, aber die ihm doch in gewisser Weise zum Verhängnis wurden. Marx und Engels haben ihm das als Verrat an der Arbeiterbewegung ausgelegt. In dieser konspirativen Diplomatie, in der zwei gewiefte Taktiker aufeinandertrafen, von denen jeder glaubte, den anderen für seine Ziele gebrauchen zu können, war er schließlich der Verlierer, wie sehr es seinem eitlen Ego auch schmeichelte, mit den Großen dieser Welt am Tische zu sitzen.

Sophie von Hatzfeldt aber glaubte an die große Zukunft ihres Freundes, es entsprach ihrer Vorstellungswelt, daß man nur im Umgang mit den Mächtigen selbst die Macht gewinnen könne. Und sie wollte es erleben, ihren Lassalle, ihr liebes Kind, auf dem Stuhl des Präsidenten einer deutschen Republik zu sehen. Nicht so sehr für sich, der ihr dann wohl das Amt einer Königinmutter zugefallen wäre, als für ihn strebte sie nach dem Höchsten, und sie tat es, wie beide aus den Prozessen im Hatzfeldt-Streit gewohnt waren, ohne Bedenken in der Wahl ihrer Mittel.

Erst fünfzehn Jahre später lüftete Sophie von Hatzfeldt den Vorhang aus Vermutungen und Spekulationen, der sich über das Verhalten von Lassalle zu Bismarck gelegt hatte. Im Zusammenhang mit der ersten Beratung des Sozialistengesetzes, das die Arbeiterbewegung unter Ausnahmerecht stellen sollte, teilte sie einer sozialdemokratischen Redaktion Einzelheiten über die Vorgänge im Winter 1863/64 mit, worauf August Bebel als Reichstagsabgeordneter der Sozialdemokratischen Partei die Angelegenheit am 16. September 1878 im Parlament zur Sprache brachte. Auf der Grundlage der Aussagen von Sophie von Hatzfeldt informierte Bebel die erstaunten Abgeordneten darüber, daß Bismarck durch seinen Geheimsekretär Zittelmann einen von ihm selbst gegengezeichneten Brief an Lassalle schreiben ließ, der ihn zu vertraulichen Gesprächen einlud. Solche Zusammenkünfte fanden mitunter drei- oder viermal in der Woche statt. Bebel erklärte, daß es Lassalle war, der schließlich den Bruch herbeiführte, weil er sich nicht als Werkzeug von Bismarck mißbrauchen lassen wollte und nicht bereit war, sich zu reaktionären Regierungszwecken herzugeben.

Bismarck bestritt zwar Einzelheiten des Materials, das die Gräfin Hatzfeldt der Partei im Kampf gegen das Sozialistengesetz übergeben hatte, aber er bestätigte Lassalle immerhin, daß er ein energischer und sehr geistreicher Mann gewesen ist, mit dem zu sprechen sehr lehrreich war. Die Gespräche haben also stattgefunden, und Sophie von Hatzfeldt hatte sie – wie immer in der besten Absicht, Lassalle zu nutzen – arrangiert.

Die Gräfin war auch die erste und vielleicht die einzige, der sich Lassalle mitteilte, wenn er nicht der strahlende Sieger, sondern der müde und manchmal gar verzweifelte Mensch war, der von seinen Aufgaben überforderte und mit den Ergebnissen der Arbeit, den Fortschritten der Arbeiterbewegung, unzufriedene Politiker. In so einer pessimistischen Stimmung schrieb er ihr im Juli 1864 aus dem Schweizer Kurort Rigi-Kaltbad: »Ich wünsche nichts sehnlicher, als die ganze Politik loszuwerden und mich in Wissenschaft, Freundschaft und Natur zurückzuziehen. Ich bin der Politik müd und satt! Zwar, ich würde so leidenschaftlich wie je für dieselbe aufflammen, wenn ernste Ergebnisse da wären, oder wenn ich die Macht hätte, oder ein Mittel sähe, sie zu erobern – ein solches Mittel, das sich für mich schickt. Denn ohne höchste Macht läßt sich nichts machen. Zum Kinderspielen aber bin ich zu alt und zu groß! Darum habe ich so höchst ungern das Präsidium (des Allgemeinen Deutschen Arbeitervereins – M. G.) übernommen! . . . Darum drückt es mich jetzt so gewaltig . . . (Aber wie es loswerden?!) Denn die Ereignisse werden sich, fürchte ich, langsam, langsam entwickeln, und meine glühende Seele hat an diesen Kinderkrankheiten und chronischen Prozessen keinen Spaß. Politik heißt aktuelle, momentane Wirksamkeit. Alles andere kann man auch von der Wissenschaft aus besorgen! . . . Ach, könnte ich mich zurückziehen!«

Lassalle ist nicht der erste, und er wird nicht der letzte Intellektuelle sein, dem die Entwicklung in der Arbeiterbewegung zu langsam geht, dem die geduldige, immer wieder neu zu führende Überzeugungsarbeit zu schwierig, zu langwierig und zuwenig spektakulär ist. Auch wenn er dem Drängen der Gräfin nicht nachgibt, die wünscht, daß er nicht nach Deutschland zurückkehrt, wo ihn eine in Düsseldorf im Juni verhängte Gefängnisstrafe erwartet, so zeigt dieser Brief doch, daß er in einer tiefen psychischen Krise steckt, daß er in Pessimismus versinkt und keinen Ausweg mehr sieht. Seine Gespräche mit Bismarck waren gescheitert, der große Mann in Berlin hatte keinen Finger gerührt, als die Düsseldorfer Richter im Juni Lassalle verurteilten. In der Führung des Allgemeinen Deutschen Arbeitervereins wächst der Widerstand gegen seinen Leitungsstil, der sich auch gegen seinen Lebensstil richtet, und die Bewegung selbst wächst nur sehr langsam. Zu dieser Zeit zählt sie etwa viertausend Mitglieder, doch in Berlin sind davon nur fünfunddreißig. Lassalle selbst ist durch seine seit zwei Jahren andauernde Krankheit, Paralyse als Folge einer alten Syphilis, geschwächt, überarbeitet und erschöpft.

In dieser Situation stürzt er sich im Sommer 1864 in eine Affäre, die Marx eine seiner großen Taktlosigkeiten nennt, die Lassalle zu jedem anderen Zeitpunkt mit Taktik und Schläue, mit Scharfsinn und Diplomatie gemeistert hätte, die ihn aber jetzt zerstören sollte.

Die Gräfin, die ihr Leben für seines gegeben hätte, mußte tatenlos zusehen, wie der Mann ihrer Hoffnung, der Führer der wieder neu entstehenden deutschen Arbeiterbewegung, ein Mensch von außergewöhnlichen Fähigkeiten, Schritt für Schritt in sein Verderben – man möchte sagen – tappte, wenn das für einen Mann wie Lassalle nicht paradox klingen würde.

Helene, der Goldfuchs

Die Tragödie begann am 25. Juli 1864 und dauerte kaum fünf Wochen, nicht viel länger als eine alte chinesische Oper, und wie diese endet sie mit dem Tod des Helden. Es war ein verregneter Sommertag, Lassalle saß gelangweilt in seinem Zimmer auf dem Rigi in der Schweiz und verwünschte das Wetter und das Alleinsein. Da kam ein Bauernbursche in sein Zimmer und meldete, daß an der Terrasse eine Dame auf ihn warte. ». . . ich wußte gar niemand, auf den ich warten sollte«, schrieb er der Gräfin. »Ich nehme also Hut und Stock und eile hinunter. Da hält hoch zu Roß mit einer Engländerin und einer Amerikanerin und einem Franzosen – wer? Helene, der Goldfuchs!«

Lassalle hatte das Fräulein, Helene von Dönniges, die Tochter des bayerischen Gesandten in der Schweiz, zwei Jahre zuvor durch einen Freund in Berlin kennengelernt. Sie hatte damals keinen besonderen Eindruck auf ihn gemacht. Seinem Freund, der sich erbot, ihn bei der Familie Dönniges einzuführen, antwortete Lassalle: ». . . ich kaufe keine Katze im Sack. Das Mädchen gefällt mir äußerlich sehr gut; wenn sie mir innerlich bei näherer Bekanntschaft ebenso gut gefällt, so würde ich mich dazu entschließen, sie zu heiraten . . . und . . . wenn sie mir zum Heiraten nicht gut genug gefällt, mich ganz ruhig zurückziehen.«

Danach wurde die Bekanntschaft 1862 abgebrochen, und im Briefwechsel findet sich kein Hinweis mehr auf die rotblonde Schönheit.

Es ist wohl anzunehmen, daß die einundzwanzigjährige, in

Helene von Dönniges

Liebesdingen nicht unerfahrene bayerische Beamtentochter mit ihren äußeren Reizen Lassalle anregte, aber daß sie in dem Kreis von geistreichen und charmanten Damen, die um ihn versammelt waren, besonders auffiel, ist unwahrscheinlich. Die Bekanntschaft zwischen Helene, dem Goldfuchs, und Ferdinand Lassalle reichte gerade für ein bißchen Tratsch in der Berliner Schickeria. Auch wenn sie später in ihren Memoiren ausplauderte, Lassalle habe in ihr bei der ersten Begegnung sein Schicksal erkannt, dachte der offensichtlich nicht daran, sie als sein Schicksal anzusehen. Sonst hätte er wohl nicht volle zwei Jahre verstreichen lassen, ohne auch nur einen Versuch zu machen, sie einmal zu treffen. Das war für gewöhnlich nicht seine Art.

Helene von Dönniges war das, was man etwas lax ein Biest nennen könnte. Das rotblonde Haar, das immer auf Männer wirkt, faßte ein Gesicht mit grünlich schillernden Augen ein, die, wie es einer ihrer Bekannten beschrieb, »wie Geist und Sinnlichkeit funkelten«.

Doch ihre ganze Erscheinung machte keinen liebenswürdigen Eindruck, ihr Lachen wird als beinahe unheimlich bezeichnet. Sie traf einen Lassalle, den das schlechte Wetter, die Molke, die er immerzu trinken mußte, anödeten, dem die Decke auf den Kopf fiel und der in solchem Zustand vermutlich für jede Abwechslung dankbar gewesen wäre. So verbrachte er, was er gewiß mit einem Dutzend anderer Frauen an diesem Abend auch getan hätte, die Nacht mit ihr auf dem Rigi. Er stand im Banne ihrer jugendlichen Weiblichkeit. Gewohnt, Frauen schnell zu erobern, macht er ihr Liebeserklärungen und schließlich noch in derselben Nacht einen Heiratsantrag.

Als der Morgen grau und regnerisch über die Berge kommt, scheint sein Liebesrausch schon erkaltet zu sein. Er schrieb Helene, die mit ihrer Reisegruppe ins Tal zurückgekehrt war, ein paar freundliche Zeilen, in denen nur »von der Sorge um Ihre Gesundheit« die Rede ist. In einem vom 27. Juli datierten Brief an die Gräfin erwähnt er die Begegnung mit Helene eher beiläufig, amüsiert, als eine hübsche Episode, die weder auf seinen weiteren Aufenthalt in der Schweiz noch auf seine politischen Pläne Einfluß haben sollte. Nur aus Höflichkeit wollte er ihr zwischen dem 15. und 25. August einen Gegenbesuch in Genf machen, in drei bis vier Wochen also.

Das zeugt gewiß nicht von einer rasenden Verliebtheit! Und es ist anzunehmen, daß Lassalle die ganze Episode in ein paar

Tagen vergessen hätte, wenn – ja wenn Helene jetzt nicht die Initiative ergriffen hätte und zu einer Attacke übergegangen wäre, der er in seiner nervlichen Verfassung nicht gewachsen war.

Auf die nächtliche Liebeserklärung Lassalles antwortet sie kurz und bündig: »Ich will und werde Ihr Weib sein.« Helene forderte ihn auf, bei ihren Eltern um ihre Hand anzuhalten und, sollten diese ablehnen, mit ihr zu fliehen. Sie schrieb auch, daß sie verlobt sei mit einem walachischen Studenten namens Janko von Racowitza, dessen treues Herz sie »mit kalter Hand töten« müsse.

Lassalle war vermutlich vom Inhalt dieses Briefes überrascht, wer würde die Liebesschwüre oder -beschwörungen eines einsamen Mannes in einer Sommernacht schon so ernst nehmen? Helene nahm sie ernst, ernster, als Lassalle sie gemeint hatte, der sich nun im Wort fühlte. Wie immer, wenn er nicht weiterwußte, schrieb er der Gräfin: »Die Sache wird ernst, sehr ernst ... Inzwischen – einmal kann ich nicht mehr zurück, und dann wüßte ich auch wahrhaftig nicht, warum ich zurück sollte! Es ist ein schönes Weib, ... das für mich paßt und eignet ... Nun adieu, altes Herz, die Brandung faßt mich! Ist mir's zum Heil? Reißt's mich nach oben? ...«

Und nun beginnt das, was Richard Wagner, der auch noch mit dieser Affäre befaßt werden sollte, »eine Liebesgeschichte aus lauter Eitelkeit und falschem Pathos« genannt hat. In der Tat hat man den Eindruck, einen billigen Roman zu lesen und nicht die Liebesgeschichte eines der bedeutendsten Männer seiner Zeit, dem offenbar aller Verstand unter die Gürtellinie gerutscht war.

Helene will Lassalle in der Villa ihrer Freundin erwarten. Lassalle ist dafür, daß sie zu den Eltern zurückgeht, bei denen er offiziell um die Tochter werben will, wie er es für angemessen hält. Am 1. August schreibt Helene der Gräfin Hatzfeldt einen überschwenglichen Brief, in dem sie Lassalle ihren »Herrn und Gebieter«, ihren »schönen, herrlichen Adler«

nennt, dessen »ihn anbetendes Weib« sie sein wolle, und so weiter.

Es läßt sich denken, wie die Gräfin, eine Frau mit Takt und Lebenserfahrung, auf die naive Schwärmerei eines verliebten Mädchens reagiert, das sie sich beim besten Willen nicht als die Frau Ferdinand Lassalles vorstellen kann, da es weder die Reife noch das Format dafür zu besitzen scheint. Lassalle selbst sieht die Sache noch immer viel gelassener. Er schreibt der Gräfin einfach, fast kühl, daß Helene ihm eine passende Persönlichkeit sei, ihn sehr liebe und, was ihm das wichtigste war, sich seinem Willen unterordne.

Doch das war die erste falsche Prämisse in seiner Gedankenkette. Helene wollte ein Fait accompli, eine vollendete Tatsache, schaffen.

Am 3. August schrieb Lassalle wieder an die Gräfin, die er jetzt täglich über den Gang der Ereignisse informierte. »Also Helene ist entschlossen, wenn ich will, morgen ihren Eltern wegzulaufen sogar und, wenn ich wollte als Zigeunerin mit mir durch die Lande zu ziehen ... Ich hoffe sehr – und glaube es fest – die Eltern werden gleich oder doch nach einigen Angriffen stürmischer Beredsamkeit, die ich auf sie machen werde, einwilligen.«

Die arme Gräfin, die sich in Wildbad erholen sollte, ging statt in die Heilbäder durch die Wechselbäder seiner außer Kontrolle geratenen Gefühle. An diesem Abend, während Helene zu ihren Eltern zurückkehrte, stieg Lassalle in der Pension »Bovet« in Genf ab und machte wieder einen Plan. Helene sollte den Eltern zunächst nichts von ihren Absichten sagen, bis er offiziell in die Familie eingeführt sein würde. Doch das Kind plaudert munter drauflos und erzählt alles der lieben Frau Mutter, die den Herrn Gesandten informiert, der seinerseits ein Donnerwetter über die Tochter niedersausen läßt.

Helene schreibt dem »herrlichen Aar« und versichert: »Jedenfalls bleibe ich felsenfest!«, worauf Lassalle baut – und das ist die zweite falsche Prämisse. Sie bezeichnet sich als »jetzt und für immer Dein Weib, Dein Kind, Deine Dich anbetende Sache«. Allein dieser infantile Stil des Briefes, den die Zofe ihm bringen sollte, hätte den Mann stutzig machen müssen. Aber der das schreibt – heute nach so vielen Jahren –, ist natürlich nicht in der Verfassung höchster Erregtheit, in der sich Lassalle dem Goldfuchs gegenüber befand, und er ist – selbst wenn er sich die erotischen Vorzüge der einundzwanzigjährigen, vollbusigen Helene vorstellen kann – nicht ihrer exhibitionistischen Fügsamkeit ausgesetzt. Außerdem fand Lassalle, der ohnehin seit Tagen nicht zur Ruhe kam, gar nicht Zeit, zu lesen und nachzudenken. Denn zugleich mit der Zofe tauchte Helene selbst in seinem Hotelzimmer auf, warf sich auf sein Bett und rief: »Hier hast du deine Sache, mache mit mir, was du willst.«

Und was machte er? Nichts! Der große Tatmensch tat nichts. Er verlor die Geistesgegenwart, die ihn sonst nie verlassen hatte, und konnte die Bedeutung dieses Augenblicks nicht erfassen. Er begriff nicht, daß er in diesem Moment so oder so handeln mußte und daß es die schwerste Demütigung für eine Frau ist, verschmäht zu werden, wo sie sich selbst anbietet.

Lassalle beging den entscheidenden Fehler seines Lebens: Er schickte sie zu den Eltern zurück. Damit waren für sie die Grundlagen der Beziehung zerstört. Alle früheren Verabredungen galten für Helene nicht mehr, weder daß sie sich ihm unterordnete, noch daß sie »felsenfest bleiben« würde. Engels hat die Sache in seiner etwas derben Ausdrucksweise völlig richtig beschrieben: »Der L. (Lassalle) ist offenbar daran kaputtgegangen, daß er das Mensch nicht sofort in der Pension aufs Bett geworfen und gehörig hergenommen hat, sie wollte nicht seinen schönen Geist, sondern seinen jüdischen Riemen.« Mehr noch, sie wollte – was Lassalle entglitten war – die Initiative behalten. Und sie wollte ihm keinen Rückzugsweg offenlassen.

Nun half es nichts, daß Lassalle seinen Fehler einsah, sich einen Gimpel nannte, sich am Busen der Gräfin ausweinte.

Die Partie war verloren. Aber das Schlimmste: Selbst das begriff er nicht. Jetzt erst erwachte die glühende Leidenschaft in ihm, die ihn vollends ins Verderben stürzte. Wenn die Verbindung der beiden Worte »rasend« und »verliebt« jemals einen Sinn hatte, dann hier. Er ist ein rasender und ein verliebter Gimpel.

Der Strudel hatte ihn erfaßt. Seine verletzte Eitelkeit, seine falschen Ehrbegriffe und schließlich seine völlige Verkennung der Haltung des Fräuleins von Dönniges, die er ja auch erst einige Tage kannte, brachten ihn in eine immer ausweglosere Lage. Nichts, was nun passiert, ist des Menschen Lassalle, nicht zu reden von dem Arbeiterführer Lassalle, würdig.

Doch wie verhält sich die Gräfin, für die die neue Situation eine harte Probe ihrer Freundschaft wird? Am 4. August schreibt ihr Lassalle: »Ich kann nicht anders, obgleich ich seit vierundzwanzig Stunden dagegen ankämpfe, aber ich muß mich ausweinen an der Brust meines besten und einzigen Freundes ... Ich, der allgemeine Rater und Helfer, bin rat- und hilflos und brauche andere! Meine Dummheit richtet mich hin! Der Gewissensbiß frißt mich auf! ... Ach, Gräfin, warum sind Sie nicht hier.« Sophie mahnt zu etwas Ruhe und Vorsicht in der Sache, womit sie, wie man sehen wird, tausendmal recht hatte. Sie erklärt sich bereit, zu kommen, wann immer er es wünscht.

Die Gräfin, die das Leben kennt, erkennt auch sofort die entscheidende Frage: Wird Helene fest bleiben? Und sie schreibt: »Bleibt sie fest, ist nichts verloren. Bleibt sie es nicht, nun dann, liebes Kind, so begreife ich und teile ich Ihren Schmerz, der aber dann nur auch ein Schmerz der Täuschung ist, denn dann war sie Ihrer nicht würdig.«

Sophie von Hatzfeldt hat in ihrer Ehe andere seelische Mißhandlungen erlitten, als Lassalle für die bayerische Beamtentochter befürchtet, der im übrigen nichts geschieht. Lassalle aber verhält sich wie ein Irrer. Er fährt nach Karlsruhe und schickt die Gräfin zum Bischof von Mainz, Wilhelm Emanuel von Ketteler, um ihn zu bitten, sich für ihn einzusetzen und auf die Eltern von Helene einzuwirken. Dafür sei er bereit, zum katholischen Glauben überzutreten. Der Bischof zeigt zwar Verständnis, kann aber nichts tun, das Mädchen ist nicht einmal katholisch. Sie ist, was Lassalle nicht wußte, Protestantin.

Er fährt nun nach München, drängt den bayerischen Außenminister, seinen Beamten zu zwingen, ihm, Lassalle, die Tochter zur Frau zu geben, als ob das Liebesleben der kleinen Rothaarigen eine Staatsangelegenheit sei. Er wendet sich an Richard Wagner, daß dieser König Ludwig II. von Bayern in Hohenschwangau aufsuche und zugunsten des Arbeiterführers bei Seiner Majestät interveniere. Der König soll seinem Gesandten in der Schweiz befehlen, seine Tochter Lassalle zur Frau zu geben. Das Ganze bekommt einen grotesken Zug, wenn man sich nur die Beteiligten an der Aktion beim Bischof vorstellt: Der jüdische Sozialist Lassalle und seine nicht verehelichte Lebensgefährtin, die Gräfin Hatzfeldt, bitten den katholischen Bischof, sich bei den Eltern der evangelischen Beamtentochter für eine Mischehe einzusetzen – absurdes Theater.

Inzwischen war längst klar, daß Lassalle alle Hebel am falschen Ende angesetzt hatte. Helene hatte sich, enttäuscht durch sein Verhalten im Hotel, von ihm losgesagt, und es bedurfte dazu weder der Drohung noch der Freiheitsberaubung. Ihre verletzte Weiblichkeit war für sie Grund genug gewesen. Lassalle, der von seiner künftigen Frau die absolute Willenlosigkeit als einzige Tugend verlangte, war an dieser Willenlosigkeit gescheitert. Die Frau, die sein sollte wie »eine Flöte in der Hand des Künstlers«, spielte schließlich wie eine Flöte für jeden, der sie in die Hand nahm.

Die Gräfin, die zur Besonnenheit mahnte, gab zu bedenken: Helene »könnte sich bei ihrem schwachen Charakter doch später darüber unglücklich fühlen, ganz aus ihren Familienrelationen herausgerissen zu sein«. Sie sprach aus bitterer Erfahrung, wenn sie davor warnte, die Ehe nicht mit dem Abbruch der Familienbeziehungen zu belasten. Außerdem hatte sie sich bei ihren Verwandten umgehört und nach den Dönniges erkundigt, es waren nach ihrer Ansicht Parvenüs, Neureiche, Dienstadel ohne Hinterland, also kein wirklicher Adel. Die Mutter kam aus einer jüdischen Bankiersfamilie, und die Gräfin wußte, daß solche Leute die Äußerlichkeiten einer Ehe besonders sorgfältig bedachten.

Das Duell

Lassalle, der jede Niederlage mehr als den Tod haßte, konnte die Schmach nicht erdulden. Die Gräfin versuchte, den Freund aus dem von Helene abgebrochenen Verhältnis möglichst rasch zu lösen. Doch seine Eitelkeit und Liebesraserei waren in ein Verlangen nach Rache umgeschlagen. Er hatte Himmel und Hölle in Bewegung gesetzt, um sich dann von dem rothaarigen kleinen Biest einen Korb zu holen, er, Ferdinand Lassalle. Er hatte nicht nur das obskure Objekt der Begierde verloren, er hatte sich vor der Öffentlichkeit lächerlich gemacht, und er konnte sein Wirken als Arbeiterführer nicht fortsetzen, ohne befürchten zu müssen, daß man ihn früher oder später darauf ansprechen und mit Enthüllungen drohen würde.

Seine Freunde bemühten sich, ihn davon zu überzeugen, daß ein Mann, der den Staat aus den Angeln heben will, endlich aufhören muß, nach einem leichtfertigen Frauenzimmer zu jammern, daß er wieder zu sich selbst kommen muß. Er aber rannte wie ein Löwe im Käfig hin und her und rief nach Rache. Und die sah er nur im Duell. Die Gräfin war über den verhängnisvollen Verlauf der Affäre aufs höchste bestürzt und versuchte gemeinsam mit seinen Freunden, einen Aufschub zu erwirken. Doch Lassalle wollte nichts davon hören, er wollte sich schießen.

Die Gräfin hat sich in diesen Wochen nicht nur tadellos verhalten. Sie hat auch bewiesen, daß sie an menschlicher Reife dem immer unreif gebliebenen Lassalle weit überlegen war. Was sie tat, geschah mit Takt, ob es der Brief an Helene oder die Unterredung mit dem Bischof war. Sie hat sich bemüht, immer Lassalles Position als Parteiführer im Auge zu haben, dessen Privataffären dem Publikum nicht gleichgültig sein konnten. Die Unterstellung, Sophie von Hatzfeldt hätte aus Eifersucht gehandelt, wird dieser Frau nicht gerecht. Sie war von solch niedrigen Motiven himmelweit entfernt.

Das Duell wurde schließlich für den 28. August morgens festgelegt. Oberst Rüstow, der Sekundant von Lassalle, hat uns eine genaue Schilderung hinterlassen, die das Ende von Ferdinand Lassalle anschaulich beschreibt. Zunächst den Vorabend des Duells: »Im Salon der Frau Gräfin von Hatzfeldt fand ich Lassalle, der mich bald auf sein Zimmer führte. Er wollte mir mein Ehrenwort abnehmen, mit der Frau Gräfin nichts über die ganze Angelegenheit zu reden, was ich jedoch entschieden verweigerte ...

Nach sechseinhalb Uhr fuhren wir ... nach Carouge, einer Vorstadt von Genf, ab. Hier sollten sich die Parteien um siebeneinhalb Uhr treffen. Vor der Abfahrt hatte mir Lassalle sein Testament übergeben, das ich im Fall eines unglücklichen Ausgangs der Frau Gräfin von Hatzfeldt zur Beförderung an die Genfer Justiz übergeben sollte; wie auch geschehen ist. Vor sieben Uhr waren wir in Carouge ... Um siebeneinhalb Uhr kamen die andern ... Die Parteien wurden nun auf die Mensur gestellt ... Für jeden Schuß waren zwanzig Sekunden gegeben, welche von dem ladenden Sekundanten dadurch zu markieren waren, daß er bei Anfang 1, bei zehn Sekunden 2 und bei zwanzig Sekunden 3 kommandierte.

Ich gab das Kommando 1. Kaum fünf Sekunden nachher fiel der erste Schuß, und zwar von seiten des Herrn von Racowitza. Unmittelbar nachher, es verging nicht eine Sekunde, antwortete Lassalle.

Er schoß vorbei, er hatte den Tod schon im Leibe. Es war ein Wunder, daß er überhaupt noch hatte schießen können ...

Wir führten ihn nun sogleich auf eine Decke, wo man ihn niederlegte und den ersten Verband anlegte ...

Ich ließ den Kutscher die Wege einschlagen, wo es kein Pflaster gab ... Lassalle war unterwegs sehr still ...

Daß die Wunde gefährlich, wußte ich aus Erfahrung. Daß sie tödlich sei, erfuhr ich erst gegen Mittag ... von Dr. Seiler ...«

Es waren wichtige Teile des Unterleibs verletzt. Lassalle schleppte sich noch die Treppe hoch, um die Gräfin nicht zu erschrecken. Drei Tage rang er mit dem Tode. Am 31. August 1864 starb Ferdinand Lassalle.

Unter den deutschen Arbeitern, speziell unter den Mitgliedern des Allgemeinen Deutschen Arbeitervereins, löste sein Tod Trauer und Bestürzung aus. Märchen und Legenden bildeten sich um seinen Namen. Viel wurde über diesen für einen Arbeiterführer einmaligen und unpassenden Tod geschrieben. Weder seine Anhänger noch seine späteren Biographen vermochten sich damit abzufinden, daß sein politisches und wissenschaftliches Leben in einer solchen Liebesaffäre untergehen sollte, daß der Führer einer folgenreichen Bewegung völlig vergessen konnte, wofür er seit 1848 und besonders in den letzten beiden Jahren sein Wissen, seine Fähigkeiten und seine Kräfte eingesetzt hatte, daß eine historische Gestalt endete wie die Figur eines schlechten Romans.

Sophie von Hatzfeldt, die ihn am besten kannte, schrieb nach seinem Tod: »Nicht eine Anwandlung von Schwäche hat Lassalles Untergang herbeigeführt – wäre er schwach gewesen, er lebte heute wie ein gewöhnlicher Mensch, nein, gerade die Kraft, die Unbeugsamkeit seiner ganzen Naturanlage war es, was in diesem Fall gegen ihn ausschlug, gegen ihn ausschlagen mußte. Er ging in Wahrheit an seiner eigenen Kraft zu Grunde ... Mich hat die Kugel ebenso getroffen und mir das Herz abgerissen. Ich fühle mich gebrochen, unfähig. Ich hätte können, wenn ich ihn glücklich wußte, ohne das beständige Zusammensein existieren – obgleich schwer, so sehr waren wir verwachsen, aber diesen Verlust so früh und auf solche Weise ...«

Marx und Engels waren erschüttert vom Tode Lassalles. Seiner Frau Jenny, die sich in Brighton zur Kur aufhielt, teilte Marx schon am 2. September mit, daß Lassalle lebensgefährlich bei einem Duell in Genf verwundet wurde. »Die Nachricht hat uns doch bestürzt, da L. (Lassalle) immer zu gut ist, um in dieser Weise unterzugehn.« An Engels schrieb er am 7. September: »Das Unglück des L. (Lassalle) ist mir dieser Tage verdammt durch den Kopf gegangen. Er war doch noch immer einer von der vieille souche (vom alten Stamm) und der Feind unsrer Feinde. Dabei kam die Sache so überraschend, daß es schwierig ist zu glauben, daß ein so geräuschvoller, stirring, pushing (rühriger, vorwärtsdrängender) Mann nun maustot ist... With all that (bei alledem) tut's mir leid, daß in den letzten Jahren das Verhältnis getrübt war, allerdings durch seine Schuld. Andrerseits ist's mir sehr lieb, daß ich den Anreizungen von verschiedenen Seiten widerstand und ihn nie während seines ›Jubeljahrs‹ angegriffen habe.« Und Engels schrieb an Marx: »Du kannst Dir denken, wie mich die Nachricht überraschte. Lassalle mag sonst gewesen sein, persönlich, literarisch, wissenschaftlich, wer er war, aber politisch war er sicher einer der bedeutendsten Kerle in Deutschland. Er war für uns gegenwärtig ein sehr unsicherer Freund, zukünftig ein ziemlich sicherer Feind, aber einerlei, es trifft einen doch hart, wenn man sieht, wie Deutschland alle einigermaßen tüchtigen Leute der extremen Partei kaputtmacht. Welcher Jubel wird unter den Fabrikanten und unter den Fortschrittsschweinhunden herrschen, L. (Lassalle) war doch der einzige Kerl in Deutschland selbst, vor dem sie Angst hatten.«

In Marx' Brief an die Gräfin Sophie von Hatzfeldt spürt man, wie nahe ihm der Tod des Freundes, mit dem er gewiß viel gestritten hat, gegangen ist. Er schreibt: »Meine liebe Frau Gräfin! Sie begreifen, wie mich die ganz unvorbereitete Nachricht von Lassalles Tod überrascht, bestürzt und erschüttert hat. Er war einer der Menschen, auf die ich viel hielt. Es ist mir um so fataler, daß wir in der letzten Zeit nicht mehr in Zusammenhang. Der Grund war weder allein *sein Schweigen* – denn *er* begann damit, nicht ich – noch eine mehr als jährige Krankheit, von der ich erst seit ein paar Tagen frei. Es kommen Gründe hinzu, die ich Ihnen mündlich mitteilen könnte, nicht schriftlich. Seien Sie überzeugt, daß niemand tiefern Schmerz über Lassalles Weggerafftsein empfinden kann. Und vor allem fühle ich für Sie. Ich weiß, was Ihnen der Verewigte war, was sein Verlust für Sie ist. Freuen Sie sich über eines. Er ist jung gestorben, im Triumph, als Achilles.

Ich hoffe, meine liebe Frau Gräfin, daß Sie mit Ihrem hohen und tapfern Geist diesen Schicksalsschlag ertragen und stets überzeugt sind von der vollkommenen treuen Ergebenheit Ihres aufrichtigen Freundes Karl Marx.«

Das alles kann aber nicht darüber hinwegtäuschen, daß es schwer ist, Verständnis für die Art des Todes von Lassalle aufzubringen. Engels schreibt: »Aber was ist das für eine sonderbare Art, ums Leben zu kommen ... Das konnte nur dem L. (Lassalle) passieren bei dem sonderbaren Gemisch von Frivolität und Sentimentalität, Judentum und Chevaleresktuerei, das ihm ganz allein eigen war. Wie kann ein politischer Mann wie er sich mit einem walachischen Abenteurer schießen!«

Diese Frage von Engels wird immer im Raum stehenbleiben. Sicher starb Lassalle an der Kugel des Nebenbuhlers, der auf die Körperteile gezielt hatte, mit deren Verletzung er den Mann treffen wollte. Aber er starb auch, weil seine hochfliegenden Pläne sich nicht erfüllten und er keinen Weg sah, im Rahmen seines selbst vorgegebenen Zeitplans die Bewegung voranzubringen. Dennoch war er längst nicht am Ende. Er starb mit neununddreißig Jahren, in der Blüte seines Lebens. Die letzten beiden Jahre haben ihm einen Platz in den Geschichtsbüchern gesichert. Lassalle hatte sich im Sommer 1864 weit von seiner politischen Verantwortung als Führer des Allgemeinen Deutschen Arbeitervereins entfernt. Er benahm sich mehr wie ein beleidigter preußischer Leutnant als wie ein Arbeiter, ein Wissenschaftler, geschweige denn ein politischer

Kopf. Als er aber auf der Bahre lag und seine Anhänger sich zu Trauerfeiern versammelten und schworen, sein Werk fortzusetzen, da war er wieder der Vorkämpfer der Arbeiteremanzipation geworden. Der Tod hat Lassalle der Arbeiterbewegung zurückgegeben.

Viele Menschen trauerten um Lassalle, doch nur einer trug alles Leid: Sophie von Hatzfeldt, die den jungen Freund, der ihr im Leben zu entgleiten drohte, im Tode zurückgewann. Sie ist von einem Tag auf den andern zum einsamsten Menschen der Welt geworden. An ihre Freundin Mathilde Anneke schreibt sie: »Ich dürste wie das Wild in der Wüste nach Freundschaft und Mitgefühl und verschmachte dann abermals, wenn mir nur Steine gereicht.« Und sie bittet die Freundin, »einen ganz darnieder geworfenen Menschen für einige Zeit wieder aufzurichten«.

Es waren nicht nur die langjährigen Beziehungen, die Sophie von Hatzfeldt mit Lassalle verbunden hatten. Die Gräfin war besonders in den letzten Jahren in seinem Schicksal aufgegangen, hatte Freud und Leid, aber auch Hoffnungen, Erwartungen und Spannungen mit ihm geteilt. Es waren die gemeinsamen Ziele und die gemeinsamen Träume, die sie zusammenwachsen ließen. Der Allgemeine Deutsche Arbeiterverein, der sich für die Gräfin als ganz persönliche Schöpfung Lassalles darstellte, wurde das einigende Band ihrer bewegten Vergangenheit und ihrer phantasievollen Zukunft.

Es war nicht der Salon Lassalles, in dem er ihr eine illustre Gesellschaft versprochen hatte, und schon gar nicht sein Schlafzimmer – sein Arbeitszimmer war es, das Sophie von Hatzfeldt anzog, in dem sie die Bibliothek ordnete, wenn er nicht da war, in dem sie als große Anregerin, als Nymphe Egeria, in seinen Gedanken und Plänen mitlebte. Durch die gemeinsamen Erlebnisse in der Arbeiteragitation waren sie zusammengewachsen. Die Gräfin war in der Berliner Agitation tätig. Als Lassalle verhaftet wurde, übernahm sie wieder die Rolle, die sie 1849 in Düsseldorf vor dem Assisengericht gespielt hatte: Sie wirkte mit Kühnheit und Geschick für seine Freilassung.

Sophie sah in Lassalle den Mann, der Arbeiterbataillone aus dem Boden gestampft hatte. Und immer hatte sie Angst um ihn. ». . . die vollständige Überzeugung (ist) in jedem vorhanden«, schrieb sie ihm, »daß mit Ihnen alles steht und fällt. Völlige Ratlosigkeit würde eintreten . . .« Tatsächlich ließ Lassalle bei seinem Tod, der mit seiner politischen Arbeit in keinem Zusammenhang stand, die Organisation in Verwirrung zurück.

Ein Heiligenschein für den Freund

Der plötzliche Tod Ferdinand Lassalles traf die Gräfin Hatzfeldt schlimmer als irgendein Ereignis in ihrem an Schicksalsschlägen gewiß nicht armen Leben. Stets hatte sie davon gesprochen, daß der Freund es sein werde, der einmal ihre Augen für immer schließt, der in ihrer letzten Stunde bei ihr ist. Und der Altersunterschied machte eine umgekehrte Rollenverteilung auch ziemlich unwahrscheinlich.

Ihrer Freundin Emma Herwegh beschreibt sie ihre Empfindungen so: »Was soll ich sagen, ich kann nichts mehr, ich bin nichts mehr, ich bin todt, das heißt, ich sterbe in jedem Augenblick ... Wohl hatte ich Recht, als ich am Tag vor dem schrecklichen Tag zu Becker sagte: nun wird mein wie sein Todesurteil entschieden. Dieselbe Kugel hat mich viel schlimmer, qualvoller getroffen. Und doch wußte ich selbst in dem Augenblicke nicht, wie tödtlich sie mich treffen würde. Ich war betrübt, der Gedanke seines Todes war mir doch ein nicht zu fassender, wie ich ihn jetzt noch nicht einmal fasse. Ein so herzzerreißendes Unglück erscheint, als könnte, dürfte es nicht wahr sein, und daß die ungeheure Kraft des Willens von meiner und seiner Seite, die unendliche Sehnsucht, Alles möglich zu machen, ihn wiederbringen müßte.

Ich mache mir die heftigsten Vorwürfe, grüble und sinne immerwährend, wie er hätte gerettet werden müssen, wie ich, der er stets helfen konnte, nichts gewußt, nichts gekannt habe, mit Blindheit und Unthätigkeit geschlagen war. Und jetzt kann ich auch nichts, nichts, nicht sein Andenken schützen und ehren, wie er es verdient, und nicht ihn rächen.«

Sophie hat nur noch einen Gedanken, Rache zu nehmen an dem, den sie seinen Mörder nennt, und an dem elenden Weib, das ihn in den Tod trieb. »Wenn ich noch einen Augenblick der Freude in diesem Leben haben könnte, so wäre er, wenn ich sie beide auf dem Schafott sehen könnte«, schrieb sie ihrem alten Freund Johann Philipp Becker, dem Oberst aus dem badischen Revolutionsheer. Doch der Todesschütze war zunächst einmal nach Rumänien verschwunden, um Gras über die Sache wachsen zu lassen.

In Deutschland aber schlug die Nachricht vom Tode Lassalles wie ein Blitz ein. Seine Anhänger waren wie gelähmt, seine Feinde verbreiteten eine Flut von Entstellungen und Verleumdungen. Doch schon die einfache Wahrheit konnte für den Ruf Lassalles und für den Allgemeinen Deutschen Arbeiterverein verheerend werden. Sophie von Hatzfeldt blieb keine Zeit für ihre Trauer, sollte das Werk des Freundes nicht binnen kurzem verloren und vergessen sein. Die Heimkehr Lassalles nach Deutschland mußte vorbereitet werden. Sie betrachtete es als ihren letzten großen Freundesdienst, ihm einen Triumphzug zu bereiten, durch die Städte am Rhein, wo seine Anhänger lebten, nach Berlin, wo er mit allem Aufwand beigesetzt werden sollte wie ein König. Sie beauftragte die örtlichen Vertreter des Allgemeinen Deutschen Arbeitervereins mit der Vorbereitung der Totenfeiern, die Anfang September stattfinden sollten.

Wieder in einem Brief an Emma Herwegh schildert die Gräfin die erste Etappe des Trauerzuges: »Meine traurige Reise hat ihren Zweck vollständig erreicht; in Frankfurt – vorzüglich in Mainz, so großartig, wie es keinem König erwiesen wird. Die ganze Stadt und Umgebung wogte um seinen Sarg, der, offen gefahren, unter Blumen und Lorbeerkränzen kaum gesehen, von Trauerfahnen, zwei Musikchören, Leuten mit umgestürzten Fackeln umgeben und von unabsehbarem Zug gefolgt, den langen Weg durch die Stadt nach dem Dampfschiff zog. Bis auf die Dächer waren Menschen, alle Klassen waren betheiligt.

Es wunderte mich nur, daß die Polizei nicht eingeschritten; es war ihnen wahrscheinlich zu großartig.

An seinem Sarg wurden Reden gehalten. Die Redner konnten vor Thränen kaum sprechen, die harten Arbeiter schluchzten wie die Kinder. Ich habe, so viel als möglich, den wahren Sachverhalt verbreitet. Die Erbitterung gegen die Mörder ist grenzenlos. Dann wurde der Sarg von Arbeitern auf's Dampfschiff getragen, wo eine Ehrenwache bei ihm die Nacht verblieb. Es geht das Gerücht, daß ich genöthigt werden solle, die Leiche direkt nach Berlin zu befördern wegen der Großartigkeit der Vorbereitungen und der Erbitterung in Düsseldorf. Wie ich das Alles aushalte – die schmerzliche Freude wie den bittern Schmerz – ich weiß es nicht; es scheint, ich soll mein letztes Tagewerk noch fertig bringen können. Ich fürchte mich entsetzlich vor der definitiven Trennung von dem Sarg und vor eintretender Ruhe.«

Die Ruhe sollte schneller eintreten, als die Gräfin befürchtete. Der Verleger Reinhold Schlingmann aus Düsseldorf schrieb an Frau Herwegh: »Die Gräfin trifft heute Abend ein – sie wird außer sich sein, die Leiche nicht zu finden, welche unnatürliche Verwandte ihr durch die Polizei haben wegnehmen lassen. Es ist bitter, zu sagen, daß die Mutter den Leichnam dessen der Polizei übergibt, welcher sein Lebelang mit derselben im Kampfe lebte.«

Tatsächlich mußte die Gräfin, als sie am Abend mit eintausendfünfhundert Lassalleanern am Köln-Mindener Bahnhof in Düsseldorf ankam, erleben, daß der Sarg auf Anweisung der Mutter beschlagnahmt war, um nach Breslau übergeführt zu werden, wo der Tote in aller Stille beigesetzt wurde.

Ein ehemaliges Mitglied des Bundes der Kommunisten, Peter Nothjung, berichtete am 15. September 1864: »Heute nachmittag um 3.00 Uhr ist Ferdinand Lassalle auf dem jüdischen Friedhof hierselbst unter die Erde gescharrt worden . . . Zu erwähnen ist, daß ein Polizeiinspektor bei dem Grabe aufgestellt war, sowie Gendarmen auf dem Wege. die Prozedur wurde so hastig und auffallend eilig betrieben, daß sie ... nur als Einscharrung bezeichnet werden kann.«

Der bekannte Wissenschaftler August Boeckh verfaßte die Inschrift für die schlichte Ruhestätte: »Hier ruhet, was sterblich ist, von Ferdinand Lassalle, dem Denker und Kämpfer.«

Noch lange sang man in Arbeitervereinen das Lied:

»In Breslau ein Friedhof,
Ein Toter im Grab,
Dort schlummert der Eine,
Der Schwerter uns gab.«

Die Gräfin, die bis zuletzt mit der Polizei gestritten und um die Leiche gekämpft hatte, brach nun körperlich zusammen. Schwere Krämpfe hinderten sie daran, weiterzufahren, und warfen sie auf das Krankenlager. Die Mutter Lassalles war offenbar nur ein Werkzeug der Kräfte, die sich darum bemühten, daß Lassalle und seine Ideen bei den Arbeitern in Vergessenheit gerieten. Doch gerade das wollte und konnte seine einzige Freundin Sophie von Hatzfeldt nicht zulassen. Wer, wenn nicht sie, sollte sein Andenken wahren, sein Werk erhalten, seinen durch das Duell getrübten Namen blank polieren und ihn glänzend erheben, wie er in ihrer Erinnerung lebte.

Die Gräfin war in diesem Herbst 1864 eine einsame, kranke und seelisch gebrochene Frau. Sie war fast sechzig Jahre alt, immer noch vermögend. Sie hätte alle Möglichkeiten gehabt, ein sorgloses, ruhiges Leben zu führen, nach dem sie sich seit Jahren sehnte. Sie hätte sich mit Freunden umgeben können, einen literarischen Salon führen oder auf Reisen gehen. Doch wer das erwartete, kannte Sophie von Hatzfeldt nicht, nicht ihre Treue zu Lassalle über den Tod hinaus, nicht ihr preußisches Pflichtgefühl, nicht ihre Kämpfernatur, die sich jetzt in der Verantwortung sah. Das alles bestimmte sie viel mehr als der ihr von Gegnern und Neidern oft nachgesagte Ehrgeiz. Sie entschied sich, den Kampf aufzunehmen und an die Stelle des toten Freundes zu treten.

Wenn August Bebel fast vierzig Jahre später davon sprach, daß die einzigen Männer in der deutschen Sozialdemokratie zwei Frauen seien, Clara Zetkin und Rosa Luxemburg, so war in diesem Moment der einzige Mann im Allgemeinen Deutschen Arbeiterverein ebenfalls eine Frau: Sophie von Hatzfeldt. Auf den Vorwurf, sich in die Angelegenheiten des Vereins einzumischen, erwidert sie: »Ich sehe es allerdings als das Vermächtnis meines zu früh abberufenen großen Freundes und als meinen Lebenszweck an, sein Werk, soweit meine geringe Kraft reicht, mit erhalten und fördern zu helfen, aber mich tatsächlich selbst handelnd hineindrängen zu wollen, ist mir nie eingefallen. Wenn ich das gewollt, so wäre es mir ja sehr leicht bei Lassalles Lebzeiten gewesen, der während meiner achtzehnjährigen unwandelbaren Freundschaft, gegründet auf völlige Übereinstimmung des Denkens und Handelns, nie ein Geheimnis vor mir hatte, nie einen Gedanken gehabt hat, den er nicht mit mir besprochen hätte . . .«

Mit den Totenfeiern, die nach dem Raub des Sarges in Düsseldorf in zahlreichen Orten fortgesetzt wurden, hatte eine Bewegung begonnen, die die Person Lassalles mit einem Heiligenschein umgab und die fortwirken sollte. Ferdinand Lassalle, der im Sommer 1864, in den letzten Wochen vor seinem Tod, die Mission, die zu erfüllen er angetreten war, als gescheitert betrachtete und nichts mehr wünschte, als sich aus der Politik und dem Allgemeinen Deutschen Arbeiterverein zurückzuziehen, wurde nun zur Symbolfigur des Kampfes, zur Fahne, die die Arbeiter ihren Zügen vorantrugen. Hatte der lebende Lassalle, dem die Ereignisse zu langsam gingen, sich innerlich bereits von der Arbeiterbewegung gelöst, hatten ihn die Liebesabenteuer in der Schweiz von den Arbeitern entfernt und er selbst sich ihnen immer mehr entfremdet, gehörte er, wie Eduard Bernstein schrieb, in den letzten Wochen seines Lebens »dem Verein innerlich schon nicht mehr an«, so war der tote

Lassalle-Gedenkstätte, Schloß Kalkum

Lassalle den Arbeitern, dem Verein zurückgegeben. Sein Bild erstrahlte nach dem Tode heller als zu Lebzeiten. Vielen Anhängern war sein Tod unfaßbar. Nicht nur, daß sie nicht bereit waren zu glauben, ihr Führer sei wegen einer Liebesaffäre im Duell gefallen und nicht von seinen politischen Gegnern ermordet worden, viele glaubten nicht einmal an seinen Tod und erwarteten seine Rückkehr.

Eine religiöse Verehrung breitete sich aus, eine Lassalledichtung bis zum Glaubensbekenntnis umgab sein Bild. Alles das wurde später der Gräfin Hatzfeldt angelastet, doch wenn sie auch nicht müde wurde, das Bild und das Leben Lassalles zu beschwören und zu erheben, so hätte sie damit wohl kaum Erfolg haben können, wenn die Anhänger Lassalles nicht von sich aus bereit gewesen wären, diesen Kult mitzumachen. Kein Kult, keine über Jahrzehnte andauernde Verehrung für eine Person entsteht, ohne daß der Boden dafür bereitet ist, ohne daß die Menschen es selbst wollen.

Sophie von Hatzfeldt wollte im Herbst 1864 zunächst nichts anderes als in einer Broschüre die letzten Lebenstage von Lassalle schildern und das durch das Duell beschädigte Bild des Feundes im alten Glanz wiederherstellen. Sie hatte eine feststehende Sicht auf die Ereignisse, die sie zur allgemeinen Ansicht zu machen wünschte. »Es war eine Verirrung«, schrieb sie an Johann Philipp Becker, »aber gerade diejenige, die er mit vielen großen Männern der Geschichte gemein hat, das Urteil der Geschichte über sie nicht getrübt hat. Aber wir haben es in dieser Schrift weniger mit dem großen Mann und seinen öffentlichen Werken zu tun, als mit dem Menschen Lassalle, den so wenige gekannt haben; zu zeigen, wie er in der Verirrung noch so groß und gut war, welche Treue seinem Wort, welche Aufopferungsfähigkeit, welche Energie, die nur das richtige Ziel verfehlte, er gezeigt; wie er selbst edel war, an solche Nichtsnutzigkeit nicht glauben konnte. Wir haben seine menschliche Schwäche und seine Leidenschaft menschlich zu entschuldigen, durch die Provokation, die er erduldet . . .«

Das war die Lesart, die Sophie von Hatzfeldt seinem unwürdigen Tod zu geben wünschte. Das sollte seinen Anhängern mitgeteilt und den künftigen Historikern hinterlassen werden. Die Gräfin suchte nach einem geeigneten Mann, der diese Broschüre schreiben konnte. Dabei wandte sie sich auch an Marx in London, der ihr in herzlichen Worten kondoliert hatte. Aber der lehnte ab. Er wollte sich, wie er später sagte, an dem entstehenden Kult um Lassalle nicht beteiligen. Der Gräfin aber schrieb er am 16. Oktober einen persönlichen Brief: »Meine liebe Frau Gräfin! ... Ich versichere Sie, daß ich mich immer noch nicht dazu entschließen kann, Lassalles Tod als ein fait accompli (vollendete Tatsache) zu betrachten! So voll Leben, Geist, Tatkraft, Vorsätzen, so ganz und gar jugendlich, wie er mir vorschwebt, und nun plötzlich totenstill und atemlos – es fehlen mir die Verbindungsglieder, die Übergänge, und die Tatsache lastet auf mir wie ein wüster und unholder Traum. Sie haben ganz recht, wenn Sie unterstellen, daß niemand mehr als ich das Große und Bedeutende in Lassalle anerkennen konnte ... Ich habe ihm, solange wir in Korrespondenz standen, auf der einen Seite stets meine wärmste Anerkennung über seine Leistungen ausgesprochen, auf der andern stets rückhaltlos meine kritischen Bedenken über dies oder jenes mir mangelhaft Scheinende mitgeteilt.

Noch in einem seiner letzten Briefe an mich spricht er sich über die Befriedigung, die ihm dies gewährt, in seiner eigentümlich gewaltsamen Weise aus. Aber von aller Leistungsfähigkeit abgesehen, liebte ich ihn *persönlich*. Das Schlimme ist, daß wir es uns wechselseitig immer verhehlten, als sollten wir ewig leben ...«

Marx fand, daß niemand besser als die Gräfin die Geschichte von Lassalles Tod hätte schreiben können. Sie kannte ihn von allen Menschen am besten, sie stand ihm immer am nächsten. Doch sie selbst fühlte sich dazu nicht in der Lage. Es war schwer genug für sie, sich mit seinem Nachlaß zu beschäftigen. An die Freundin Emma Herwegh schrieb sie Anfang Oktober: »Nun denken Sie sich bei diesem Zustand die Arbeit – seine Briefe und Papiere durchlesen, ordnen, besprechen zum Zweck der Publikation; wie ich mich da zusammennehmen muß vor Anderen, und dann diese Schwierigkeiten, nüchterne Ausbesserungen, Verständigkeits- und Moralitätsrücksichten. Von anderer Seite das stürmischste Verlangen von allen Seiten seiner Anhänger, daß es die wärmste Partei- und Vertheidigungsschrift, eine Apotheose und ein Racheschrei für ihn sein müsse; es ist ja nur zu sehr mein sehnlichster Wunsch und meine Überzeugung, aber ich erbärmliche Person kann ja wieder nichts selbständig machen. Wenn Leute zu mir kommen, kann ich nicht erwarten, daß sie gehen; wenn ich allein bin, verzweifle ich . . . Zeitungen darf man mir gar nicht zeigen, nur die Artikel über ihn mir geben.«

In ihrer Berliner Wohnung im Hotel »Windsor« scharte sie einen Kreis von Männern um sich, die damit beschäftigt waren, die Briefe und Dokumente Lassalles zu kopieren. Sophie von Hatzfeldt brauchte Hilfe, sie sah sich nach Helfern um, wo es ging, die die Broschüre über die letzten Lebenstage Lassalles schreiben könnten und wollten. Sie sollten die Wahrheit verbreiten, ihre Wahrheit. Doch ebensowenig wie mit Marx, der Zeitmangel vorschob, kam sie mit den anderen Autoren zurecht, darunter Lothar Bucher, einem ehemaligen Steuerverweigerer von 1848 und späteren Mitarbeiter und Vertrauten Bismarcks, Wilhelm Liebknecht, der in der ersten Zeit nach Lassalles Tod freundschaftlich mit der Gräfin verbunden war, der alte Freund Johann Philipp Becker, der schon etwas verkalkte Moses Hess, der in Paris lebte, und der nominelle Nachfolger Lassalles, Bernhard Becker. Jeder hatte eine andere Vorstellung von der Broschüre, von dem, was mit Rücksicht auf lebende Personen, im Hinblick auf die Wirkung unter den Anhängern gestrichen oder unterstrichen werden sollte. Hier wird die Schwierigkeit sichtbar, unter der später viele Biographen litten, nämlich eine Synthese zwischen der Wahrheit und der erwünschten Wirkung beim Beschreiben eines Lebens zu finden. Wie sollte man den Arbeitern solche Sätze ihres Führers erklären: »Politik, Wissenschaft, alles, was sonst mich erfüllte, alles ist mir zu einem farblosen Schatten verblaßt vor dem einen Gedanken: Helene.« Oder: »Denn verflucht sei jeder Gedanke, der nicht Helene heißt.«

Wie sollten die letzten Lebenstage Lassalles anhand seiner Briefe und Notizen rekonstruiert werden, wenn jedes Wort zum Verräter an seinen Handlungen wurde und wenn die Fakten im ungleichen Kampf mit den Wünschen der Gräfin und den ganz unterschiedlichen Absichten der Autoren auf der Strecke blieben? Immer mehr verzögerte sich das Erscheinen infolge vieler Änderungen, die wieder und wieder umgestoßen wurden. Der Verleger und Freund Lassalles Schlingmann drängte auf eine Beschleunigung der Herausgabe, doch die wechselnden Autoren kamen zu keinem Ende. Und jeder begründete seine Änderungen damit, daß, blieben sie unbeachtet, das Ansehen Lassalles schwer geschädigt würde. Wer hatte recht, wem sollte die Gräfin trauen? Von allen Seiten wurde die in dieser Zeit oft kranke Frau gehetzt und getrieben. Schließlich sah sie nur einen Ausweg im Zurückziehen der ganzen Broschüre. Angesichts der einander widersprechenden Ratgeber brach sie den für sie kostspieligen – sie mußte sechshundert Taler an den Verleger zahlen – und enttäuschenden Versuch ab, Lassalle auf diese Weise ein Denkmal zu setzen. Außerdem kamen andere Aufgaben auf sie zu. Es ging um den Allgemeinen Deutschen Arbeiterverein.

»Ich bin todmüde«, hatte Lassalle kurz vor seiner Genfer Affäre geschrieben, »und so stark meine Organisation ist, so wankt sie bis in ihr Mark hinein.« Die Zahl der Lassalleaner war nicht sehr groß, und die Organisation bröckelte. Der erste Versuch, eine sozialistische Arbeiterpartei in Deutschland zu schaffen, die im Interesse der Arbeiter in die Geschichte eingreifen könnte, drohte zu scheitern und mit dem Gründer unterzugehen. Noch lebte der Glaube an Lassalle, die Erinnerung an seine die Massen fesselnden Reden, das Ronsdorfer Stiftungsfest von 1864, auf dem er, umbraust vom Jubel der Arbeitermassen, für die Sache des Volkes eingetreten war. Noch leuchtete sein Name, besaß er für seine Anhänger den alten Glanz. Lassalle war die Seele des Vereins gewesen, sein Schöpfer und Führer. Wenn etwas seine Anhänger zusammenhielt, so war es sein Name, sein Geist. Wie alle Großen in der Geschichte oder doch die meisten, hatte er keinen Ebenbürtigen an seiner Seite geduldet. Nun gab es eigentlich keinen Nachfolger. Die Organisation des Allgemeinen Deutschen Arbeitervereins war auf die Führung durch *einen* Mann aufgebaut. Aber dieser Mann war nicht in Sicht.

Das hatte Lassalle selbst am besten gewußt. Dennoch faßte er am Vorabend des Duells ein Testament ab, das den jungen Schriftsteller Bernhard Becker aus Frankfurt zu seinem Nachfolger bestimmte. »Dem Allgemeinen Deutschen Arbeitverein empfehle ich, zu meinem Nachfolger den Frankfurter Bevollmächtigten Bernhard Becker zu wählen. Er soll an der Organisation festhalten! Sie wird den Arbeiterstand zum Sieg führen.«

Lassalle hatte Becker nur ein paarmal gesehen und konnte kein gültiges Urteil über ihn haben. Becker war sehr eifrig, und seine Gemeinde in Frankfurt war in Ordnung. Das war alles. Andere in Frage kommende Nachfolger waren entweder zu alt, zu weit weg im Ausland oder unfähig. Lassalle selbst klagte, daß es ein Unglück sei, daß so gar keine Kapazitäten vorhanden wären und alles auf ihm lastete. Deshalb schien ihm Bernhard Becker noch die beste Lösung.

Nach diesem Testament gab es für die Gräfin Hatzfeldt nichts anderes, als mit aller Leidenschaft und Hingabe den Willen von Lassalle zu befolgen und den Allgemeinen Deutschen Arbeiterverein in seinem Sinne zu erhalten. In einem Brief vom 18. Oktober 1864 schrieb sie: »Es ist demnach ganz unnötig, darauf hinzudeuten, daß selbst ein bloßer Wunsch Lassalles gerade jetzt für den Verein Gesetz sein sollte aus zwei Gründen, aus Dankbarkeit und Verehrung gegen ihn.

Und weil man ihm wohl die höhere Einsicht zutrauen könnte. Außerdem könnte man es auch für die geschicktere Taktik halten, nicht den anderen Parteien zu zeigen, daß das Andenken Lassalles so schnell verwischt ist, so daß sie immer mehr der Hoffnung sich hingeben können, daß es mit seinen Lehren bald ebenso gehe.«

Obwohl die Gräfin sich durchaus der Schwächen Beckers bewußt war, der nicht reden konnte, die Massen nicht mitriß wie Lassalle und kaum Chancen hatte, das Vertrauen und die Autorität zu gewinnen wie der Begründer des Allgemeinen Deutschen Arbeitervereins, unterstützte sie doch seine Wahl, weil sie den Willen des Freundes um jeden Preis respektiert sehen wollte. Sie nutzte ihren großen moralischen Einfluß im ADAV, den sie als langjährige Freundin Lassalles besaß, um Becker gegen alle Intrigen und anderen Vorschläge bei der Wahl durchzusetzen. Daran knüpfte sie die Bedingung, daß er um kein Jota von der Organisation und der Politik Lassalles abwich und den Verein nur in dessen Sinne weiterführte.

Dieses unbedingte Festhalten an der Politik und am Organisationsstil Lassalles, das immer – und wohl zu Recht – mit dem Namen der Gräfin Hatzfeldt in Verbindung gebracht wird, förderte natürlich einen Lassallekult, über den sich Marx schon im Februar 1865 in einem Brief an seinen Arzt und Freund Ludwig Kugelmann lustig machte. Aber diese Lassalleverehrung, von der Gräfin Hatzfeldt genährt und gefördert, lebte von der Verehrung und der Trauer seiner Anhänger, die Lassalle noch immer als Opfer einer abgefeimten Intrige ansahen. Viele glaubten nicht nur, daß er für sie gestorben war, sondern es gab am Rhein manche Arbeiter, die es sich nicht ausreden ließen, daß er lebte, sich nur auf einige Zeit zurückgezogen habe, um in neuer Glorie wiederzukommen, nach Art von Jesus, dem Menschensohn, um am Jüngsten Tag die Lebendigen und die Toten zu richten.

In einigen Gemeinden wurde Trauer, in Barmen für sechs Wochen, angeordnet. Alle Mitglieder trugen während dieser

Zeit schwarze Schleifen an der linken Brustseite. Das Bild Lassalles wurde mit Trauerflor und Immergrün umgeben, und bei Versammlungen brannten Kerzen. Georg Herwegh dichtete:

»An seinem Grabe werden Massen klagen.
Weh unserer Zeit, wenn sie sich's nicht bewußt,
Daß Nichts ihr tiefre Wunden konnte schlagen,
Als dieses einz'gen Heldenarms Verlust!
Das kommende Jahrhundert wird's bedauern,
Daß er so früh ins Nichtssein hingesunken.
Die Nachwelt wird als Vater ihn betrauern,
Zu Flammen fachen seines Geistes Funken.«

Nach der Melodie »Es zogen drei Burschen wohl über den Rhein« sangen die Arbeiter:

»Ganz Deutschland ein Bollwerk mit Mauer und Wall,
Umleuchtet vom Sterne der Arbeit ›Lassalle‹!
Die Schwerter so schneidig, der Stern so klar!
Das sind seine Schriften, sein Bild fürwahr.
Mehr soll'n sie uns gelten als Edelgestein,
Sie sollen die Arbeiter-Bibel ja sein!«

Daß die Verehrung religiösen Charakter annahm, hatte sicher nicht die Gräfin inspiriert, die alles andere als bigott war. Es entsprach dem Empfinden und dem naiven Glauben vieler seiner Anhänger.

Auch in der Zeitschrift »Social-Demokrat«, dem ersten und eigentlichen Organ des ADAV, klingen solche Töne an: »Wir wollen beweisen, daß Ferdinand Lassalle nicht umsonst für uns gelebt, gelehrt, gekämpft und gelitten hat, daß wir fähig waren, seine Lehren zu begreifen ... Den großen geliebten Führer hat man uns körperlich getötet, aber solche Männer sterben nicht, sie gehen in Wahrheit ein in das ewige Leben, sein Geist lebt und waltet unter uns wie früher, er ist lebendig in den Herzen der Arbeiter, die feurige Begeisterung und

Liebe für diesen erhabenen Freund und Führer des Volkes werden sie als Erbteil ihren Kindern hinterlassen.«

Bei aller Ablehnung des bis ins Lächerliche getriebenen Kultes um Lassalle, die denen kaum zusteht, die in unserem aufgeklärten Jahrhundert nicht weniger Kult um weniger würdige Führer trieben, sollten wir die Zeit und den Bildungsstand ihrer Menschen nicht aus den Augen verlieren. Die Arbeiter in der Mitte des vorigen Jahrhunderts mit einer Sechzigstunden-Arbeitswoche und einer miserablen Schulbildung konnten den Weg zur Verbesserung ihrer Lage nicht aus dem Studium des »Kapitals« ablesen, sie wurden nicht durch die fundamentale Erkenntnis des Mehrwerts zur Aktion geführt, nicht durch das Wissen vom Doppelcharakter der Ware und der Arbeit, sondern durch den Glauben an einen Menschen, dem sie vertrauten. Und das war Ferdinand Lassalle, sein Name war der Zauber, der den Verein zusammenhielt. Während Marx in London Stein für Stein in das mächtige Gebäude seiner Wissenschaft fügte und immer tiefer in die Zusammenhänge der kapitalistischen Gesellschaft eindrang, hatte Lassalle im Lande gelebt, den Menschen mit seinen Reden und Schriften Hoffnung und Zuversicht gegeben.

Die Erinnerung an ihn, die Verehrung für ihn und die Hoffnung, die sich mit seinem Namen verband, rettete den Allgemeinen Deutschen Arbeiterverein nach Lassalles Tod vor dem Untergang. August Bebel, der von sich selbst sagte, er sei »wie fast alle, die damals Sozialisten wurden, über Lassalle zu Marx gekommen«, dieser Bebel schrieb in einem Brief an Engels: »Der Lassallekultus muß ausgerottet werden ... auch die falschen Ansichten Lassalles müssen bekämpft werden, aber mit Vorsicht ... Sie dürfen nicht vergessen, daß die Lassalleschen Schriften tatsächlich ... durch ihre populäre Sprache die Grundlage der sozialistischen Anschauung der Massen bilden. Sie sind zehnfach, zwanzigfach mehr wie irgendeine andere sozialistische Schrift in Deutschland verbreitet; Lassalle genießt so eine bedeutende Popularität.«

Der Mittelpunkt des Vereins

Sophie von Hatzfeldt, die noch im Oktober an Emma Herwegh geschrieben hatte, »was geht mich von nun an die Politik an, ich hasse sie, sie hat mir den besten Freund gekostet«, sah sich bald darauf inmitten der politischen Auseinandersetzungen im und um den Allgemeinen Deutschen Arbeiterverein. Noch immer getrieben von der Aufgabe, das Andenken des toten Freundes zu bewahren und sein Werk in seinem Sinne fortzusetzen, begann sie sich mehr und mehr in die aktuelle Parteipolitik einzuschalten. Sie hatte wohl keine andere Wahl, wollte sie nicht mit ansehen, wie der von Lassalle ins Leben gerufene und ganz auf seine Person zugeschnittene Verein durch die Unfähigkeit und die Eigenmächtigkeit des Nachfolgers zugrunde ging.

Die Gräfin war es gewesen, die viel dafür tat, daß sich der ADAV nach Lassalles Tod nicht auflöste, und die durch ihre Person und ihren Ruf unter den Anhängern erreichte, daß der Verein fest in der Nachfolge Lassalles stand. In ihrem strengen, ja pedantischen Festhalten an der Organisation, an den Prinzipien und an der Richtung Lassalles wurde sie von den Arbeitern bestätigt, die den Glauben an ihren Führer nicht verloren hatten.

»Ich habe unter den Arbeitern hier (in Düsseldorf) einen Fanatismus der Anhänglichkeit und eine Wut über seinen Mörder gefunden«, schrieb sie im September 1864 an Johann Philipp Becker, »die mich tief gerührt hat, sowie einen festen Entschluß, seine Werke unverändert aufrecht zu erhalten. Aber wie lange wird das aushalten ... jetzt wo die eiserne Hand sie nicht mehr zusammenhält.«

Der ADAV hatte in den ersten Monaten nach Lassalles Tod – auch dank der Agitation der Gräfin – neue Mitglieder gewonnen. Allein seine politische Bedeutung sank. Sophie schrieb im Frühjahr 1865: »Sie können überall jetzt folgendes hören: ›Ja, Lassalles Wirken, seine Theorien werden fortleben und ihre Früchte für die Zukunft tragen, das ist unverkennbar. Sie haben tiefe Wurzeln geschlagen, aber für eine längere Gegenwart hat dieser Verein jeden Einfluß verloren, er ist nicht zu fürchten mehr, denn die politische Leitung und die Autorität, die wir anstaunten, ist dahin. Wo ist jetzt der Kopf, der einheitliche Wille? Wo ist der Mann, der mit seinem klaren Blick und auf sein Selbstvertrauen basierter Kühnheit die schmale Bahn zwischen Abgründen zu gehen wußte – mit festem Schritt; wo ist der Mann, der die Massen mit sich fortriß, der die moralische Kühnheit hatte, seinen vorgezeichneten Weg weiterzugehen, unbeirrt vom Geschrei der Feinde wie von den Mißdeutungen und Anklagen der Nichtbegreifenden? Eine vortreffliche Lehranstalt für die sozialen Zustände wird dieser Verein bleiben, aber als politisch einwirkender Faktor ist er tot.‹«

Der Mann, der die Kühnheit hatte, den vorgezeichneten Weg weiterzugehen, war jetzt eine Frau – Sophie von Hatzfeldt.

Ihre erste große Enttäuschung in der Politik war der von Lassalle bestimmte ADAV-Präsident Bernhard Becker. Allein der Gräfin und ihrer Autorität im ADAV verdankte der weitgehend unbekannte Mann seine Wahl zum Präsidenten. Er bestätigte ihr das in einem Brief: »Gute Gräfin, Ihnen allein habe ich diesen Erfolg zu verdanken; als Sieger lege ich mich, um Ihnen meinen Dank auszudrücken, Ihnen zu Füßen. Was hätte ich ohne Sie vermocht?! Der Verein wäre ohne Ihre mir geleistete Hilfe aus den Fugen gegangen.«

In der Tat hatte Sophie von Hatzfeldt nicht nur seine sämtlichen Wahlreisen finanziert, sondern auch die Opposition gegen ihn, den Unbekannten, kraft ihrer Autorität im Namen

Lassalles ausgeschaltet. Sie hatte ihn zum Präsidenten gemacht. Doch kaum hatte er im November seinen Posten angetreten, begann er gegen Lassalles Willen zu wirken, und das sowohl in Statutenfragen – der Zusammenlegung von Präsidentenamt und Sekretärsfunktion – als auch in politischen Entscheidungen wie in der Schleswig-Holstein-Frage. Damit hatte er gegen die Festlegungen Lassalles verstoßen und sich zugleich die Gräfin zum Feind gemacht, die nun seine Entfernung aus dem Amt betrieb. Einen »toll gewordenen Strohkopf von grausigem Desorganisationstalent« nannte sie ihn. In einem Brief an die alte Freundin Emma Herwegh spricht sie von »schwärzestem Undank und Verrat«. Becker hatte zu allem Überfluß auch noch versucht, sich von der Feindin der Gräfin, der Mutter Lassalles, Geld zu beschaffen und dabei eine Frau gegen die andere auszuspielen. Das war zuviel. Noch immer geht es Sophie in erster Linie um das Ansehen Lassalles. »Ist der Verein so schlecht«, schreibt sie im Januar 1865, »möge doch aus ihm werden, was da wolle, was geht mich das an, ich bin ja fertig, aber man soll nicht den Namen Lassalles mißbrauchen.«

Als der Lassalle-Nachfolger Becker in seiner Rede Anfang 1865 die internationale Arbeiterassoziation, Marx, Engels und Wilhelm Liebknecht verleumdet und dabei auch Lassalle und die Gräfin Hatzfeldt diffamiert, indem er ihr vorwirft, streitsüchtig und rechthaberisch den Verein durch ihn beherrschen und ihn zum »Schürzenpräsidenten« machen zu wollen, nimmt Marx dazu in der in Hamburg erscheinenden Zeitung »Nordstern« Stellung. An die Gräfin schreibt er am 10. April 1865: »Ich habe mit der höchsten Entrüstung Beckers Angriffe auf Sie gelesen, und nach Briefen, die mir von Leuten der verschiedensten Richtungen zugekommen sind, hat der Schuft allgemein nicht Ihnen, sondern nur sich selbst damit geschadet.«

Unter dem Titel »Der Präsident der Menschheit« veröffentlicht Marx am 13. April 1865 eine Streitschrift gegen Becker.

Seine Polemik bedeutet jedoch nicht, daß er mit der Entwicklung der anderen Richtung im Allgemeinen Deutschen Arbeiterverein, wie Sophie von Hatzfeldt sie betreibt, einverstanden ist. Sophie sah sich als Testamentsvollstrecker von Lassalle. In einem Brief an seine Mutter schrieb sie 1865: »Es ist die letzte und einzige Arbeit meines Lebens, sein (Lassalles) Andenken rein zu erhalten. Den Intriganten im Verein, welche sein Werk verändern und verdrehen wollen, aus persönlicher Eitelkeit und aus Habsucht ... seinen deutlich und klar ausgesprochenen Willen entgegenzustellen und ... den Verein, den Ferdinand gegründet, unverändert nach seinen Statuten, seiner Organisation, seinen Lehren wieder auf festen Fuß zu stellen. Ich habe in Ferdinand Lassalles kalte Hand einen feierlichen Eid geschworen und habe diesen Eid jedesmal an seinem Grabe wiederholt, daß ich ihn an seinen Mördern rächen will, sein Andenken gegen seine Feinde verteidigen und sein Werk mit jedem Opfer erhalten will. Ich werde diesen Eid halten, so lange ich lebe.«

Damit aber wurde Sophie von Hatzfeldt unweigerlich immer stärker in die Politik und in die Auseinandersetzungen innerhalb des ADAV hineingezogen. Das Jahr 1865 wird nach den schrecklichen Ereignissen des vorangegangenen nun zu dem entscheidenden Jahr für den weiteren Weg der Gräfin.

Bernhard Becker verliert immer mehr an Einfluß, bis er schließlich am Ende des Jahres kapituliert und als Präsident zurücktritt. Der Sieg über Becker gibt der Gräfin Auftrieb. Schon im Frühjahr schreibt sie frohlockend: »Im Verein geht es blitzschnell jetzt weiter, überall neu rekonstruirte Gemeinden, die B. Becker ausstoßen.« In Berlin fordert Liebknecht seinen Ausschluß mit der Begründung: »Die Gemeinde beschließt, den Präsidenten Bernhard Becker als Lügner, infamen Verleumder und hoffnungslos unheilbaren Idioten aus dem ADAV auszuschließen.« Becker hatte sich, so Sophie, selbst den Strick gedreht.

»Überall, vorzüglich am Rhein«, schreibt sie im April, »regt

Johann Philipp Becker

sich der alte Eifer, die Begeisterung für Lassalle's Namen, B. Becker's feste Burg Frankfurt a. M. und Mainz ist schon halb gefallen ... Er soll mich kennen lernen, wenn ich etwas so ernstlich, so energisch will.«

Und was dann, wenn Becker weg ist? Auch darauf hatte Sophie von Hatzfeldt eine Antwort: »Wenn die Gemeinden sich unter ihren gewählten Bevollmächtigten, fest auf den Prinzipien der Organisation, den Statuten Lassalle's rekonstituirt haben, so sollen sie einen Präsidenten wählen, einen ehrlichen Mann, der ohne persönliche Eitelkeit und Neben-Absichten sich streng an die Bahn, an das durch Lassalle festgestellte Programm hält, die strenge Disziplin, die Lassalle wollte, streng handhabt innerhalb der Statuten, aber keine persönliche Willkür ausübt. Hierzu genügt ein ehrlicher Mann. Mit seinen Schriften hat Lassalle für lange Zeit gesorgt zur Weiterverbreitung der Agitation und Aufklärung. Und ich glaube, die Zeit ist bald da und der Name des Mannes, an den sich die Leute wenden, dann wohl auch schon bedacht. Ich kann dann in den Hafen der heißersehnten Ruhe einkehren, von Nichts mehr hörend in Gedanken nur noch mit Lassalle zu leben.«

Dieser Mann aber, der stark genug wäre, den ADAV in dieser komplizierten Situation zu führen, und der das einzig und allein im Sinne Lassalles, und das hieß im Sinne der Gräfin Hatzfeldt, tun würde, der mußte erst einmal gefunden werden.

Hatte man Sophie von Hatzfeldt in den ersten Monaten nach Lassalles Tod noch zugute gehalten, daß sie sich dem toten Freund verpflichtet fühlte und seinen Namen schützte, so stieß ihre direkte Einmischung in die Angelegenheiten des Vereins nun zunehmend auf Widerspruch auch bei Freunden, wie dem alten Revolutionär Johann Philipp Becker, den sie für den Posten des Präsidenten vorgesehen hatte.

»Die Leute haben keinen Führer«, schrieb sie ihm, »und wenn Sie mir auch, mir und meiner Energie vertrauen, so bin ich doch immer nur eine Frau, kann nicht selbst, weder in der Presse noch sonst auftreten.«

Becker hatte eine hohe Meinung von der Gräfin und bezeichnete sie als »Haupterbin des von Lassalle begonnenen großes Werkes, an dessen Fortsetzung sie unbedingt teilnehmen müsse«. Diese Teilnahme aber sah er in der Rolle der Vermittlerin, des über allem schwebenden Schutzengels. »Sie edle Frau sind durch Ihre Liebe zur Sache, Ihre Fähigkeit und Opferwilligkeit und namentlich durch Ihre mit Lassalles Leben und Sterben verwachsenen Beziehungen das geeignetste und unentbehrlichste Vermittlungselement zu innigem organisch verknüpftem Zusammenwirken aller Sozialdemokraten.«

Doch die Gräfin sah Lassalles Werk in Gefahr und fühlte sich veranlaßt, in die unmittelbare politische Auseinandersetzung einzugreifen. Sie hatte zuviel Arbeit und Kraft in den Verein investiert, um sich gänzlich zurückziehen zu können. »Sie werden gewiß nicht sagen wollen«, schrieb sie Johann Philipp Becker, »die Sache ginge mich nichts an, denn wenn jemand, gleichviel ob Mann oder Frau, für eine Sache lange gearbeitet und gelitten hat, so sollte man billigerweise ihm nicht sagen dürfen, jetzt brauchen wir dich gerade nicht und der Mohr hat seine Schuldigkeit getan und kann jetzt gehen.«

Sie verwahrt sich gegen den Vorwurf Beckers, aus persönlichem Ehrgeiz zu handeln: »Welchen Glanz mir das wohl hätte verschaffen können? Als Verfolgung, Mühen, große Kosten und Uneinigkeit mit meiner Familie, also überall nur Opfer und sonst nichts! Denn ich konnte doch nicht Präsident sein, und wie ein Präsident, den ich gemacht, mich später behandeln würde, hatte ich den schlagenden Beweis erhalten ... Ich glaube auch wirklich, bis jetzt die Sache, so gut es bei so unendlichen Schwierigkeiten und wo ich nicht persönlich auftreten konnte, möglich war, geleitet zu haben.«

Die Freundschaft zu Johann Philipp Becker war zerbrochen. Von nun an aber zeigte sich deutlich, daß Sophies Handlungen nicht mehr die Fortsetzung von Lassalles Werk und Willen waren, sondern daß sie nach ihrem eigenen Willen handelte. Sie bleibt nicht mehr im Hintergrund, sie tritt ins Zentrum der Auseinandersetzungen um die Zukunft der Arbeiterbewegung. Ob die Konstellationen Marx oder Lassalle, Schweitzer oder Lassalle heißen, jeder, der nur ein Tüpfelchen von Lassalle abweicht, ist für sie nun ein Verräter am Volk.

Die Schar ihrer Feinde im ADAV wuchs, aber auch die Zahl ihrer Anhänger, was zu einer Polarisierung und schließlich zur Spaltung in der Organisation führte. Sie entwickelte die Fähigkeit, einflußreiche Arbeiter auf ihre Seite zu ziehen und sie für sich wirken zu lassen. Mit dem von Bismarck verkündeten allgemeinen Männerwahlrecht (an das Wahlrecht für Frauen war nicht gedacht) sah die Gräfin eine alte Forderung Lassalles erfüllt. Nun sandte sie ihre Agitatoren aus, um ihre Losung »Durch Einheit zur Freiheit!« unter die Massen zu bringen. Sie war sich wohl bewußt, daß sie damit in die Nähe der Intentionen Bismarcks rückte, aber sie hielt auch hier an Lassalles Politik fest, der davon ausgegangen war, daß der Staat der Gegenwart schon wichtige Funktionen auf dem Weg in den sozialistischen Zukunftsstaat übernehmen könne.

Den Vorwurf, vor allem von Marx, mit Bismarck zu taktieren oder ihn wenigstens zu unterstützen, wies sie bei jeder Gelegenheit zurück. Sie erklärte, daß sie mit den beliebten Schlagwörtern, die schon Lassalle immer um die Ohren sausten, wie »Mitgehen mit Bismarck«, »Regierungssozialismus«, gar nichts zu tun habe, sie gar nicht beachte. »Lassalle ging mit Niemand, stand auf Niemand als auf sich und seinen Ideen. Ich halte streng an ihm fest, Organisation wie Politik.« Und sie sah einen wesentlichen Unterschied darin, »sich an seinen Gegner verkaufen, für ihn arbeiten, verdeckt oder unverdeckt, oder wie ein großer Politiker den Augenblick zu erfassen, um von den Fehlern des Gegners zu profitieren, einen Feind durch den andern aufreiben zu lassen, ihn auf eine abschüssige Bahn zu drängen, und die dem Zweck günstige Konjunktur, sie möge hervorgebracht werden von wem sie wolle, zu benutzen. Die bloßen ehrlichen Gesinnungen, diejenigen, die sich immer nur auf den idealen, in der Luft schwebenden Standpunkt der zukünftigen Dinge stellen und darauf nur das momentane Handeln bestimmen, mögen privatim als recht brave Menschen gelten, aber sie sind zu Nichts zu brauchen, zu Handlungen, die auf die Ereignisse wirklich einwirken, ganz unfähig, kurz sie können nur in der großen Masse dem Führer folgen, der besser weiß.«

Die Gräfin hielt an Lassalles pragmatischer Politik fest. Im Wahlkampf machte sie mit immer neuen Aktionen von sich reden. Doch sie mußte erfahren, daß, wer mit dem Teufel am Tische sitzt, einen langen Löffel braucht. Das allgemeine Wahlrecht hatte dem ADAV bei weitem nicht das gebracht, was sich Lassalle davon versprach. Dazu kam, daß der Verein in sich zerstritten war und daß Sophie von Hatzfeldt in dem gegen ihren Willen regierenden Präsidenten August Perl und dem Redakteur des »Social-Demokrat«, Johann Baptist von Schweitzer, ihre Hauptfeinde sah, woran auch ein vorübergehender Friedensschluß mit ihnen nichts änderte. Als schließlich im Mai 1867 Schweitzer auch nominell zum Präsidenten gewählt wurde, der er praktisch schon gewesen war, wollte sie sich nicht damit begnügen, die Opposition im ADAV anzuführen. So gründete sie im Juni 1867 in Dresden einen eigenen Verein, den Lassalleschen Allgemeinen Deutschen Arbeiterverein (LADAV). Immer wieder war sie in Schweitzers Zeitschrift beschimpft worden, »weil ich, eine Frau, nicht persönlich auftreten kann und man mich daher für wehrlos hält. Ich habe mich entschlossen, jetzt hervorzutreten.«

Noch einmal begann ein neues Kapitel im politischen Leben der Gräfin Hatzfeldt. Hatte sie im ADAV doch meist im Hintergrund gewirkt und aus der zweiten Reihe regiert, so war der LADAV für alle, Freund und Feind, ihre Schöpfung. Sein Spitzname, die weibliche Linie in der deutschen Sozialdemokratie, wies auf ihre Rolle hin. Und sie bemühte sich auch nicht, das zu kaschieren. Sie finanzierte den Verein, zu dem sich immerhin ein Fünftel der Mitglieder des ADAV bekannte. Besonders in Sachsen war die Zahl ihrer Anhänger groß. Ende 1868 umfaßte der LADAV mehr als hundert Gemeinden mit weit über 12000 Mitgliedern. Er verfügte über ein eigenes Vereinsorgan, die »Freie Zeitung«, und über eine Reihe von der Gräfin bezahlter Agitatoren, die durch das Land reisten – eine Einrichtung, die Lassalle schon erwogen und angeregt hatte. Bei den Wahlen zum Norddeutschen Reichstag gelang dem Präsidenten des LADAV, Försterling, der Einzug ins Parlament.

Höhepunkte der Agitation waren die persönlichen Auftritte der Gräfin, die sich nicht scheute, selbst die entferntesten Arbeiterdörfer des Erzgebirges aufzusuchen. Der ehemalige Vereinssekretär Julius Vahlteich berichtete darüber: »Die Gräfin streifte, dem Drange der Not folgend, zeitweise alle ihre aristokratischen Gewohnheiten ab, und es kam bei ihrem direkten Verkehr mit den armen Strumpfwirkern und Webern des sächsischen Erzgebirges, wo sie ihre Hauptstärke entwickelte, zu den drolligsten Szenen. Sie, deren Kleider es unmöglich machten, daß sie eine Tür selbst zumachen konnte, mußte die elenden Stuben dieser armen Leute betreten, in schlechten Gasthäusern wohnen, weil es keine guten gab, sie mußte vor der Polizei flüchten, wie in Dresden, wo sie mit ihrem Freund aus dem Fenster sprang, um querfeldein über Stock und Stein den Wald zu erreichen, der sie vor den Verfolgern schützte.«

Von einem mit viel Zeremoniell organisierten Auftreten der Gräfin in Chemnitz berichteten die »Chemnitzer Nachrichten«: »Zur Theilnahme am Stiftungsfeste des Lassalle'schen Allgemeinen Arbeitervereins waren Frau Gräfin Hatzfeldt, der Reichstagsabgeordnete Herr Försterling und der Vizepräsident des Vereins Herr Fr. Mende hier eingetroffen. Die Gäste wurden am Bahnhof von einer Deputation und Mitgliedern des Vereins feierlich empfangen und mit Hurras und Blumenspenden begrüßt und dann in den Gasthof zum ›Römischen Kaiser‹ gefahren. Am Bahnhofe selbst hatte sich schon vor ihrer Ankunft eine große Masse von Neugierigen angesammelt, um ›die Gräfin zu sehen‹.

Der Saal in Stadt London, wo eine schwarz-roth-goldene Flagge flatterte, war mit Kränzen, grünen Gewinden, Emblemen und Tafeln mit Inschriften und Sprüchen von Lassalle ausgeschmückt; in der Mitte einer Estrade vor dem Orchester, zwischen Blumen prangte die Büste Lassalle's, das Haupt mit grünem Lorbeerkranz umzogen. Nach 8 Uhr kamen die fremden Gäste, ›die Herrschaften‹, wie uns einer nach seiner freilich sehr eigenthümlichen Auffassung bezeichnete, durch ein

Spalier von Mitgliedern in den Saal und wurden laut und freudig bewillkommnet. Eine Arbeiterin, eine von den festlich gekleideten Ehrendamen, überreichte dann mit einer kurzen aber recht sinnigen, poetischen Ansprache Blumensträuße an Herrn Mende und Frau Hatzfeldt, worauf diese dem Mädchen auf Stirn und Wange küssend, gerührt dankten.«

Bei solchen Reisen durch Sachsen lernte Sophie von Hatzfeldt aber auch frühzeitig die neue Konkurrenz in der Arbeiterbewegung kennen, die Kräfte um Wilhelm Liebknecht und August Bebel, die im August 1869 in Eisenach die Sozialdemokratische Arbeiterpartei gründeten. Zu Recht sahen die zerstrittenen Lassalleaner in dieser Bewegung die Hauptgefahr für ihre Politik und für das politische Überleben des Vereins. Noch vor der Gründung der Eisenacher Partei verkündeten der »Social-Demokrat« und die »Freie Zeitung« gleichzeitig die Auflösung der beiden Vereine, des ADAV und des LADAV, und die Wiederherstellung des alten Allgemeinen Deutschen Arbeitervereins mit dessen ursprünglichem, ihm von Lassalle gegebenem Statut. Sie erließen eine Proklamation, die voll den Vorstellungen der Gräfin Hatzfeldt entsprach. In ihr hieß es: »Eine Arbeiterpartei, ein Wille, eine Macht über ganz Deutschland! Ein Allgemeiner Deutscher Arbeiterverein, gegründet auf die von Ferdinand Lassalle verkündeten Prinzipien und zusammengehalten durch die von ihm gegebene Organisation ... Unser Lehrer ist Ferdinand Lassalle; unser gemeinsames Ziel: die Verwirklichung dessen, was er uns verkündet; unser Boden: die Lassalleische Organisation, von welcher ihr Schöpfer uns zurief: ›Ihr sollt sie aufrecht halten – sie wird Euch zum Siege führen.‹«

Allein die Vereinigung der beiden Lassalleschen Parteien konnte die Krise des ADAV nicht lösen. Das Bekenntnis zu den Statuten und der Politik Lassalles war fünf Jahre nach seinem Tod zur reinen Rhetorik geworden. Ohne dieses Bekenntnis wäre die Gräfin mit ihrem Anhang und ihren finanziellen Mitteln nicht zu haben gewesen. Ohne diese hätte Schweitzer den Eisenachern nichts entgegensetzen können. Mit dem Glaubensbekenntnis zu Lassalle aber war 1869 keine Politik mehr zu machen.

Die Mitglieder des ADAV liefen scharenweise zu Bebel und Liebknecht über. Der Versuch, mit einem Kreuzzug nach Eisenach, der von Sophie finanziert wurde, die Gründung der Sozialdemokratischen Arbeiterpartei zu verhindern, scheiterte, mußte scheitern, weil die Zeit über Lassalles Partei und auch über die Politik der Gräfin Hatzfeldt hinweggegangen war.

Noch vor Jahresende brach das Bündnis wieder auseinander. Der »Social-Demokrat« verkündete am 22. Dezember lakonisch: »Die Anhänger der Gräfin Hatzfeldt haben sich wieder vom Verein getrennt und einen besonderen Verein gebildet.« Doch die Anhänger, die im Sommer noch die Vereinigung begrüßt und mitgetragen hatten, versagten der Gräfin nun die Gefolgschaft. Der erneut gebildete LADAV wurde zu einer politischen Sekte, die sich still, kaum noch von jemandem bemerkt, aus der Geschichte der deutschen Arbeiterbewegung verabschiedete. Und mit ihr Sophie von Hatzfeldt. Der Kampfeseifer der inzwischen Fünfundsechzigjährigen war erloschen, Alter und Krankheiten, die sie mit ihren politischen Aktivitäten überdeckt hatte, bemächtigten sich der müde gewordenen Frau. »Ich will und kann mich weder direkt noch indirekt um irgend etwas kümmern, was mit dem Verein oder mit einem Mitglied desselben in Verbindung steht«, schrieb sie 1870. Sie schied mit dem bitteren Gefühl aus der Arbeiterbewegung aus, daß der Arbeiterstand noch nicht reif sei, das große Vermächtnis Lassalles zu begreifen.

Ihr Rückzug aus der Politik verlief lautlos und ohne Aufheben. Auch ihre engsten Mitarbeiter nahmen Abschied vom politischen Geschehen. Die »Freie Zeitung« stellte ihr Erscheinen ein. Ihre politischen Jahre hatten Sophie von Hatzfeldt große Opfer abverlangt, finanzielle und persönliche, ohne daß sie ihre Pläne verwirklichen konnte. Sie selbst wollte nur noch ihre Ruhe, einen festen Platz für ihren Lebensabend: »Ich will

Sophie von Hatzfeldt im Alter

um jeden Preis, wo und wie es auch sei, mich in kürzester Zeit fest etablieren; die Sehnsucht danach ist wohl ein Zeichen des nahenden Todes. Ich muß vor allem ein festes Kopfkissen unter dem Kopf und eine sichere Grabstätte haben, eher komme ich nicht zur Ruhe.«

Eine kranke, einsame und enttäuschte Frau zog nun in ein stilles Häuschen in Frankfurt am Main. In der Arbeiterbewegung, wo der Name Lassalles noch immer alle anderen überstrahlte, wurde sie bald vergessen. Für die Historiker war sie nicht von Interesse. Sie hatte nie eine offizielle Funktion bekleidet und überragte doch alle oder zumindest die meisten Persönlichkeiten ihrer Zeit, alle Präsidenten und Sekretäre, die nach Lassalles Tod im ADAV wirkten. Im biographischen Handbuch zur Geschichte der deutschen Arbeiterbewegung kommt ihr Name dennoch nicht vor.

Zum Vereinigungsparteitag der Eisenacher um Bebel und Liebknecht mit den Lassalleanern 1875 in Gotha wird Sophie von Hatzfeldt weder als Gast eingeladen, noch wird ihr Name und ihr sechsjähriger politischer Kampf erwähnt – ein Kampf, ohne den keine Lassalleaner mehr existiert hätten. Hatte sie nicht durch ihr Gelöbnis, Lassalle zu rächen und sein Werk zu bewahren, dem Verein Richtung und Zusammenhalt gegeben, der ihn vor dem völligen Auseinanderfallen rettete? Hatte sie nicht dem toten Lassalle erst im Bewußtsein der Anhänger die Größe verliehen, die der Lebende nie erlangt hätte? Was wäre wohl von Lassalle geblieben, wäre sein unrühmliches Ende in einem Liebesduell bekanntgeworden und sein Wunsch, den ganzen Verein loszuwerden? In einem an Fanatismus grenzenden Kampf und mit letztem Einsatz hatte Sophie von Hatzfeldt das alles verhindert. Sie hatte den toten Lassalle mit einem Heiligenschein umgeben, der den Arbeitern in ihrem dunklen Dasein voranleuchtete.

Über die negativen Folgen des Lassallekults und über den Schaden, den das Festhalten an Buchstaben und Sinn von Lassalles Politik und Organisation verursachte, ist viel geschrieben worden. Insbesondere in der Zeit, als man jede andere Form von sozialistischer Politik außer der Diktatur des Proletariats als Opportunismus, Revisionismus und andere Ismen verteufelte. Darüber, daß 1864 keine andere Möglichkeit bestand, die Organisation zu retten, als ihr mit Lassalle einen

Namen und ein Programm zu geben, wurde indessen wenig gesagt.

Sollten wir nicht gerade nach den jüngsten Erfahrungen neu darüber nachdenken, daß die Menschen ihre Entscheidungen, ihren politischen Standort nach Menschen bestimmen, nach Vorbildern, nicht nach theoretischen Programmen? Wer kann heute schon die politischen Programme der verschiedenen Parteien auseinanderhalten, und wer läßt sich davon in seinem Wahlverhalten beeinflussen? Und wie viele wählen einfach einen Namen, einen Menschen mit Charisma. Und so ein Mensch war Ferdinand Lassalle. Für die Zeitgenossen hatte die Zukunft einen Namen: Lassalle. Sicher nutzte Sophie von Hatzfeldt ihre finanziellen Mittel, ihre offensichtlich starke Beredsamkeit, alle Register der Massenpsychologie und auch ihre Veranlagung zur Demagogie in hohem Maße für ihr Ziel aus, aber sie tat es doch aus Liebe und Treue zu Lassalle, aus Haß gegen seine Feinde und damit in seinem Sinne, für ihn und für den von ihm gegründeten Allgemeinen Deutschen Arbeiterverein. Und es wäre ihr wohl nicht gelungen, die Partei und den Namen Lassalles zu verbinden, wenn nicht die Bereitschaft der Anhänger vorhanden gewesen wäre.

Doch als, wie Mehring sagte, mit dem Gothaer Einigungskongreß »die leuchtenden Ruhmestage Lassalles« kamen, als sich die beiden Strömungen der deutschen Arbeiterbewegung schließlich vereinigten, als die Ideen Lassalles in das Programm der neuen Partei in höherem Maße einflossen als die von Marx und Engels, da war die Frau, die mehr für Lassalles Namen getan hatte als er selbst, in Vergessenheit geraten. Die Männer waren unter sich und nicht einer – auch nicht der, der später sein Hauptwerk über die Frau und den Sozialismus schrieb – fand die Größe, dieser Frau zu gedenken, der die Bewegung so viel verdankte.

Sie selbst hat sich nicht öffentlich dazu geäußert. Sie blieb in der Stille, und wir wissen nicht, ob sie den vielbesprochenen Kompromiß von Gotha als Genugtuung oder – wegen seines

Kompromißcharakters – als Verlassen des von Lassalle vorgezeichneten Weges empfunden hat. Doch sie hätte wohl feststellen können, daß ihr Wirken die sozialistische Bewegung in Deutschland beeinflußt hatte, viel mehr, als spätere Historiker ihr zugestehen wollten.

Noch einmal, 1878, meldete sich die inzwischen dreiundsiebzigjährige Gräfin Hatzfeldt in der deutschen Politik zu Wort. Als Bismarck mit dem Sozialistengesetz die Arbeiterbewegung vernichten, ihre Partei verbieten und die Mitglieder verfolgen wollte, nahm sie mit den Männern, die im politischen Kampf der sechziger Jahre ihre Gegner gewesen waren, Verbindung auf. Um den Sozialdemokraten zu helfen, informierte sie, wie schon erwähnt, August Bebel durch einen Vertreter der Berliner »Freien Presse« über die Verbindungen Lassalles zu Bismarck und wies nach, daß Bismarck den Kontakt zu Lassalle gesucht hatte und nicht umgekehrt. Das war ein höchst ehrenhaftes Verhalten der alten Dame, die extra nach Berlin kam, um den Sozialdemokraten Munition im politischen Kampf zu liefern. Es mag sie Überwindung gekostet haben, dem einstigen Gegner Bebel den politischen Nachlaß Lassalles anzubieten, der für sie ohne Frage ein Heiligtum war, vielleicht das Wichtigste, was sie noch besaß. Und nicht nur das Gefühl ihres nahenden Todes wird sie dazu veranlaßt haben, sondern ebenso die Einsicht, daß das Werk Lassalles allein in den Reihen der Bebelschen Partei gut aufgehoben ist. Auch ohne daß wir eine politische Erklärung von ihr haben, wird aus diesem Schritt deutlich, daß sie in der von Bismarck hart bedrängten Sozialdemokratie den politischen Erben Lassalles sah. Und wie groß muß ihre Enttäuschung gewesen sein, als Bebel dahinter eine Intrige vermutete und den Nachlaß ablehnte, der dann nach ihrem Tode für Jahrzehnte in Vergessenheit geriet. Bebel hat das später bedauert, doch für die Gräfin kam seine Einsicht zu spät.

Da mag es ihr ein schwacher Trost gewesen sein, daß Bismarck eine höhere Meinung von Lassalle besaß, wenn er ihn nicht »mit seinen kümmerlichen Epigonen« verglichen haben wollte. Aus dem Munde des preußischen Junkers mußte es geradezu wie eine Ehrenerklärung klingen, wenn er im Reichstag sagte, daß er einen Mann wie Lassalle gern als Gutsnachbarn gehabt hätte.

Sophie von Hatzfeldt aber kehrte in ihr stilles Haus zurück, das sie dann wegen einer Lähmung aufgeben mußte, um in ein Gasthaus zu ziehen. Auch ihre letzte politische Aktion, mit der sie Größe und eine enge Bindung an die sozialdemokratische Bewegung bewies, war gescheitert, und es entbehrt nicht der Tragik, daß sie bis zuletzt von denen verkannt wurde, für die sie gekämpft und gelitten hatte und mit denen sie sich innerlich immer verbunden fühlte.

Was ihr in all den Jahren als Eitelkeit, Herrschsucht, Machtgelüst und Intrige ausgelegt und vorgeworfen wurde, entsprang doch neben der – nach dem Tode des Freundes stärker und dauernder erblühenden – Liebe zu Lassalle auch ihrem demokratischen Verständnis und ihrer von ihm übernommenen sozialrevolutionären Gedankenwelt. Die Ideen Lassalles, der sich nach eigener Aussage in einem Brief an Marx seit früher Jugend als Sozialist verstand, waren in den vielen Jahren gemeinsamen Lebens auf die Gräfin Hatzfeldt übergegangen. Seit der Revolutionszeit von 1848 stand sie auf dem Boden der radikalen Demokratie, eine »Wühlerin« gegen die staatliche Ordnung in Preußen, wie sie sich selbst bezeichnete. Sie hat im Gegensatz zu ihrem Sohn Paul und vielen Revolutionären von 1848 auch in der folgenden Reaktionsperiode ihre Position nie verlassen. Wie sich Lassalle den Arbeitern näherte und unter dem Einfluß von Marx deren historische Aufgabe erkannte, so sah auch Sophie von Hatzfeldt in der Arbeiterschaft eine Hoffnung, ihre Träume von Freiheit und Gerechtigkeit, vom Sieg der Unterdrückten jeder Art und von der Beseitigung der Adelsprivilegien zu erfüllen. Für sie war die Arbeiterbewegung nicht so sehr ein Kampfbund zur Verteidigung der Klasseninteressen des Proletariats als eine Bewegung zur Verwirklichung von Menschheitsrechten und Freiheitsidealen. Der vierte Stand, für den sie kämpfte und dem sie sich zugehörig fühlte, ging über die Industriearbeiterschaft weit hinaus und umfaßte alle, die von den herrschenden Gewalten unterdrückt wurden. Der engen Orientierung auf die Klasse des Proletariats, die im Verlauf der Geschichte und mit der Entwicklung der Produktivkräfte ohnedies immer schwieriger zu definieren war und in neuester Zeit immer fragwürdiger wurde, stellte sie die Ansprüche und die bewußten Forderungen aller Benachteiligten gegenüber, zu denen sie sich als Frau und als Demokratin zählte. Die Forderung Lassalles nach einer zukünftigen staatlichen Ordnung, in der Freiheit und Gleichheit herrschten, war auch ein Anliegen der Sophie von Hatzfeldt. Und warum sollte eine Aristokratin, die selbst unter den Privilegien des Adels gelitten hatte, weniger die Interessen der Unterdrückten vertreten können als ein Unternehmersohn aus Barmen? Wenn ihr politischer Gegenspieler Johann Baptist von Schweitzer, der auch nicht gerade eine proletarische Herkunft nachweisen konnte, darüber spottete, daß sich Arbeiter einer alten Gräfin anschlossen, so ging das mehr gegen die Frau in der Politik als gegen ihren Adelstitel.

Wo immer sie von ihren Feinden angegriffen wurde, richteten sich die Vorwürfe gegen die Frau, die es gewagt hatte, in die Politik einzugreifen. Schweitzer wirft der roten Gräfin einen »ungeheuren Nimbus« vor, »dämonische Überredungskunst«, »eine bald herrische und bald schmeichelnde Art der geborenen großen Dame«. Man billigt der Frau Trauer um Lassalle und Gemütsaufwallung zu. Es ginge noch an, daß sie als »guter Engel über allem schwebt« – doch sobald sie in die politischen Auseinandersetzungen eingreift, weil sie Lassalles Werk in Gefahr sieht, hört die Freundschaft auf. Auch bei guten Freunden, die sich dabei durchaus auf Lassalle berufen konnten, der die Emanzipation der Frau allein auf die Emanzipation in der Liebe und im Geschlechtsleben beschränken wollte und nur im Falle der Gräfin Hatzfeldt eine Ausnahme

Gasthof »Zum Adler« in Wiesbaden

machte, die er als männlichen Freund bezeichnete. Dieser Geburtsfehler der deutschen Arbeiterbewegung, daß sie im Kampf um die Menschenrechte den weiblichen Teil der Menschheit in die zweite Reihe verbannte, hat sich durch die Generationen vererbt und ihr immer zum Schaden gereicht bis in die jüngste Zeit. Nicht nur, daß das staatliche Recht gegen die politische Betätigung der Frauen war (erst ab 1908 durften sich Frauen in Preußen politisch organisieren), ihre politische Aktivität wurde von den Vorkämpfern der Arbeiterbewegung als unschicklich, unmoralisch und ehrenrührig betrachtet.

Es fällt auf, daß kaum sachliche Angriffe gegen Sophies politische Agitation und ihre Handlungen vorgetragen werden. Alle abfälligen Äußerungen betreffen ihr Alter und ihr Geschlecht. Ihre Mitarbeiter sind »Schürzenpräsidenten«, ihre Fähigkeiten »Intrigen des geweihten Unterrocks«, sie ist eine »Zigarren rauchende Emanzipierte, die sich wie ein Mann gebärdet«, eine »herrische und streitsüchtige Amazone«, eine »Unholdin, dämonisch und seltsam«, eine »dunkle geheimnisumwitterte Frau«, ein »Gespenst«, eine »listige Schlange«, »Mannweib« und »Megäre«, »Hexe, Hure und Kokotte«. Besonders Marx, im Umgang mit Andersdenkenden ohnehin nicht zimperlich, nennt die Frau, die er früher als »Lassalles Egeria« bezeichnete, die »alte Hure Hatzfeldt« und das »alte Saumensch«.

Immer wieder wird ihr vorgeworfen, daß sie eine Intrigantin sei, weil sie sich hinter anderen verstecke. Aber welche Möglichkeit hätte die Frau sonst gehabt, als ihre Ideen und ihre politischen Ziele in der Öffentlichkeit von Männern vertreten zu lassen? »Ich bin kein Mann«, schreibt sie mehrmals, »und kann also kein Präsident sein . . .«

Keiner, weder Freund noch Feind, hat es für wichtig oder auch nur für anständig erachtet, ihre Arbeit und ihre politische Leistung einer sachlichen und politischen Würdigung zu unterziehen, und wäre diese noch so kritisch ausgefallen. Das wenigstens hätte sie wohl verdient.

Es war, wie sie selbst schrieb, »die letzte und einzige Arbeit meines Lebens, den Verein, den Ferdinand gegründet, unverändert nach seinen Statuten, seiner Organisation, seinen Lehren wieder auf festen Fuß zu stellen«. Und das hat sie getan. Ob es für die weitere Entwicklung zum Guten oder zum Schlechten war, ob der Einfluß Lassalles, der in der Arbeiterbewegung fortwirkte, der Bewegung mehr nutzte oder mehr schadete, darüber haben in den unterschiedlichen Strömungen der sozialistischen Bewegung immer unterschiedliche Meinungen bestanden. Doch allein daß es ihn gab, war zu einem ho-

Grab der Gräfin in Frauenstein

hen Anteil ihr Werk, das Werk einer Frau, einer Gräfin, einer Liebenden, einer zähen und zielstrebigen politischen Kämpferin, die ihre Kraft und ihre Fähigkeit einsetzte, nicht für sich, nicht für persönlichen Erfolg und Ehrgeiz, sondern immer im Hinblick auf das Werk des toten Freundes.

»Ferdinand war mein Stolz, und mein Ruhm war seine Freundschaft für mich, sein Vertrauen zu mir; jetzt kann ich nur noch den einen Wunsch nach dem Ruhm haben, daß neben seinem großen Namen der meinige einen bescheidenen Platz behalte als den seines besten und einzigen Freundes, wie er selbst mich so oft in seinen Briefen genannt hat.«

Sophie von Hatzfeldt überlebte Lassalle um fast siebzehn Jahre. Sie starb fünfundsiebzigjährig am 25. Januar 1881 im Hotel »Zum Adler« in Wiesbaden und wurde drei Tage später auf dem kleinen Friedhof von Frauenstein beigesetzt.

Zeittafel

1756	Sophies Vater, Fürst Franz Ludwig von Hatzfeldt-Schönstein zu Trachenberg, geboren
1779	Sophies Mutter, Karoline Gräfin von der Schulenburg-Kehnert, geboren
28. Dezember 1798	Sophies Ehemann, Graf Edmund von Hatzfeldt Kinzweiler zu Trachenberg, geboren
10. August 1805	Sophie in Berlin geboren
10. August 1822	Hochzeit von Graf Edmund und Sophie, Prinzessin von Hatzfeldt, auf Schloß Allner bei Siegburg
12. August	Glanzvolle Hochzeitsfeier auf Schloß Kalkum
9. April 1825	Sophies Sohn Alfred geboren
11. April	Ferdinand Lassalle in Breslau geboren
29. Oktober 1828	Sophies Tochter Melanie geboren
8. Oktober 1831	Sophies Sohn Paul geboren
Oktober 1833	Freiwillige »temporäre« Trennung des Ehepaars Hatzfeldt; Rückkehr Sophies nach Berlin
1834	Sophie verläßt Berlin, zieht ins »Hotel de Saxe« in Dresden
1841	Einweisung Pauls in die Kadettenanstalt Potsdam, Sophie zieht in seine Nähe
Januar 1846	Durch Oberst Graf Keyserling macht Sophie in Berlin die Bekanntschaft Lassalles
10. Februar	Lassalle übernimmt Sophies Prozeßführung
4. April 1847	Edmund reicht die Scheidungsklage gegen Sophie ein
24.–26. Juni	Sophie erscheint mit Paul und Lassalle im Wildenburgischen, wird auf Schloß Schönstein und Schloß Crottorf hinausgeworfen und versucht, die Bauern gegen Edmund aufzuwiegeln
6. November	Sophies Scheidungsklage gegen Edmund eingereicht
Februar 1848	Lassalle in Potsdam verhaftet
27. Juni	Paul erklärt sich im Düsseldorfer Volksklub für die Republik
8. Oktober	Sophie kehrt mit Lassalle im offenen, rot und schwarz-

	rotgold geschmückten Wagen von der Gerresheimer Demonstration nach Düsseldorf zurück
17. März 1849	Sophie, wegen Beamtenbestechung angeklagt, vom Zuchtpolizeigericht freigesprochen
12. Mai	Paul aus Düsseldorf ausgewiesen
20. Mai	Sophie in Köln verhaftet
23. Mai	Paul bei Rückkehr aus Köln am Düsseldorfer Bahnhof verhaftet
31. Juli 1851	Sophie rechtskräftig geschieden
14. Juli 1854	Scheidungsurteil endgültig bestätigt
12. August	Vermögensrechtlicher Vergleich nach zwei Dutzend Prozessen vor sechsunddreißig Gerichten
23. September 1858	Sophie und Lassalle ziehen ins Haus Grabenstraße 24 in Düsseldorf ein, wo Sophie etwa 9 Monate bleibt
25.–30. Juni 1864	Sophie mit Lassalle zu dessen Gerichtsverhandlung in Düsseldorf
28. August	Lassalle im Duell verwundet
31. August	Lassalle gestorben; Sophie veranstaltet Demonstrationen, begleitet den Toten auf dem Dampfer bis Köln
12. September	Sophie kommt nach Düsseldorf, wo Lassalles Leiche beschlagnahmt wurde
1864/65	Sophie bemüht sich um die Herausgabe eines Buches über den Tod Lassalles
Juni 1867	Sophie gründet in Dresden den Lassalleschen Allgemeinen Deutschen Arbeiterverein
7.–9. August 1869	Gründung der Sozialdemokratischen Arbeiterpartei in Eisenach
14. Januar 1874	Edmund von Hatzfeldt in Düsseldorf gestorben
Anfang 1875	Sophie zieht nach Heddernheim bei Frankfurt am Main, dann ins Wiesbadener Hotel »Zum Adler«
22.–27. Mai	Lassalleaner und Eisenacher vereinigen sich in Gotha zur Sozialistischen Arbeiterpartei Deutschlands
Sommer 1878	Sophie informiert Bebel über Bismarcks Verhältnis zu Lassalle
25. Januar 1881	Sophie stirbt um 23.45 Uhr im Hotel »Zum Adler« an Lungenentzündung

LITERATUR- UND QUELLENVERZEICHNIS

Bebel, August: Aus meinem Leben, Stuttgart, 1911

Becker, Bernhard: Enthüllungen über das tragische Lebensende Ferdinand Lassalles, Schleiz, 1868

Becker, Johann Philipp: Die letzten Tage von Ferdinand Lassalle, Hamburg, 1864

Bernstein, Eduard: Ferdinand Lassalle und seine Bedeutung für die Arbeiterklasse, Berlin, 1904

Bernstein, Eduard: Die Geschichte der Berliner Arbeiterbewegung, Berlin, 1907

Blos, Anna: Frauen der deutschen Revolution, Dresden, 1928

Britschgi-Schimmer, Ina (Hrsg.): Lassalles letzte Tage, Berlin, 1925

Diederich, Franz: Lassalle-Brevier, Berlin, 1920

Friederici, Hans Jürgen: Ferdinand Lassalle. Eine politische Biographie, Berlin, 1985

Großmann, Stefan: Ferdinand Lassalle, Berlin, 1919

Großmann, Stefan: Lassalle und die Hatzfeldt, in: Das Tage-Buch, 1924

Henkel, Martin/Taubert, Rolf: Das Weib im Conflict mit den socialen Verhältnissen, Bochum, 1976

Herwegh, Marcel (Hrsg.): Ferdinand Lassalles Briefe an Georg Herwegh. Nebst Briefen der Gräfin Sophie von Hatzfeldt an Frau Emma Herwegh, Zürich, 1896

Hirsch, Helmut: Sophie von Hatzfeldt in Selbstzeugnissen, Zeit- und Bilddokumenten, Düsseldorf, 1981

Hirsch, Helmut: Die Gräfin als Modell, Heimatjahrbuch, Düsseldorf, 1981

Hirsch, Helmut: Sophie von Hatzfeldt, in: Rheinische Lebensbilder, Köln, 1985

Hümmler, Heinz: Opposition gegen Lassalle, Berlin, 1963

Kautsky, Karl: Lassalle und die Gräfin Hatzfeldt, in: Die Gesellschaft, 1924

Kegel, Max: Ferdinand Lassalle, Gedenkschrift zu seinem 25jährigen Todestag, Stuttgart, 1889

Kling-Mathey, Christiane: Gräfin Hatzfeldt. Eine Biographie, Bonn, 1989

Kordt, Walter: Ferdinand Lassalles Düsseldorfer Jahre, Heimatblätter, 1954

Lassalle, Ferdinand: Reden und Schriften, Tagebuch, Seelenbeichte, Wien, 1920

Lassalle, Ferdinand: Intime Briefe an Eltern und Schwester, hrsg. von Eduard Bernstein, Berlin, 1905
Lassalle, Ferdinand: Tagebuch, hrsg. von Paul Lindau, Breslau, 1891
Lierenfeld, Winfried: Cantador und Lassalle, Düsseldorfer Heimatblätter
Lukacs, Georg: Die neue Ausgabe von Lassalles Briefen, in: Archiv für die Geschichte des Sozialismus und der Arbeiterbewegung, 1925
Marx, Karl/Engels, Friedrich: Werke, Bd. 29, 30, 31, 32, 36, 38, 39
Mayer, Gustav (Hrsg.): Nachgelassene Briefe und Schriften, Stuttgart, 1921–1925
Bd. III, Der Briefwechsel zwischen Lassalle und Marx nebst Briefen von Friedrich Engels und Jenny Marx an Lassalle und von Karl Marx an Gräfin Sophie von Hatzfeldt, 1922
Bd. IV, Der Briefwechsel mit der Gräfin Sophie von Hatzfeldt, 1924
Mayer, Gustav: Ein Spitzelbericht Lassalles über sich selbst, Archiv für Geschichte des Sozialismus und der Arbeiterbewegung, Bd. X
Mayer, Gustav: Gräfin Sophie von Hatzfeldt, Bismarck und das Duell Lassalle–Racowitza, Berlin, 1928
Mayer, Gustav: Die Vorfahren Ferdinand Lassalles, Die Gesellschaft, 1928
Mayer, Gustav: Johann Baptist von Schweitzer und die Sozialdemokratie, Jena, 1909
Mayer, Gustav: Briefe Ferdinand Lassalles an Ferdinand Freiligrath, Archiv für Geschichte des Sozialismus und der Arbeiterbewegung, 1916
Mehring, Franz: Geschichte der deutschen Sozialdemokratie, Stuttgart, 1897/1898
Na'aman, Shlomo: Lassalle, Hannover, 1970
Oncken, Hermann: Lassalle. Eine politische Biographie, Stuttgart, 1920
Oncken, Hermann: Publizistische Quellen zu den Beziehungen zwischen Bismarck und Lassalle, Archiv für Geschichte des Sozialismus und der Arbeiterbewegung, 1914
Oncken, Hermann: Bismarck, Lassalle und die Oktroyierung des gleichen und direkten Wahlrechts in Preußen, in: Historisch-politische Aufsätze und Reden, 1914
Oncken, Hermann: Aus dem Streit um Lassalles Erbe. Zwei Briefe der Gräfin Hatzfeldt aus dem Oktober 1864
Pietsch, Ludwig: Wie ich Schriftsteller geworden bin. Erinnerungen aus den Fünfziger Jahren, Berlin, 1893
Racowitza, Helene, geborene von Dönniges: Von anderen und mir, Berlin, 1909
Saenger, S.: Ferdinand Lassalle und Sophie von Hatzfeldt, in: Die Neue Rundschau, 1924
Schulte, Hans: Der Einfluß einer Aristokratin auf den Allgemeinen Deutschen Arbeiterverein, Dissertation, Graz, 1968

Stephan, Cora: Hatzfeldt, Sophie von, in: Lexikon linker Leitfiguren, Frankfurt, 1988

Stephan, Cora: Die Gelüste des Unterrocks, in: Der Spiegel, 1989

Stephan, Cora: »Genossen, wir dürfen uns nicht von der Geduld hinreißen lassen!«, Frankfurt, 1977

Valentin, Veit: Lassalle und die Gräfin Hatzfeldt, in: Die Weltbühne, 1925

Wagner, Maria: Mathilde Franziska Anneke in Selbstzeugnissen und Dokumenten, Frankfurt, 1980

Außerdem Dokumente und Einzelbriefe aus dem Hauptstaatsarchiv Düsseldorf, Schloß Kalkum, dem Stadtarchiv Düsseldorf sowie der Stadt- und Landesbibliothek Dortmund

Personenregister

Bildnachweis

Archiv des Autors: 6, 7, 14, 16, 41, 73, 100, 129, 150, 152, 181, 240, 288, 294, 296, Schutzumschlag (vordere und hintere Seite)
Archiv Dietz Verlag: Frontispiz, 27, 32, 35, 57, 211, 224, 247, 280
Manfred Gebhardt: 60, 267
Hauptstaatsarchiv Düsseldorf: 86, 99, 120

Inhalt